TEORIA E PRÁTICA DO TREINAMENTO PARA MMA

TEORIA E PRÁTICA DO TREINAMENTO PARA MMA

Stéfane Beloni Correa Dielle Dias • Everton Bittar Oliveira • André Geraldo Brauer Júnior

Revisão técnica de
Diego de Castro e Silva Lacerda

São Paulo, 2017

Rua Rui Barbosa, 408
Bela Vista – São Paulo – SP
CEP 01326-010
Tel./fax: (11) 3141-1033
Site: www.phorte.com.br
E-mail: phorte@phorte.com.br

CIP-BRASIL. CATALOGAÇÃO NA PUBLICAÇÃO
SINDICATO NACIONAL DOS EDITORES DE LIVROS, RJ

D535t

Dias, Stéfane Beloni Correa Dielle
Teoria e prática do treinamento para MMA / Stéfane Beloni Correa Dielle Dias, Everton Bittar Oliveira, André Geraldo Brauer Júnior ; revisão técnica Diego de Castro e Silva Lacerda. – 1. ed. – São Paulo : Phorte 2017.
il. ; 28 cm.

Inclui bibliografia
ISBN: 978-85-7655-662-6

1. Artes marciais. 2. Luta (Esporte). I. Oliveira, Everton Bittar. II. Brauer Júnior, André Geraldo. III. Lacerda, Diego de Castro e Silva. IV. Título.

17-42151 CDD: 796.8
CDU: 796.8

ph2387.1

Este livro foi avaliado e aprovado pelo Conselho Editorial da Phorte Editora.

Impresso no Brasil
Printed in Brazil

Agradecimentos

Dedico este livro à minha esposa, Francielle, que me acompanha há mais de 15 anos, e que, pelo fato de me amar, mudou-se comigo para os EUA, e às minhas lindas filhas, Lohana e Lauren, que me serviram de inspiração na publicação de mais esta obra. Gostaria de agradecer a Deus por ter me dado uma família tão linda, meu inteligente irmão, Steeve, e pais exemplares, Valdenir Dias e Lucia Maria Beloni. Eu amo vocês! Agradeço ao meu mentor, Dr. Victor N. Seluianov, pelo imenso conhecimento transferido; ao Mestre Ricardo Libório, por ter me empregado na melhor equipe de vale-tudo do mundo, a American Top Team; ao empresário Dan Lambert, pela oportunidade de mostrar o meu trabalho por vários anos; e ao Mestre e guerreiro Marcus "Conan" Silveira, por todos os ensinamentos e por todas as batalhas que vencemos juntos. Por último, mas não menos importante, agradeço à minha sogra, Elisabeth, por ajudar a cuidar das minhas filhas e ter possibilitado que eu trabalhasse tanto e escrevesse este livro.

Stéfane Beloni Correa Dielle Dias

■

Em primeiro lugar, agradeço a Deus e à minha família que tanto amo, especialmente aos meus pais, Eólo de Oliveira e Maria de Lourdes Bittar Oliveira; ao meu irmão, Cleverson Bittar Oliveira, por todo o apoio e suporte necessário durante a minha vida; e à minha esposa, Luciana Mourão de Andrade, que mora comigo nos EUA e me acompanha em todos os momentos, pessoais e profissionais. Minha gratidão para com vocês será eterna. Por fim, mas não menos importante, meus sinceros agradecimentos aos amigos, alunos e atletas que participam direta ou indiretamente da minha jornada nos EUA.

Everton Bittar Oliveira

■

Aos meus pais, André e Rosana, que me deram o dom da vida. À minha esposa, Maricelma, que sempre me apoiou em meus projetos. Às minhas filhas, Isabele e Luana, que são as minhas maiores fontes de inspiração.

André Geraldo Brauer Júnior

Agradecimentos especiais

A todo o *staff* da American Top Team e, em especial, a Juan Carlos Santana (Diretor do Institute of Human Performance – IHP), pela prontidão e pela ajuda no desenvolvimento de novos circuitos e modelos de treinamento para nossos atletas. Aos professores, *coaches*, lutadores e amigos que sempre nos apoiaram e ainda exercem papéis importantes em nossas carreiras: Antônio Eduardo Branco, João Batista "Bata", Almir Gruhn, Randy Barroso, Rafael Dias, Saul Alencar, Hayder Hassan, Mehdi Hassan, Orlando Rasta, Carlinhos Vale-Tudo, Katel Kubis, Jim Hart, Gleison Tibau, Hector Lombard, Ailton Barbosa, India Gomes, Antonio "Pezão" Silva, Luciano "Macarrão" Santos, Diego Lacerda, Luis Edesio Solon Filho, Fabio da Silva Vieira, Ercilio Slaviero, Augusto Slaviero, Lucas Roveda, Dr. Howard Gelb, Nakia Geller, Fabrício Boscolo Del Vecchio, Charla Girtman e Brian Binkley. Também gostaríamos de agradecer à fotógrafa Sarah Jaquemet, que foi responsável por grande parte das fotos que se encontram neste livro.

Os autores

Apresentação

A preparação de atletas de alto nível é um tema muito estudado no meio olímpico, mas a ciência da preparação de atletas profissionais de MMA (Mixed Martial Arts) ainda é um assunto novo e carente de pesquisas e análises específicas.

O Brasil, mesmo sendo o pioneiro e criador do vale-tudo em sua forma inicial, ainda se encontra "atrasado" em aspectos de preparação física, técnico-tática e psicológica, quando comparado a países como Rússia e EUA. Por isso, este livro busca contribuir com o desenvolvimento e a atualização dos meios e dos métodos de treinamento utilizados por nossos atletas e treinadores, de uma forma inovadora e direta.

Nesta obra, além de embasamentos teóricos, será mostrado um pouco do dia a dia de alguns dos maiores atletas de MMA e do UFC (Ultimate Fighting Championship) da atualidade com que tivemos a oportunidade de trabalhar, como: Hector Lombard, Antonio "Pezão" Silva, Alessio Sakara, Melvin Manhoef, Thiago "Pitbull" Alves, Gleison Tibau, Mark Hunt, Jeff Monson, Thiago Silva, Cole Miller, Mike Brown, Yves Edwards, Dan Hornbuckle, Mariusz Pudzianowski, Rich Attonito e outros.

O primeiro capítulo explica os conceitos de periodização e de planejamento do treinamento anual, além de apresentar os modelos "tradicional" e "moderno", com base em evidências científicas e aplicações práticas em atletas de elite da Rússia, dos EUA e do Brasil; o segundo capítulo mostra como meios e métodos modernos de treinamento (concepção russa) podem ajudar a preparar melhor os atletas para picos de desempenho; o terceiro capítulo refere-se à avaliação física e aos testes controle de atletas; o quarto capítulo destaca a importância do treinamento psicológico nos períodos de treinamento e de competição; o quinto capítulo analisa os aspectos nutricionais que dão suporte às respostas fisiológicas dos atletas nos períodos de treinamento e de recuperação, e detalha o passo a passo do maior recorde da história do MMA em perda e recuperação de peso, no qual Gleison Tibau perdeu 13 kg em 10 dias e recuperou 15 kg em um período de apenas 24 horas; finalmente, o sexto capítulo traz a compilação de praticamente dois anos de publicação mensal, na revista *Tatame*, de artigos especializados mostrando exemplos teórico-práticos do treinamento de alguns atletas de elite.

Desejamos a todos uma boa leitura!

Sumário

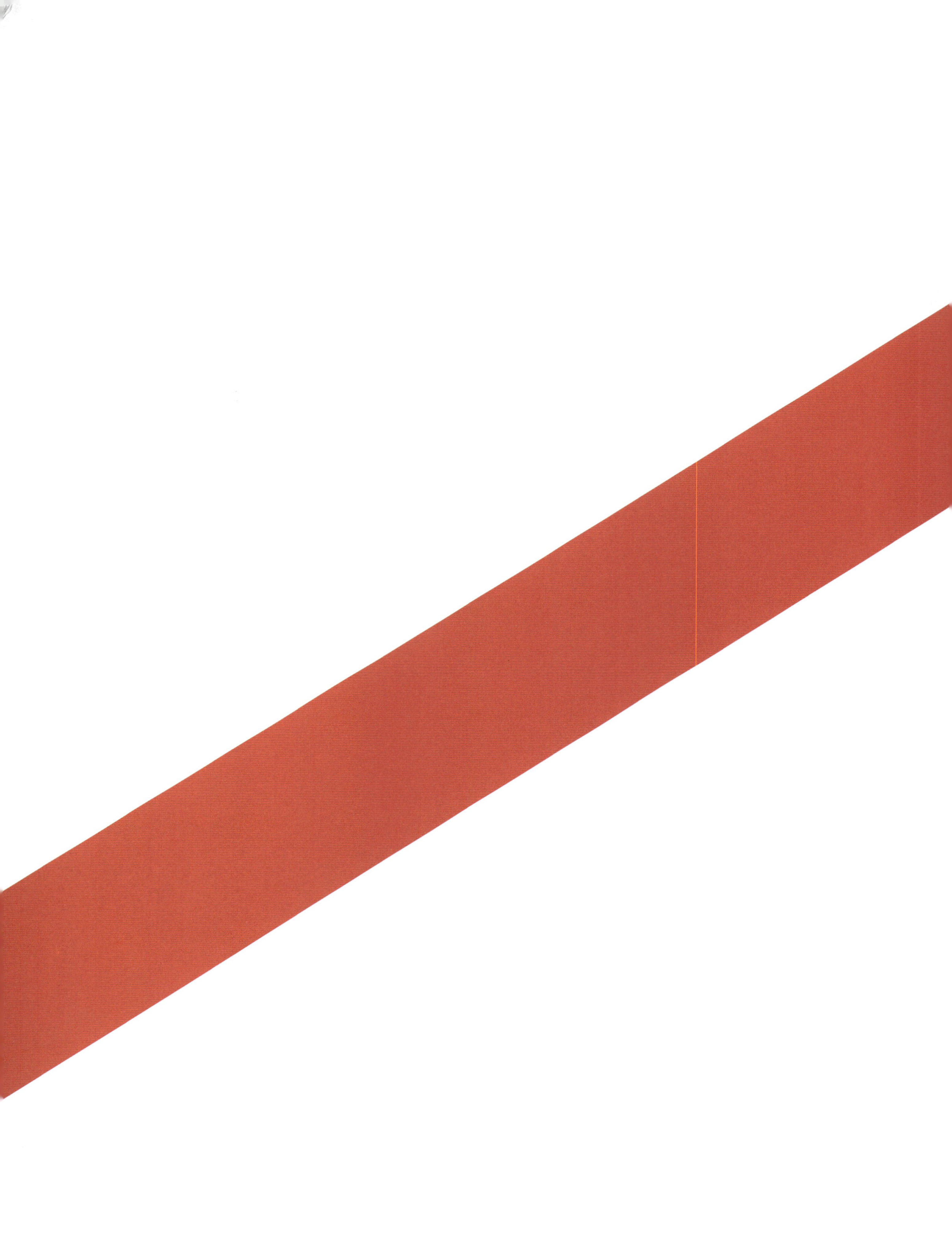

Periodização do treinamento

A importância de periodizar o trabalho já era conhecida de forma primitiva na Grécia Antiga, onde eram usados períodos (ciclos) de 3 dias de trabalho com 1 de repouso. Esses ciclos eram chamados de *tetras*. Competidores das Olimpíadas na Antiguidade também tinham um período de treinamento de 10 meses que antecedia o período de provas, o qual, por sua vez, durava por volta de um mês. Entretanto, somente na década de 1960, baseado nos estudos científicos das respostas adaptacionais do organismo humano a exercício e estresse, L. P. Matveev, pesquisador e doutor emérito da ex-União Soviética, começou a organizar os exercícios e as diferentes fases do treinamento, conceituando a periodização como:

> o planejamento geral e detalhado do tempo disponível para treinamento, de acordo com objetivos intermediários perfeitamente estabelecidos, sempre respeitando os princípios científicos dos exercícios físicos. (Matveev, 1991 apud Seluianov, Dias e Andrade, 2008)

Seus conceitos se tornaram imprescindíveis na preparação de atletas de alto nível, em que ele e outros pesquisadores, perceberam que, após 2 ou 3 dias de treinamento intenso, deve-se reduzir a intensidade da carga por, pelo menos, um dia, para facilitar a recuperação do organismo do praticante e evitar o risco de *overtraining* ou de fadiga crônica. Os fundamentos da periodização no treinamento esportivo dividem o espaço de tempo em ciclos, de modo que existem os ciclos anuais, semestrais ou de muitos meses de treinamento, e cada um deles, por sua vez, é dividido em 3 períodos:

- preparatório (período de preparação fundamental de treinamento – *camp*);
- competitivo (período das principais competições ou lutas);
- transição.

Para ilustrar, podemos mostrar na Figura 1.1 as variantes "tradicionais" de periodização anual, com diversas combinações possíveis dos picos de *performance* (chamados de *forma esportiva*), em que temos: no modelo A, um pico de *performance*; no B, dois picos; e no C, três picos. No treinamento de nossos atletas da American Top Team (ATT), da equipe principal, os modelos mais utilizados são os representados pelas letras C e E (assinalados por setas), podendo ter 2, 3 ou mais picos de *performance* durante o ano; a diferença deles para os demais fica por conta de apresentarem períodos de transição muito curtos (menos de uma semana) ou ausentes entre os picos, e somente ao fim do ciclo anual nossos atletas recebem um período de transição longo de 3 a 4 semanas.

Os atletas da equipe de base ou semiprincipal não precisam levar tão à risca esses modelos de periodização, visto que suas competições normalmente são agendadas em cima da hora ou faltando pouco tempo de preparo (em geral, de 6 a 8 semanas antes da luta). Isso nos obriga a mudar o esquema da preparação para uma versão adaptada do modelo A, no qual os atletas ficam treinando praticamente o ano todo entre 70% e 80% do máximo de sua forma esportiva e à espera de algum contrato para lutar.

Caso você não seja um atleta profissional e ainda queira utilizar a periodização, pode basear-se nos modelos B ou D, e levar em consideração os períodos de férias (é possível trocar os períodos competitivos pelas férias no macrociclo anual), enfatizando o seu trabalho para que você ou seu aluno (caso seja um treinador) se sinta bem à vontade para passear e mostrar a boa forma física adquirida nos períodos preparatórios. Não se esqueça, é claro, de que não fazemos milagres. Por isso, há a necessidade de treinamentos sistematizados durante o ano todo, para tentar manter-se o mais próximo desses objetivos, em que devemos:

- manter o percentual de gordura em níveis saudáveis;
- treinar a resistência geral e local dos grandes grupos musculares;
- realizar exercícios de força de forma geral e específica;
- seguir hábitos saudáveis de vida (não fumar, beber moderadamente, alimentar-se corretamente, entre outros).

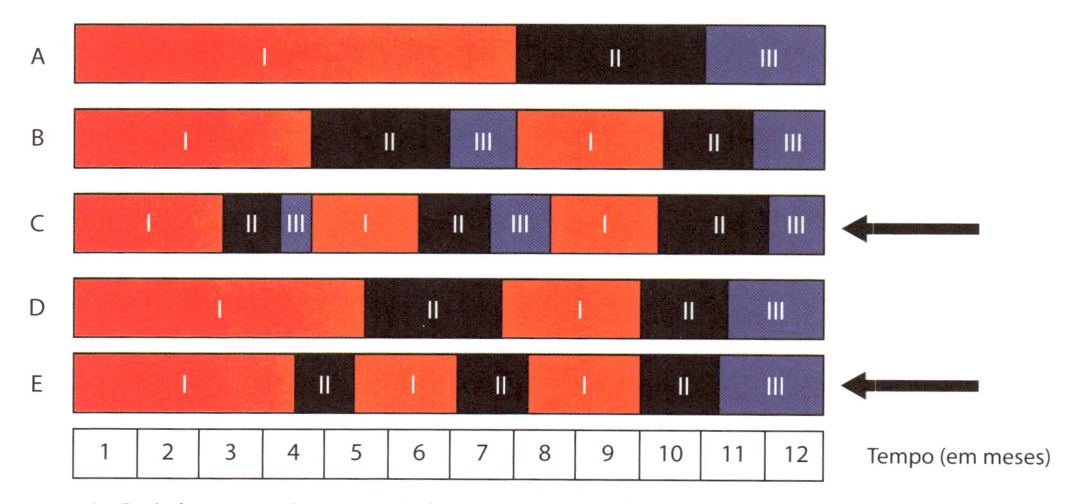

Figura 1.1 – Variantes "tradicionais" de periodização anual.
Fonte: adaptado de Seluianov, Dias e Andrade (2008).

A maneira como o corpo humano se adapta, por exemplo, ao estresse similar ao de um treinamento, foi descrita primeiramente pelo cientista canadense Hans Selye. Essa resposta foi denominada de *Síndrome de Adaptação Geral* (SAG), que, segundo Selye, é composta por três estágios básicos de resposta ao estresse: (1) estágio de *alarme*, que envolve o choque inicial do estímulo no sistema; (2) estágio de *resistência*, que envolve a adaptação ao estímulo pelo sistema; e (3) estágio de *exaustão*, no qual a recuperação é inadequada resultando numa redução da função do sistema (Hoeger e Hoeger, 2014). A Figura 1.2 ilustra esses três estágios e podemos dizer que eles ajudam a explicar de forma científica os porquês da periodização do treinamento.

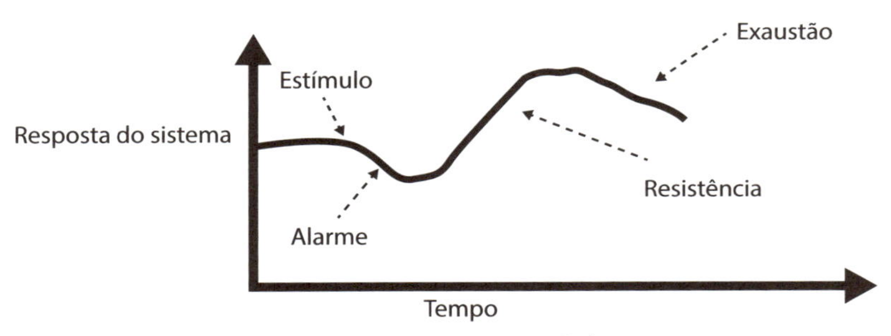

Figura 1.2 – Estágios da SAG, propostos por Hans Selye.
Fonte: adaptada de Santana (2007).

O estágio de *alarme* (choque) é aquele no qual o corpo inicialmente responde ao treinamento imposto a ele. Nesse estágio, podem ocorrer dor muscular, tensão e possíveis quedas de *performance*. Já o estágio de *resistência* (adaptação) é aquele no qual o corpo se adapta ao treinamento. Nessa fase, a coordenação de movimentos pode melhorar, há maior tolerância ao exercício, aumento de massa magra e força, entre outros. Por sua vez, a *exaustão* (fadiga) é o estágio no qual o corpo perde a capacidade de responder ao treinamento. Trata-se de uma fase que deve ser evitada com o uso dos princípios da periodização do treinamento, pois, do contrário, o organismo do atleta pode entrar em *overtraining*, perda de *performance*, risco acentuado de lesões etc.

Estudos científicos mais recentes e a experimentação prática em atletas de alto nível da Rússia, da Europa, dos EUA e do Brasil permitiram criar modelos de periodização que levam em consideração as diferenças de resultados dos treinamentos para o esporte e a atividade física voltada à saúde (*fitness*), em que temos as seguintes diferenças, expressas no Quadro 1.1:

Quadro 1.1 – Diferença entre o treinamento voltado à saúde e ao esporte de alto nível

Indicador / Treinamento	Resultado	Esforço	Efetividade
Esporte de alto nível	Máximo	Máximo	Máxima
Atividade física e saúde	Ótimo	Mínimo	Máxima

No esporte de alto nível, os resultados devem ser máximos. O esforço também deve ser máximo, visto que, hoje em dia, os atletas profissionais chegam a treinar de 4 a 8 horas por dia para obter bons resultados nas competições. Entretanto, ainda dependem de meios e métodos de treino com efetividade máxima. Por isso, a importância de estarmos sempre nos atualizando, por meio de cursos, leitura especializada etc.

A atividade física voltada para a saúde, por sua vez, busca resultados ótimos, pois seus praticantes normalmente exercem outras profissões e querem se esforçar o mínimo possível para alcançar esses resultados (não suportam nem devem suportar dores musculares tardias, causadas por execuções excêntricas com pesos elevados etc.), o que nos obriga a buscar os métodos mais efetivos de treinamento para essa tarefa.

Com base nessas informações e guiado pelas ciências da fisiologia, anatomia, biomecânica etc., é que foi desenvolvido o método Isoton, podendo diferenciar claramente o trabalho de força e resistência nas fibras musculares lentas e rápidas, viabilizando grandes melhoras na composição corporal com a ajuda da nutrição. O que se pretende neste capítulo é mostrar uma adaptação desse método, usado na American Top Team.

1.1 Construção do mesociclo

Os modelos tradicionais, como o exemplificado pela Figura 1.3, preconizam que as cargas devem aumentar de intensidade de semana em semana, o que não está errado, mas, se analisarmos mais detalhadamente, vamos perceber que, quando alteramos a intensidade (Figura 1.4), estamos mudando o estímulo imposto aos músculos, em outras palavras, o recrutamento de fibras musculares com limiares diferentes (fibras lentas e rápidas). Se seguirmos esse modelo, treinaremos, assim, as fibras musculares lentas durante 4 semanas (microciclos 1, 2, 3 e 4), mas as fibras rápidas, que são as mais importantes para os movimentos explosivos com curta duração, só seriam treinadas em 2 semanas (uma porção delas na metade do microciclo 2), e seriam bem trabalhadas no microciclo 3, pois nas outras semanas com cargas baixas (microciclos 1 e 4) não atingem o seu limiar de ativação. Isso confere a esse modelo uma efetividade muito baixa se comparada ao modelo moderno que vem sendo utilizado por nós na American Top Team.

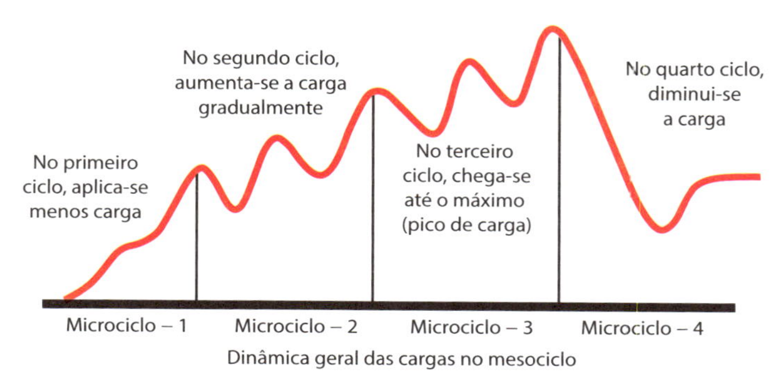

Figura 1.3 – Esquema I: construção "tradicional" do mesociclo.
Fonte: adaptada de Matveev (1991 apud Seluianov, Dias e Andrade, 2008).

A Figura 1.4 mostra que, no primeiro estágio relacionado com pequenas resistências externas, recrutam-se, segundo a "regra do tamanho", proposta inicialmente por Hanneman, Somjen e Carpenter (1965), somente as unidades motoras de baixo limiar e as fibras musculares que compõem esse grupo. De acordo com esse princípio, quanto mais aumenta a necessidade de gerar força, mais e mais unidades motoras são recrutadas. Por isso, a importância de altas cargas (70% a 100%) da máxima intensidade de treino para estimular todas as unidades motoras e as fibras musculares de nossos atletas.

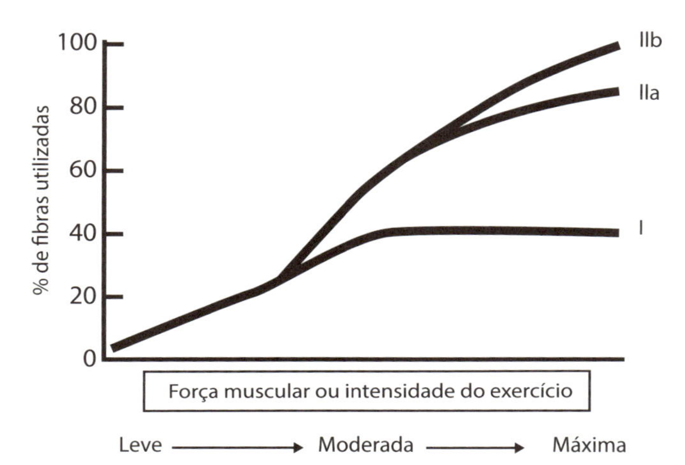

Figura 1.4 – Recrutamento de fibras musculares.
Fonte: adaptada de Maughan, Gleeson e Greenhaff (1997).
Observação: recrutamento de fibras musculares do tipo I (contração lenta) e do tipo II (contração rápida) durante exercícios com aumento de intensidade. Observe que, durante os exercícios de alta intensidade, todas as fibras são recrutadas.

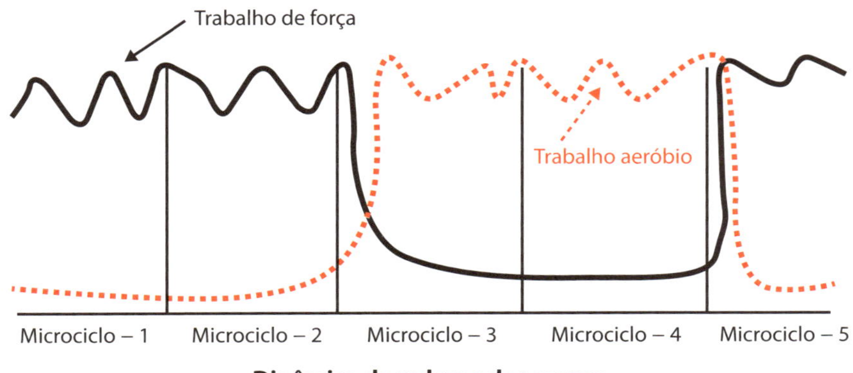

Figura 1.5 – Esquema II: mesociclo "moderno".
Fonte: adaptada de Seluianov, Dias e Andrade (2008).

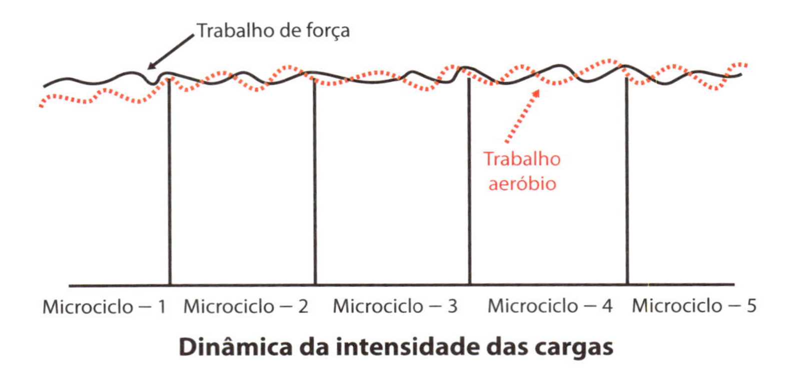

Figura 1.6 – Esquema III: mesociclo "moderno".
Fonte: adaptada de Seluianov, Dias e Andrade (2008).

Na periodização moderna aqui proposta, a intensidade dos exercícios é sempre elevada, o que faz que as fibras sejam estimuladas ao seu máximo em todos os microciclos (Figura 1.6), mas é possível notar que a dinâmica do volume das cargas muda em certos períodos, o que nos garante a manutenção de força e resistência e um risco muito baixo de fadiga crônica no organismo de nossos atletas (estado de *overtraining*), pois, a cada 2 ou 3 semanas de trabalho intenso e volumoso, fazemos uma semana de recuperação ativa com volume baixo de trabalho, mas alta intensidade para manter a treinabilidade dos atletas (Figura 1.5).

A intensidade também se altera levemente dentro dos microciclos na Figura 1.6, e fica o microciclo semanal com 2 ou 3 picos de carga de força intercalados com outros 2 ou 3 picos de cargas aeróbias. Em alunos não atletas, podemos usar uma combinação básica, mas muito eficaz. Nas segundas, quartas e sexta-feiras, o aluno realiza exercícios de força, de acordo com o programa descrito nos outros capítulos deste livro. Nas terças e quintas-feiras, executa exercícios aeróbios a seu critério (corrida, bicicleta etc.) com os métodos de *sprint*. Por sua vez, no sábado, faz recuperação ativa, e o domingo é dia livre.

A intensidade desses exercícios é mantida sempre elevada, mas o volume pode aumentar de semana a semana até a terceira, pois na quarta semana devemos, como regra, aplicar uma semana de recuperação ativa com intensidade alta e volume baixo. Como exemplo, podemos reduzir o número de séries no trabalho de força para cada grupo muscular, que, nos grandes grupos, varia de 9 a 12 séries, para 3 ou até 1 série. Já no trabalho aeróbio, podemos trocar a modalidade (aqueles atletas que faziam corrida passam a pedalar e vice-versa, ou mudam de corrida para natação ou reduzem o volume da atividade nessa semana). Isso garante aos atletas mudanças constantes nas atividades a serem executadas quebrando a monotonia e evitando os "platôs" do treinamento.

Para treinar lutadores de alto nível, precisamos trabalhar a força (explosiva, força máxima, entre outras) e também necessitamos de grandes demonstrações de resistência. Por isso, podemos usar o modelo moderno da Figura 1.5, pois ambas as capacidades físicas devem ser desenvolvidas ao máximo e a vantagem desse esquema é que o organismo se sobrecarrega nos 2 microciclos de força e "descansa" nos outros 2 microciclos aeróbios, sem a necessidade de um microciclo recuperativo a cada 3 a 4 semanas, sem entrar em *overtraining* nos períodos preparatórios. Os microciclos recuperativos só começam a se tornar obrigatórios à medida que entramos no período competitivo e logo após as competições.

1.2 Construção do microciclo

Devemos prestar atenção para não misturar treinos de diferentes direcionamentos numa mesma sessão de treinamento (treinos de força, seguidos de treino aeróbio etc.), fato que diminui a ação e a efetividade do processo de treinamento. Entretanto, se não tivermos disponibilidade de tempo e for necessária essa junção, devemos cuidar para que não seja feito aleatoriamente, o que pode prejudicar ainda mais o andamento e o resultado do programa.

Para facilitar essa combinação, apresentaremos as seguintes propostas:

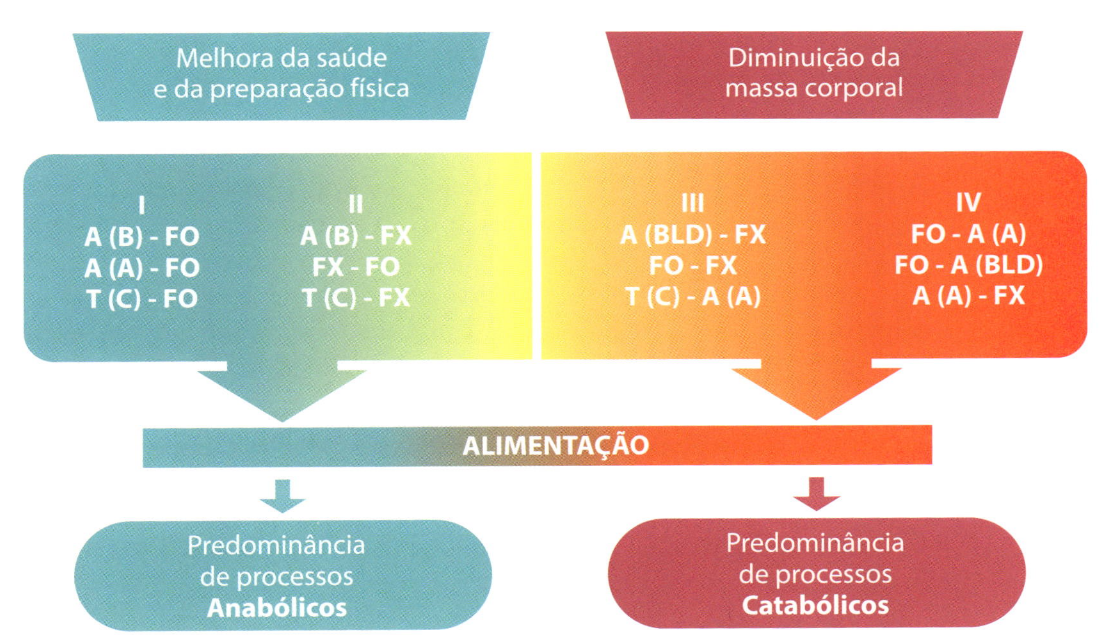

Figura 1.7 – Análise do efeito da união de cargas de diferentes direções.
Fonte: Seluianov, Dias e Andrade (2008).

Para compreendermos a Figura 1.7, precisamos conhecer as abreviações:

- A(B): treino aeróbio de baixa intensidade.
- A(BLD): treino aeróbio de baixa intensidade e de longa duração.
- A(A): treino aeróbio de alta intensidade.
- FO: treino de força.
- FX: treino de flexibilidade.
- T(C): treino técnico ou de coordenação (equilíbrio).

Todas as combinações apresentadas nos números I e II da Figura 1.7 conduzem a uma melhoria da saúde e do estado de preparação física, pois os processos anabólicos são predominantes. Isso ocorre porque, na união de diferentes tipos de treinos, escolhemos sempre os de menor intensidade primeiro, ou aqueles que menos desgastam o organismo dos nossos atletas, servindo ainda para preparar o organismo deles para as atividades principais e/ou mais intensas. Quando terminamos o treino com exercícios de força, também temos a predominância dos processos anabólicos, em razão da alta liberação hormonal que é causada.

Em contrapartida, a união das diferentes cargas de treinamento, mostradas nos números III e IV da Figura 1.7, levam à predominância dos processos catabólicos e à diminuição da massa corporal. Esse fato é explicado pelo aumento do catabolismo proteico e hormonal, que pode ocorrer em virtude da depleção de glicogênio que acompanha, por exemplo, um treino de força. Com o glicogênio muscular reduzido, a execução prolongada ou de alta intensidade de exercícios aeróbios pode catabolizar a massa muscular magra e aumentar a metabolização dos hormônios esteroides presentes na corrente sanguínea, o que, consequentemente, diminui a ação anabólica desse treino.

Vale lembrar que existem casos em que se tornam necessários os aumentos dos processos catabólicos (mesmo que isso seja menos saudável para o organismo humano e não recomendado neste livro). Caso um aluno apresente certo grau de obesidade mórbida, para esse aluno, não interessa saber se ele vai queimar somente gordura ou um pouco de massa magra ao mesmo tempo, mas, sim, a diferença que isso vai representar na balança ao final de um mês de treino.

Algumas mulheres apresentam um metabolismo muito lento e difícil, que dificulta a queima de calorias. Nesse caso, também podemos escolher os meios mais catabólicos, nunca esquecendo do papel fundamental da nutrição nesse processo.

Na musculação, temos, ainda, aqueles alunos que não podem frequentar a academia mais que 3 vezes por semana e não querem correr o risco de catabolizar a massa magra (tão difícil de ser conquistada). Assim, nós, profissionais de Educação Física e treinadores, podemos usar o esquema anterior, minimizando o catabolismo, ao escolhermos a combinação dos exercícios a serem realizados (ordem I ou II do esquema da Figura 1.7). O problema surge quando um aluno quer participar de uma aula de *spinning* e, logo depois, realizar um treino intenso de força na musculação (essa união é chamada de *treinamento em complexo* em muitos países da Europa). O que fazer então?

Nesse caso, só temos uma saída: a utilização do recurso chamado *minilanche*, que nada mais é do que uma pequena refeição realizada entre esses dois treinos com direções de cargas distintas. Essa refeição pode ser líquida (um *shake* proteico, um substituto de refeição ou bebida similar) ou sólida (uma barra de proteína, uma fruta etc.).

A diferença do conteúdo do "minilanche" vai depender do objetivo do aluno. Se for perda de gordura, recomendamos evitar doces e açúcares presentes em bebidas isotônicas, mas podemos sugerir aqueles que contêm proteínas em sua formulação.

Para mais detalhes, leia a Parte V deste livro, que fala sobre a nutrição no treinamento e as diferenças para ganho de massa corporal ou perda de gordura.

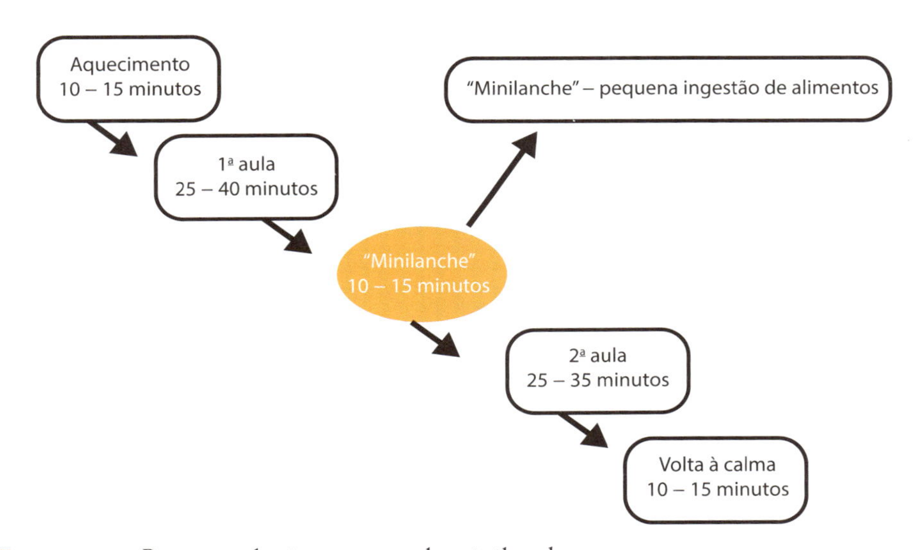

Figura 1.8 – Recomendação para uso de minilanche.

1.3 Construção do macrociclo

Outro aspecto importante utilizado na American Top Team em Coconut Creek, Flórida (EUA), é a divisão e montagem do programa anual.

De acordo com a literatura atual, encontramos muitas fases e muitos modelos de preparação, mas, nesta obra, vamos descrever somente o programa que utilizamos em nosso dia a dia.

Podemos destacar cinco fases básicas (mesociclos) de preparação: fase de *condicionamento inicial* (adaptação anatômica), fase de *hipertrofia*, fase de *força*, fase de *potência* e fase de *circuito de MMA* (resistência de potência). Em cada fase, normalmente treinamos por 4 semanas quando temos tempo suficiente, mas, no alto nível, nossos atletas lutam em média a cada 3 meses ou menos, o que nos obriga a encurtar e/ou eliminar algumas fases.

Por exemplo, nosso atleta do UFC Gleison Tibau fez 4 lutas em 2009. Ele começou a se preparar em 2008 e passou pelas fases de condicionamento inicial, de força, de potência e de circuito de MMA. Tibau não realiza o mesociclo de hipertrofia, pois normalmente pesa 85 kg, tem de 10% a 12% de gordura corporal e luta na categoria de 70 kg. Desse modo, todo o seu trabalho se baseia em "descer o peso", o que não é nada fácil, em virtude de ser muito forte e praticamente sem gordura extra para queimar. Ele lutou e venceu com uma rápida guilhotina, ainda no primeiro *round*, Rich Clementi, no dia 7 de fevereiro de 2009. Fez uma semana de transição (recuperação ativa) e treinou 6,5 semanas até lutar e vencer Jeremy Stephens, em decisão unânime, no dia 1º de abril de 2009, de modo que realizou uma semana de treino de força, duas semanas de treino de potência, duas semanas e meia de treino de circuito de MMA e uma semana para perda de peso com volume reduzido de treino para alcançar a supercompensação. Descansou mais uma semana e treinou quase 10 semanas até lutar com o duríssimo Melvin Guillard, no dia 20 de junho de 2009 em Las Vegas. A preparação, dessa vez, contou com duas semanas de treino de força, três de treino de potência, quatro de treino de circuito de MMA e uma de perda de peso. A luta contra Melvin foi no cassino The Palms, em Las Vegas, e isso pode ser um dos motivos por que os juízes de forma errada (ou propositalmente) dividiram-se em seus votos, de forma que a vitória foi dada para Guillard (a maioria dos presentes vaiou Melvin ao final da luta e o próprio UFC mandou duas semanas mais tarde um cheque com o valor do bônus da vitória para Tibau).

Na última e quarta luta do ano de 2009, tivemos mais tempo para preparo. Desse modo, Tibau usou duas semanas e meia de recuperação, duas de condicionamento inicial, quatro de treino de força, quatro de treino de potência, quatro de treino de circuito de MMA e uma para perda de peso até vencer por decisão unânime o atleta Josh Neer no dia 24 de outubro de 2009. Depois de um ano longo, com 4 lutas, Gleison tirou um tempo de férias no Brasil para recomeçar o treino em 2010.

Como percebemos, o programa anual varia de acordo com cada luta e sempre devemos montá-lo de trás para a frente. Assim, anotamos o dia da luta e contamos quantas semanas temos até o dia que será estipulado para começar o programa de treino. Em outro exemplo, podemos citar o Thiago "Pitbull" Alves, que lutou e venceu, no dia 11 de dezembro de 2010, o atleta John Howard. Contando de trás para a frente, ele precisou de uma semana para cortar o peso, de quatro semanas treinando no circuito de MMA, de quatro semanas de treino de potência, de quatro semanas de treino de força e de quatro semanas de treino de hipertrofia.

Seguindo o calendário e esse programa montado especificamente para ele, seu treino oficial começou no dia 14 de agosto de 2010, pois precisamos de 17 semanas para concluir todas as fases descritas.

O tempo que resta entre determinada luta que acabou de acontecer até assinarmos o contrato para a próxima peleja é distribuído de forma menos rígida, com "apenas" 6 a 8 sessões de treino na semana e todas com caráter de condicionamento inicial (adaptação anatômica), e há uma ênfase maior no aprendizado de novas técnicas, focando sempre nas deficiências de nossos atletas.

Uma maneira efetiva de entender e comprovar o sistema que utilizamos na periodização de nossos atletas é a adaptação do nosso modelo com a famosa curva de "força *versus* velocidade". A curva ilustra a relação inversa que existe entre a força e a velocidade. Ou seja, quanto maior a carga, mais lento é o seu movimento; quanto mais pesado é o treino, mais lenta a sua velocidade. Com base nisso, se precisamos desenvolver a qualidade física "força", devemos treinar do lado esquerdo da curva. Com relação à qualidade de "velocidade", devemos ficar do lado direito. Na Figura 1.9, segue a curva de "força *versus* velocidade" e suas zonas de treinamento.

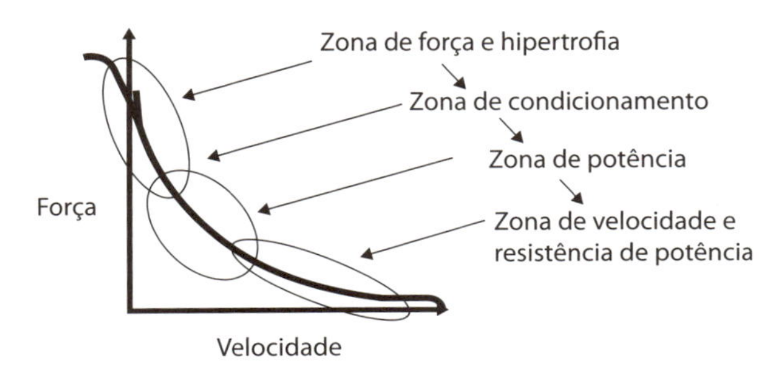

Figura 1.9 – Curva de "força *versus* velocidade".

Com base na curva de "força *versus* velocidade", o Dr. Joseph Signorile da Universidade de Miami desenvolveu um modo de trabalhar todas as fases de treinamento: "Surfando a curva" foi como ele denominou a Figura 1.10 e, segundo Juan Carlos Santana (2007), meu parceiro de trabalho no Institute of Human Performance (IHP), é a melhor maneira de entender e justificar a correta utilização da periodização do treinamento.

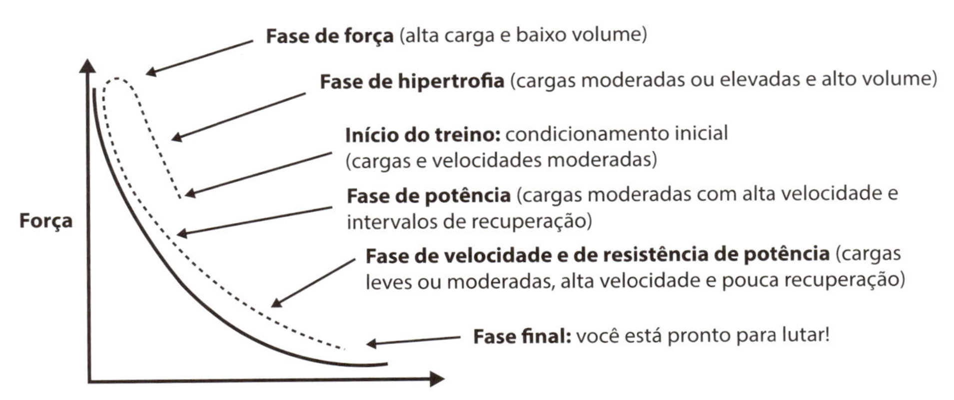

Figura 1.10 – Surfando a curva.
Fonte: adaptada de Santana (2007).

Para "surfar a curva", precisamos começar pelo meio (condicionamento inicial) indo para cima e para a esquerda, com o objetivo de criar hipertrofia muscular ou desenvolver força e, então, vamos gradualmente "surfando" abaixo na curva (para o lado direito), a fim de trabalhar potência e velocidade.

O modelo descrito anteriormente mostra como dividir as 5 fases de treinamento, mas, como mencionado, no modelo de treino do atleta Gleison Tibau e da maioria dos nossos atletas da American Top Team, não há o desejo de aumentar a massa magra, pois, normalmente, eles lutam em uma categoria abaixo do seu peso corporal normal. Isso nos obriga a reduzir o número de fases e retirar o ciclo de hipertrofia do macrociclo, ficando o programa total com 17 semanas, em que usamos 4 semanas de treino em cada fase e a última semana para cortar o peso e alcançar a supercompensação.

A Figura 1.11 demonstra a oscilação da capacidade de trabalho especial de atletas treinados: A, pela manhã; B, pelo meio-dia; C, pela tarde; e D, pela manhã e pela tarde.

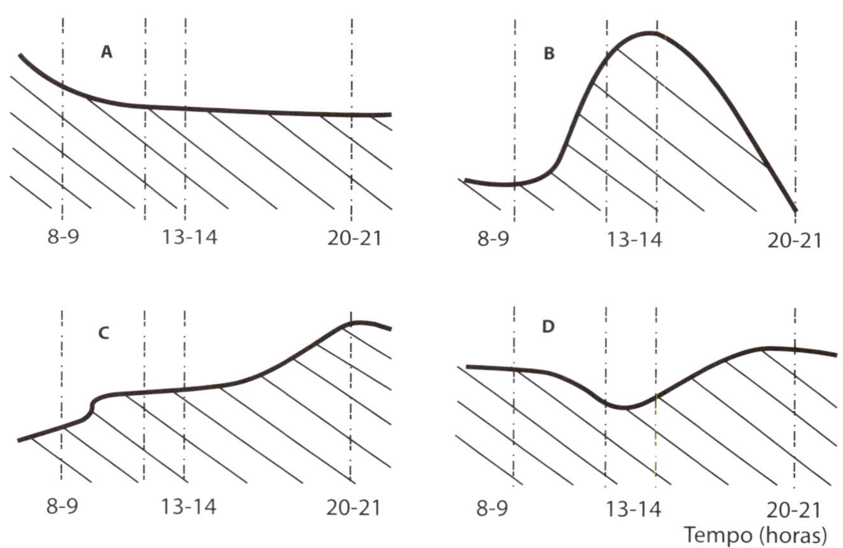

Figura 1.11 – Oscilação da capacidade de trabalho especial de atletas treinados.
Fonte: adaptado de Platonov (1986).

De acordo com a Figura 1.11, podemos ver que o organismo dos atletas se adapta ao horário em que o treinamento é realizado. Os atletas que treinam conforme o modelo A apresentam uma melhor resposta ao trabalho físico pela manhã. Os atletas que treinam pelo modelo B apresentam melhor rendimento ao meio-dia. Aqueles que treinam pelo modelo C conseguem maior desempenho físico à tarde e reparem que os atletas que treinam duas vezes por dia têm dois picos de *performance* perto dos horários em que são realizados os treinamentos (modelo D).

Isso demonstra a adaptabilidade do organismo dos atletas ao horário dos treinos e a importância de modelar o programa deles para os horários das competições. Por exemplo, os atletas que competem em torneios de jiu-jítsu e/ou *grappling* devem priorizar seus treinos pelas manhãs, em virtude de as competições começarem cedo. Em contrapartida, os lutadores de MMA devem treinar mais intenso nos períodos da tarde e da noite, pois os eventos são realizados sempre à noite.

Outro ponto que deve ser destacado é a direção do treinamento diário. Cientistas russos foram os pioneiros a descobrir que elementos como técnica, força, flexibilidade, entre outros, respondem de forma diferente durante o dia. Para resumir, apresentamos agora uma síntese de pesquisas que apontam as atividades com os melhores horários do dia para treinar:

- entre as 10 horas e o meio-dia, devemos trabalhar elementos técnico-táticos, pois temos um nível máximo de cortisol e catecolaminas e, nesse horário, temos uma facilidade na absorção de novas técnicas e táticas;
- das 16 às 18 horas, devemos trabalhar mobilidade articular (flexibilidade), força explosiva e coordenação de movimentos;
- das 16 às 20 horas, devemos trabalhar resistência aeróbia;
- a capacidade máxima de trabalho vai desde o entardecer até as 22-23 horas.

Outro aspecto muito importante no programa de treinamento de atletas profissionais de MMA é a periodização dos treinos de *sparring* de uma equipe. Há cerca de cinco anos, quando assumimos a preparação física da American Top Team, os treinos de *sparring* (aqui chamados de "bloqueio") eram realizados todas as terças e quintas-feiras e aos sábados, e sempre com um volume de 5 *rounds* de 5 minutos cada um, com 15 minutos de aquecimento prévio. O volume era considerado bom, e estava apresentando resultados satisfatórios em nível regional e em alguns eventos de grande porte. Porém, nos dois maiores eventos de MMA do mundo (UFC e Strikeforce), estávamos perdendo mais do que ganhando. Desse modo, em uma de nossas reuniões mensais, foi proposta por Stéfane Dias, um dos autores deste livro, a utilização do modelo russo de periodização, que, em vez de realizar 5 *rounds* constantemente, usa o modelo de pirâmides e/ou ondas (Figura 1.12), no qual: na primeira semana, são realizados 5 *rounds*; na segunda, 6 *rounds*; na terceira semana, chega-se ao pico do volume de treinamento com 7 *rounds*.

Depois da terceira semana, o ciclo começa de novo com 5, 6 e 7 *rounds*. Isso foi realizado a partir de janeiro de 2010, e, após alguns meses de adaptação, os atletas da American Top Team começaram a sentir "fácil" realizar 5 ou 6 *rounds* de bloqueio. Nesse ponto, entramos em um estágio mais elevado de treino e aumentamos os *rounds* para 6 na primeira semana do ciclo, 7 na segunda semana e 8 na terceira semana, e os resultados melhoraram ainda mais em nível nacional e internacional, de modo que conquistamos grandes vitórias com esse modelo. Como exemplo, podemos citar as *performances* de Hector Lombard, Gleison Tibau, Jorge Masvidal e Alessio Sakara em suas vitórias no

Bellator, na UFC e na Strikeforce, entre outras inúmeras vitórias em eventos de médio/grande porte ao redor do mundo.

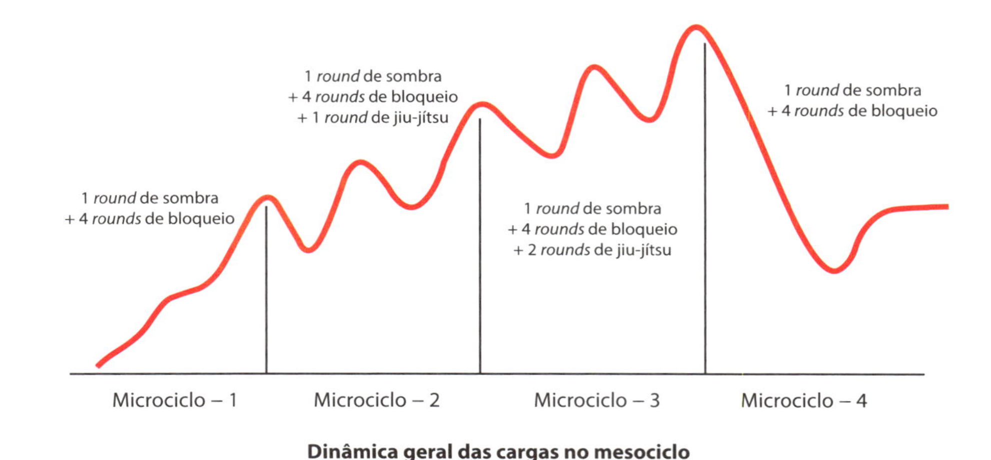

Figura 1.12 – Modelo russo de periodização: construção do mesociclo da American Top Team.

Reparem que no modelo da Figura 1.12 sempre começamos com um aquecimento prévio (aproximadamente 15 minutos) seguido do modelo russo, com 1 *round* de "sombra" mais os *rounds* de bloqueio e, nesse novo modelo, acrescentamos *rounds* "extras" com jiu-jítsu em posições específicas, *wrestling* começando de costas na grade ou no chão, ou contra a parede etc.

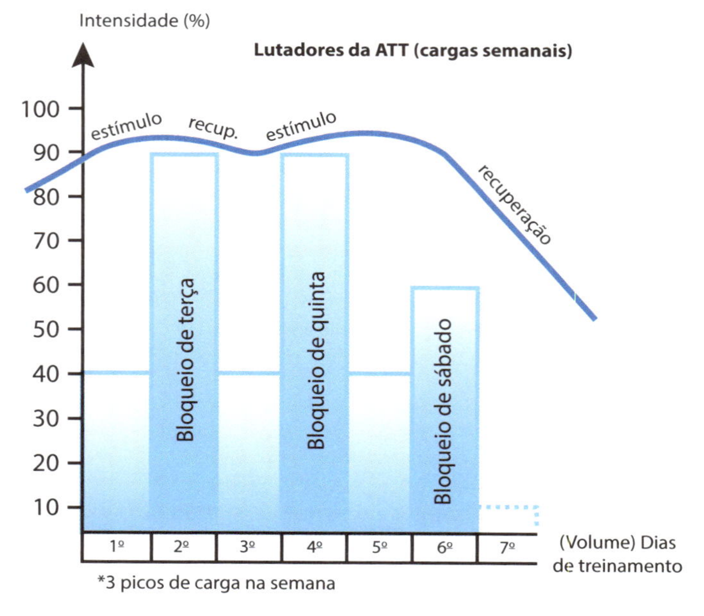

Figura 1.13 – Divisão da carga durante a semana.

Conforme a Figura 1.13, percebemos que o treino semanal apresenta 3 picos de intensidade semanal: terça-feira, quinta-feira e sábado. Nos outros dias, as cargas são moderadas e os treinos voltados mais para a parte técnica.

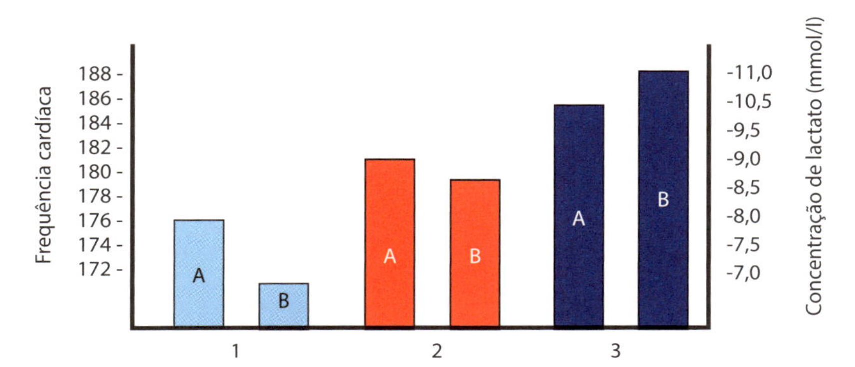

1 – Lançamento de manequim durante 3 minutos com máxima intensidade possível. **2** – Combate de controle. **3** – Combate em competições importantes: **A** – Frequência cardíaca por minuto; **B** – Concentração de lactato (mmol/l).

Figura 1.14 – Respostas do organismo de lutadores de alto nível à carga especial.
Fonte: adaptada de Platonov (2004).

Como podemos perceber na Figura 1.14, a frequência cardíaca e a concentração de lactato aumentam à medida que mudamos as demandas de uma atividade aparentemente "igual", pois, no exercício número 1, fazemos o lançamento do boneco de borracha com máxima intensidade possível e, mesmo assim, a resposta do organismo não é tão acentuada; já no número 2, mesmo um combate de controle com a mesma duração causa efeitos maiores no atleta; somente no exercício 3 percebemos que a reação na hora das competições importantes gera uma mobilização total do organismo dos atletas. Enfim, por que isso ocorre?

Um dos maiores e mais importantes fatores para explicar essas diferenças são as influências psicológicas que ocorrem em forma de estresse, pois, no exercício 1, o atleta tem total controle sobre a atividade, o que já não acontece quando enfrentamos um atleta, seja em um combate de controle, seja em uma luta importante.

Resultados similares ocorrem em MMA, em que, para evitarmos um desequilíbrio entre o treino e a luta, convocamos sempre novos atletas de outras escolas afiliadas da American Top Team para criar um efeito psicológico de luta real. O fato de atletas não treinarem juntos o tempo todo e não serem amigos na maioria das vezes aumenta a dificuldade e a intensidade dos *rounds*.

Outro aspecto importante que não podemos ignorar na hora de montarmos os programas de treinamento é que nem sempre os mesmos parâmetros externos das cargas provocam a mesma reação no organismo de um determinado atleta e, muito menos, em atletas de diferentes qualificações.

Como exemplo disso, podemos mostrar dados de pesquisas próprias com nossos atletas da American Top Team e, mais especificamente, da preparação do polonês Mariusz Pudzianowski (cinco vezes campeão do torneio The World´s Strongest Man) para a sua luta de MMA contra o americano Bob Sapp, em maio de 2012.

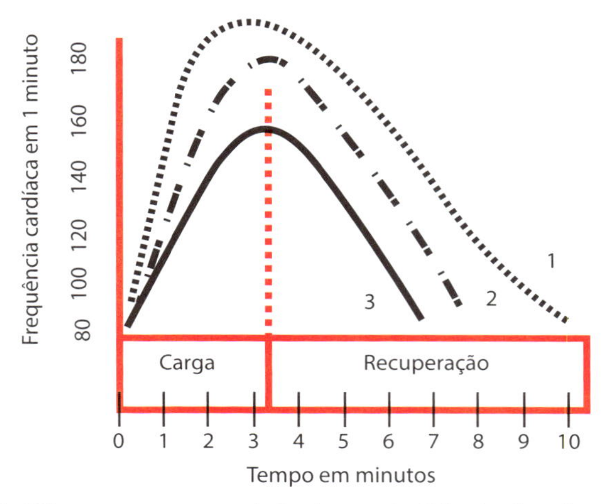

FIGURA 1.15 – Frequência cardíaca e tempo de recuperação do atleta Mariuzs Pudzianowski durante e após a execução de um trabalho submáximo.

Na Figura 1.15, fica claro que mesmo um parâmetro da carga externa idêntico (nesse exemplo, uma corrida de 800 metros em 3 minutos) causa reações internas diferentes em determinado atleta com base na etapa em que este se encontra em sua preparação. Podemos perceber que, na etapa inicial do treinamento, a frequência cardíaca ficou entre 180 e 190 bpm e foi diminuindo à medida que foi se aproximando da competição, com frequência cardíaca entre 140 e 150 bpm no período competitivo (confirmando o efeito de adaptação para uma determinada carga).

Com isso, pudemos sugerir a realização de mais baterias de 800 metros ou reduzir o tempo de corrida de 2 minutos e 45 segundos para 2 minutos e 30 segundos, a fim de aumentar a intensidade do exercício. Não esqueçamos que Pudzianowski pesa 125 kg, e isso já representa um desafio ao atleta.

Figura 1.16 – Mariuzs Pudzianowski em sua preparação para a luta contra Bob Sapp com o parceiro de treinos Attila Végh.

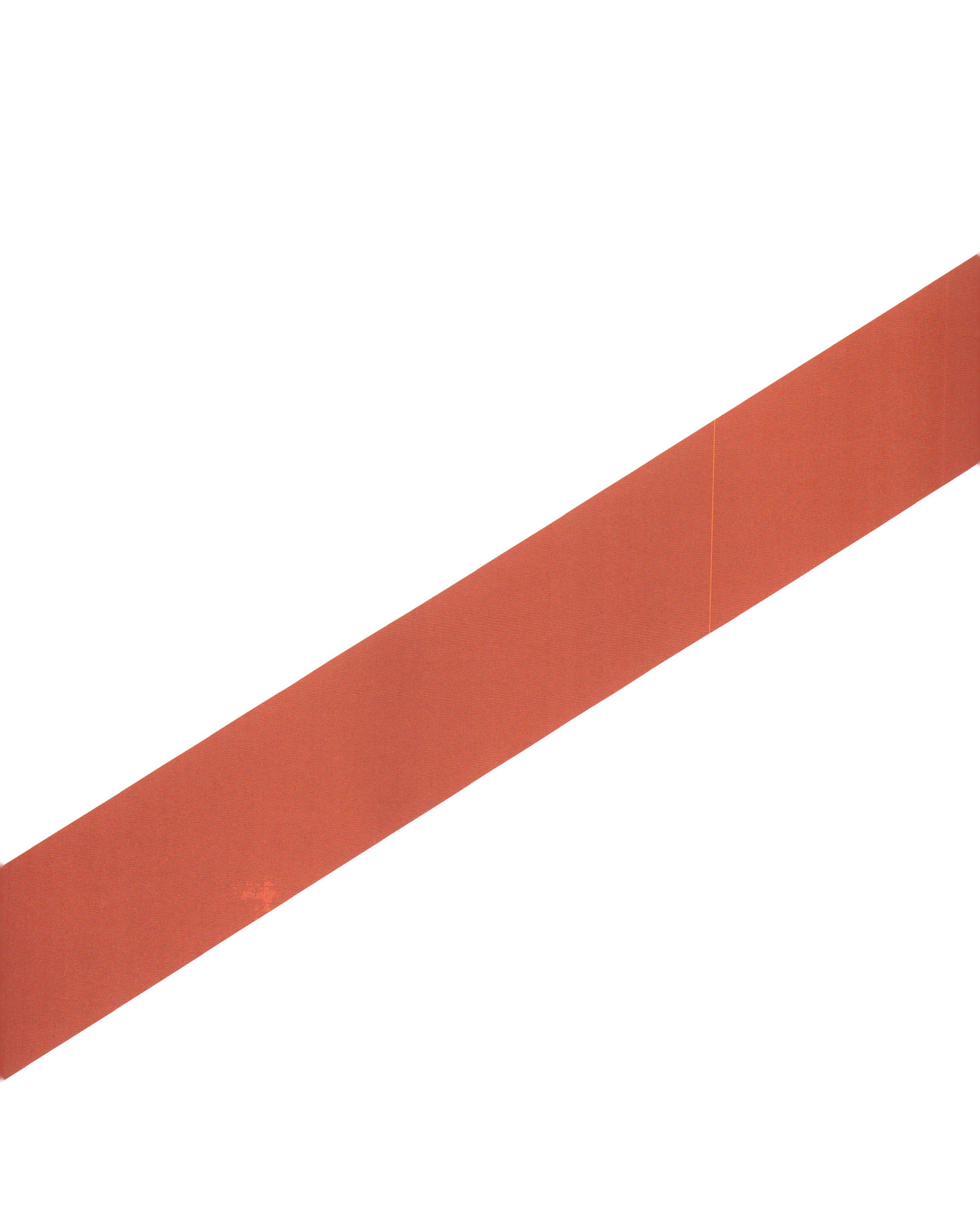

2

Concepção russa de treinamento atualizada

ntes de estudarmos mais a fundo a concepção russa de treinamento, devemos ter em mente algumas definições básicas. A técnica de condução dos processos adaptativos é realizada com a ajuda de exercícios físicos, caracterizados pelos seguintes parâmetros:

- *Intensidade de contração muscular*: "a intensidade das cargas físicas é caracterizada pela força da influência de um concreto exercício no organismo humano" (Seluianov, Dias e Andrade, 2008, p. 61).
- *Volume de treino*: "o volume das cargas é determinado pelos indicadores da duração de um exercício físico em separado, uma série de exercícios, bem como pelo número de exercícios em uma determinada parte da aula ou na aula toda" (Seluianov, Dias e Andrade, 2008, p. 62).
- *Controle da densidade do treino*: segundo Seluianov, Dias e Andrade (2008, p. 62), é um dos parâmetros mais importantes no treino e define-se pela "relação entre a intensidade da carga e o volume de treino no espaço de tempo, números estes que variam muito entre atletas experientes e novatos". Para exemplificar, podemos citar dois atletas, um profissional e outro amador: o profissional executa o movimento do supino reto com 130 kg e repete isso 6 vezes; acaba a primeira série e descansa 5 minutos, faz a segunda série, descansa mais 5 minutos e acaba a terceira série (todas com 6 repetições). Já o amador, assistindo ao treino do profissional faz "praticamente" o mesmo, executa o movimento do supino com 130 kg, repete 6 vezes e também faz 3 séries, mas descansa 10 minutos em vez de 5 minutos entre cada série. Conclusão: o treino que é aparentemente igual, intensidade = 130 kg, volume = 3 séries de 6 repetições × 130 kg = 2.340 kg, tem uma densidade de treino 50% menor no treino do amador em relação ao treino do atleta profissional. É um fato que, muitas vezes, é ignorado por profissionais de Educação Física ou treinadores.
- *Intervalo de descanso*: até o treino seguinte.

Com base nesse último ponto, vale a pena citar a pesquisa feita por Volkov (1986), em que estão bem determinados o tempo de duração dos processos recuperativos depois de diferentes cargas de treinamento. Observe a Tabela 2.1.

Tabela 2.1 – Duração dos processos recuperativos depois de diferentes cargas de treinamento

Direção da carga	Influência no sistema vegetativo	Influência no sistema neuromuscular	Volume das cargas de recuperação	Tempo de recuperação
Velocidade	Pequena	Grande	Médio	24 a 36 horas
Velocidade de resistência (aláctica)	Grande	Média	Grande	Até 48 horas
Força máxima	Grande	Máxima	Grande	48 horas
Força de velocidade	Média	Grande	Médio	24 a 48 horas
Resistência (aeróbia)	Máxima	Média	Grande	48 a 72 horas
Resistência (glicolítica)	Máxima	Média	Máximo	48 a 96 horas
Capacidades de coordenação	Pequena	Pequena	Pequeno	6 horas

Fonte: adaptada de Volkov (1986).

A análise de modelos teórico-práticos também mostrou que, nas fibras musculares, pode-se alterar a massa das organelas das miofibrilas, das mitocôndrias e do glicogênio para a alteração das capacidades funcionais do esportista. Assim, mostraremos como se pode conduzir a síntese (hiperplasia) dessas estruturas.

2.1 Princípios "tradicionais" do treinamento de força

Como exemplo típico do método de hipertrofia das fibras musculares, podemos analisar o treino dos grandes fisiculturistas. Com maior credibilidade, utiliza-se o sistema elaborado por Weider (1991) que formulou alguns princípios, os quais estão aqui adaptados e acrescidos de alguns comentários para ajudar ainda mais durante a nossa prática profissional:

- *Princípio da escolha e técnica de execução do exercício*: corresponde ao princípio específico do exercício que exige um correto conhecimento do funcionamento biomecânico do aparelho motor humano.
- *Princípio da qualidade do esforço*: em cada exercício, é indispensável alcançar a tensão máxima e completa, com a tendência à redução do intervalo de recuperação (descanso entre as séries). Esse princípio será mais bem explicado no tópico 2.2, mas podemos adiantar que a efetividade dos exercícios que se executam até a rejeição provocada pelas dores musculares ou pela dissociação total da fosfocreatina

(CP) nas fibras musculares lentas, é maior do que os métodos que não levam o praticante até a rejeição. A redução dos intervalos de recuperação, dentro das superséries, leva, ainda, a uma grande dissociação da CP pela soma das repetições.

- *Princípio da prioridade*: em primeiro lugar, em cada treino, são trabalhados os grupos musculares nos quais se objetiva a hipertrofia. Está claro que, no início do exercício, a base hormonal e a resposta do sistema endócrino são adequadas, a reserva de aminoácidos nas fibras musculares é máxima. Por isso, o processo de síntese de RNA mensageiro (RNAm) e proteína ocorre com velocidade máxima.
- *Princípio do movimento forçado*: utiliza-se, como regra, durante o levantamento de peso com 70% a 90% da carga máxima. O mais alto efeito alcança-se com a execução das últimas duas a três repetições, que podem executar-se também com a ajuda de parceiros. Esse princípio deixa mais claro o princípio da qualidade do esforço, ou seja, é necessário alcançar o máximo de dissociação da CP para que a creatina livre e os íons hidrogênio estimulem a síntese de RNAm, além do aumento na liberação natural de GH. Esse fato já foi comprovado em outras pesquisas, como pelo estudo de Ahtiainen et al. (2003), da Finlândia, no qual os avaliados conseguiram um aumento três vezes maior na concentração de GH ao final do treino com a utilização de repetições forçadas, em comparação a outro grupo que treinou somente até a falha (rejeição). Esses exercícios estão ligados com a interrupção da respiração ou respiração forçada.
- *Princípio do inchaço muscular*: o peso é segurado de 2 a 3 segundos na fase final, ou na metade do movimento com a máxima contração. Esse princípio tem um sentido comum com o princípio do movimento negativo.
- *Princípio do movimento negativo*: os músculos devem ser ativados com grandes tensões durante a execução do trabalho negativo (excêntrico). Os dois princípios (inchaço muscular e movimento negativo) realizam de formas diferentes a ideia da oclusão vascular no músculo ativo no decorrer de todo o tempo de execução do exercício. Nesse caso, nas fibras musculares oxidativas, esgota-se a CP, e a sua ressíntese ocorre com ausência de oxigênio no decorrer da glicólise anaeróbia e, consequentemente, formam-se lactato e íons hidrogênio. Estes vão para o sangue depois do relaxamento muscular e interagem com o sistema-tampão do sangue, que leva à formação de dióxido de carbono (CO_2) não metabólico que age nos receptores químicos dos vasos musculares e provoca a dispersão deles (Seluianov, Dias e Andrade, 2008). Esse princípio não é explicado por Weider (1991), quando o autor trata acerca do efeito do inchaço muscular com sangue para estimular a hipertrofia.

- *Princípio da supersérie*: para a excitação suplementar dos músculos exercitados utilizam-se séries duplas, triplas e múltiplas praticamente sem intervalo de descanso (20 a 30 segundos). Esse princípio normalmente é utilizado em fisiculturistas de alto nível. A organização dos exercícios em superséries permite aumentar o tempo de permanência da creatina livre nas fibras musculares ativas e, consequentemente, deverá formar-se mais RNAm.
- *Princípio da intuição*: cada esportista deve apoiar-se não só na regra do treino, mas, também, na intuição, e existem individualidades da reação adaptativa. As causas dessas individualidades dos processos adaptativos podem ser de diferentes naturezas: hereditariedade, regime alimentar, particularidades de recuperação, doenças ocultas ou visíveis, entre outras.

2.2 Métodos de hipertrofia das fibras musculares por meio da hiperplasia das miofibrilas

O músculo compõe-se de fibras musculares (células). Para o aumento da força de tração das fibras musculares, é indispensável alcançar a hiperplasia, que é o aumento do número de miofibrilas (fato que normalmente é denominado *hipertrofia muscular*). Esse processo surge durante a aceleração da síntese das proteínas e diante dos precedentes ritmos de decomposição delas. Pesquisas recentes permitiram evidenciar quatro fatores principais determinantes da aceleração da síntese de proteínas na célula:

- Reserva de aminoácido na célula (os aminoácidos na célula acumulam-se depois da ingestão de alimentos ricos em proteínas).
- A concentração elevada dos hormônios anabólicos no sangue como resultado da tensão psicológica e/ou treinamentos intensos (Holloszy, 1982; Schantz, 1986).
- A concentração elevada de creatina livre nas fibras musculares (Walker, 1979).
- Concentração elevada de íons hidrogênio (Panin, 1983).

O segundo, o terceiro e o quarto fatores estão ligados diretamente com o estímulo dos exercícios do treino. O mecanismo da síntese de organelas na célula, em particular, miofibrila, pode descrever-se da seguinte forma: no decorrer da realização do exercício físico, a energia de trifosfato de adenosina (ATP) gasta-se na formação das ligações de actina-miosina e execução de trabalho mecânico. A ressíntese de ATP ocorre graças às reservas de CP. O surgimento da creatina livre ativa a ação de todas as vias metabólicas, que estão ligadas com a formação de ATP (glicólise no citoplasma, oxidação aeróbia em diferentes mitocôndrias, por exemplo, miofibrilares, bem como das que se encontram no núcleo e nas membranas do retículo sarcoplasmático). Nas fibras musculares rápidas, predomina a lactato deidrogenase muscular, por isso, o piruvato que se forma no decorrer da glicólise anaeróbia, fundamentalmente, transforma-se em lactato. No decorrer desse processo na célula, acumulam-se íons hidrogênio. A potência da glicólise é menor que a potência do gasto de ATP, por isso, na célula começam a acumular-se creatina livre, íons hidrogênio, lactato e difostato de adenosina (ADP).

Em concordância com o papel principal na determinação das características contráteis na regulação do metabolismo energético, a acumulação de creatina livre no espaço sarcoplasmático serve como potência de estímulo endógeno, que excita a síntese de proteínas nos músculos esqueléticos (Walker, 1979; Volkov et al., 1983). Está demonstrado que entre o conteúdo de proteínas contráteis e o conteúdo de creatina existe uma estreita correspondência. A creatina livre, visivelmente, influencia na síntese do RNAm, ou seja, na transcrição nos núcleos das fibras musculares, ou ativa a ação dos núcleos da mitocôndria, que começam em grande parte a produzir ATP, que se utiliza para a transcrição de DNA (Walker, 1979).

Supõe-se que o aumento da concentração de íons hidrogênio provoca a labilização da membrana (aumento do tamanho dos poros nas membranas, fazendo que se torne mais fácil a penetração dos hormônios na célula), ativa a ação das enzimas e facilita o acesso dos hormônios à informação hereditária nas moléculas de DNA (Panin, 1983). Em resposta ao aumento simultâneo da concentração de creatina e íons hidrogênio mais intensamente, forma-se o RNAm. O período de vida do RNAm é curto, alguns segundos no decorrer da execução de exercícios de força, mais 5 minutos na pausa de descanso. Depois, as moléculas de RNAm se destroem.

A análise teórica mostra que, durante a execução do exercício de força até a rejeição, como, por exemplo, 10 agachamentos (com barra) com um tempo de execução de cada agachamento de 3 a 5 segundos, o exercício têm duração aproximada de 30 a 50 segundos. Nos músculos, nesse tempo, ocorre um processo cíclico. Portanto, a execução completa do exercício (parte concêntrica e excêntrica do movimento com barra) no decorrer de 1 a 2 segundos executa-se por conta das reservas de ATP; durante 2 a 3 segundos de pausa, quando os músculos tornam-se pouco ativos (a carga distribui-se por toda a coluna vertebral e pelos ossos da perna), ocorre a ressíntese de ATP a partir das reservas de CP, a qual é ressintetizada por conta dos processos aeróbicos nas fibras musculares oxidativas e da glicólise anaeróbia nas fibras musculares glicolíticas. Em virtude de a potência dos processos aeróbios e glicolíticos ser substancialmente mais baixa que a velocidade dos gastos de ATP, as reservas de CP esgotam-se gradualmente, e a continuação do exercício a dada potência torna-se impossível, iniciando a rejeição. Ao mesmo tempo, com o desenvolvimento da glicólise anaeróbia nos músculos, acumula-se lactato e íons hidrogênio (Sapega et al., 1987).

À medida que ocorre a acumulação dos íons hidrogênio, estes destroem as ligações na quarta e terceira estrutura das moléculas de proteína, levando a alterações da atividade das enzimas, labilização da membrana e facilidade de acesso dos hormônios ao DNA. Evidentemente, a acumulação excessiva ou o aumento da duração da ação dos ácidos que nem mesmo apresentam grandes concentrações podem levar a sérias destruições. Depois disso, parte das moléculas destruídas deve ser eliminada (Salminen, Hongisto e Vihko, 1984). Os radicais livres que surgem são capazes de provocar a fragmentação das enzimas mitocondriais, que decorrem mais intensamente durante baixos níveis de pH (ou seja, com alta acidez na célula), que são característicos para os lisossomos. Estes, por sua vez, participam na produção de radicais livres nas reações catabólicas. Salminen, Hongisto e Vihko (1984) mostraram que, em ratos a corrida intensa (glicolítica) provoca grandes alterações necróticas e aumento da atividade das enzimas lisossomáticas de 4 a 5 vezes. A ação conjunta dos íons hidrogênio e creatina livre levam à ativação da síntese de RNAm. É sabido que a creatina está presente nas fibras musculares no decorrer do exercício e no decorrer de 30 a 60 segundos depois dele enquanto decorre a ressíntese de CP. Por isso, pode-se considerar que em uma série nos aparelhos o atleta ganha aproximadamente 1 minuto de puro tempo, quando ocorre a formação de RNAm nos seus músculos. Durante a repetição das séries, a quantidade de RNAm acumulado irá aumentar, mas, ao mesmo tempo, com o aumento da concentração de íons hidrogênio. Desse modo, surge uma contradição, ou seja: pode-se destruir mais do que depois será sintetizado. É possível evitar isso com a realização de séries com grandes intervalos de descanso ou fracionando o treino em duas ou três partes durante o dia com pequeno número de séries em cada treino. Tal modelo de treino vem sendo utilizado por alguns levantadores de peso olímpico nos últimos anos.

Dúvidas sobre o intervalo de descanso entre dias de treinamento de força estão ligadas com a velocidade de realização de RNAm nas organelas celulares, em particular, nas miofibrilas. Sabemos (Din, 1981; Viru, 1981) que o RNAm por si só decompõe-se nos primeiros 10 minutos depois do exercício. Contudo, as estruturas de formação que estão na base dele são sintetizadas nas organelas em 70% a 80% no decorrer de 4 a 7 dias. Como comprovação, pode-se recordar dados sobre o decorrer das formações estruturais nas fibras musculares e, concordando com eles, a sensação subjetiva depois do trabalho do músculo em regime excêntrico: nos primeiros 3 a 4 dias, observam-se perturbações na estrutura das miofibrilas (perto das linhas Z) e fortes sensações de dores nos músculos. Depois a fibra muscular normaliza-se, e as dores passam (Prilutski, 1989; Fridén, 1984; Fridén, Seger e Ekblom, 1988). Pode-se também apresentar dados de pesquisas (Seluianov, 1996), nas quais foi demonstrado que, depois do treino de força, a concentração de ureia no sangue pela manhã em jejum no decorrer de 3 a 4 dias encontra-se abaixo do nível habitual, o que testemunha a predominância dos processos de síntese (anabolismo) sobre as degradações (catabolismo).

A lógica decorrente durante a execução do treino de força forma-se em base correta, contudo, demonstrar a sua autenticidade pode ser unicamente por meio de experiência prática, pois nem sempre o que funciona para um atleta é o melhor treinamento para outro.

Com base no que foi descrito, deve estar claro que as fibras musculares oxidativas e glicolíticas precisam ser treinadas no decorrer da execução de diferentes exercícios e com diferentes métodos.

2.3 Hipertrofia das fibras musculares glicolíticas por meio da hiperplasia das miofibrilas

Para a ativação das fibras de contração rápida, é indispensável realizar os exercícios com a intensidade máxima ou submáxima. Nesse caso, segundo a *regra do tamanho* de Hanneman (como já mencionado no Capítulo 1), vão funcionar as fibras musculares lentas e rápidas. Se a contração muscular for combinada com o relaxamento, isso indica que essa forma de funcionamento não provocará a parada da circulação sanguínea e que os efeitos do exercício serão direcionados fundamentalmente para as fibras musculares rápidas. Esses dados foram comprovados por meio de pesquisa com biópsia realizada por Popov (2007).

Seluianov (1996) pesquisou a reação do organismo nos exercícios com intensidade igual a 85% realizados em agachamentos (com barra) com um tempo de execução de cada agachamento de 5 segundos, intervalo de descanso de 5 segundos (entre as repetições) e a quantidade de repetições até a rejeição.

Como resultado, o avaliado pôde executar 4 a 5 repetições numa série. As reservas de CP reduziram-se nos músculos em até 60%. Depois foi dado um período de recuperação de 3 minutos com descanso ativo, que permitiu o consumo de oxigênio de 1 L a 2 L por minuto. Durante 3 minutos, a concentração de lactato no sangue praticamente não se alterou, a CP quase na totalidade foi ressintetizada, contudo, a potência máxima existente nesse momento foi unicamente de 70% da potência aláctica máxima. O prolongamento do descanso ativo até 6 minutos permitiu aumentar a potência em até 75% e com 10 minutos de descanso ativo, em até 85%. Com 10 minutos, a concentração de íons hidrogênio e de lactato reduziram-se até 7,290 mmol/L e 4,5 mmol/L, respectivamente. A concentração máxima dessas substâncias foi observada no período de 2 a 4 minutos da recuperação e apresentaram os respectivos valores de 7,265 mmol/L e 6,9 mmol/L.

A utilização de exercícios com intensidade de 85% não leva a uma dissociação significativa da CP. Por isso, para aumentar a efetividade do treino de força, direcionado para hipertrofia das fibras musculares, é indispensável aumentar o número de repetições nas séries, ou seja, reduzir a carga dos exercícios. Assinala-se que essa conclusão está em concordância com os dados dos experimentos sobre os métodos de hipertrofia muscular já propostos por outros estudiosos do assunto (Zatsiorsky, 1970a; Hartmann e Tünnemann, 1989).

Pesquisas de Sarsania e Seluianov (1990) sobre os processos adaptativos em longo prazo demonstraram que, quando a intensidade do exercício é de 85%, a duração do treino de força altera-se de 1 até 20 minutos, ou seja, o esportista pode fazer de 1 a 15 séries com aparelhos, e o intervalo de descanso entre as sessões de treino é de 1 a 7 dias.

O resultado da pesquisa mostrou como se alterou a massa muscular no decorrer de 20 microciclos de treino. A análise dos resultados mostrou que o aumento da quantidade de dias de descanso leva à redução da efetividade do ciclo de treino com dada intensidade e duração do treino. O aumento da duração de treino de 1 a 20 minutos (tempo proveitoso que permite a formação de RNAm) leva ao crescimento da efetividade do ciclo de treino. Contudo, nessas condições, aumenta-se o metabolismo dos hormônios, com a velocidade de eliminação dos hormônios superando a velocidade da síntese deles, e inicia-se a redução da concentração de hormônios no corpo (isso ocorre quando os treinadores não realizam uma periodização correta e seus atletas ou praticantes treinam constantemente com cargas e volume elevado em caráter de desenvolvimento). A redução da concentração dos hormônios no corpo abaixo do nível normal leva ao surgimento do fenômeno da síndrome adaptativa geral de Selye (esgotamento do organismo), à redução da intensidade dos processos de síntese das miofibrilas, à redução da mitocôndrias e, também, das células dos órgãos dos sistemas endócrino e imunológico, o que aumenta a possibilidade de doenças. Por isso, com a redução da imunidade, aumenta o perigo de adoecimento. Em consequência, a alta intensidade e a duração do treino podem substancialmente aumentar a síntese de diferentes estruturas nas células, contudo, ao mesmo tempo, com isso, constituem a causa futura de adoecimento e de fenômenos de *overtraining*. Essa conclusão entra em concordância com a opinião geral existente dos especialistas e reflete-se em definições como "forçando a forma esportiva" e "efeito acumulativo negativo".

Para que se possa minimizar o efeito negativo e conservar a efetividade do treino de força, pode-se propor a seguinte variante de planificação do ciclo de treino semanal. Suponhamos que, no primeiro dia do microciclo, executa-se o treinamento em caráter de desenvolvimento (com grandes cargas e alto volume de treino para um determinado grupo muscular). Por exemplo, agachamento com barra e carga de 80% a 90% da capacidade máxima até a rejeição (o exercício tem duração de 40 a 60 segundos). No decorrer do exercício e no período de recuperação de 60 segundos, nas fibras musculares deverá ocorrer a formação ativa de RNAm, consequentemente, o tempo proveitoso de uma série é de 1,5 a 2 minutos. Para o alcance do efeito de desenvolvimento, é indispensável realizar de 7 a 10 séries, ou seja, 12 a 20 minutos de trabalho proveitoso. A realização de trabalho com altas intensidade e duração provoca significativas liberações hormonais no sangue. O aumento da concentração dos hormônios conserva-se no decorrer de 2 a 3 dias, o que estimula a síntese. No quarto dia, a concentração dos hormônios volta ao normal. Por isso, é indispensável realizar ainda mais um treino de força, mas não somente para a formação de RNAm como também para o aumento da concentração de hormônios no sangue no decorrer dos 2 dias seguintes de recuperação. Isso permite a manutenção da intensidade dos processos de síntese das miofibrilas depois do treino de desenvolvimento. Está visível que esse treino de tonificação deverá ter alta intensidade para lançar hormônios no sangue, mas sem longa duração (metade do treino de desenvolvimento), para não provocar o aumento do metabolismo de hormônios e de estruturas de formação nas células (Seluianov, Dias e Andrade, 2008).

Quanto a essa variante de treino, Seluianov et al. (1990), mostraram que, em 6 microciclos, a massa das miofibrilas cresceu em média 7% e a massa das mitocôndrias diminuiu em 14%; a massa das glândulas das secreções internas inicialmente teve tendência ao crescimento (10 dias), depois, teve tendência à redução e, no quadragésimo segundo dia, a massa das glândulas voltou ao normal.

Consequentemente, o microciclo proposto é efetivo, contudo, não pode ser utilizado por mais de seis semanas, e, no futuro, podem surgir sinais da síndrome adaptativa geral de Selye (esgotamento do organismo) e/ou *overtraining*. Para o alcance máximo do efeito de treino, é indispensável observar uma série de condições:

- o exercício é executado com a máxima ou submáxima intensidade;
- o exercício é executado até a rejeição, ou melhor, até o esgotamento das reservas de CP e a formação de alta concentração de creatina livre;
- o intervalo de descanso é de 5 ou 10 minutos; 5 minutos de descanso ativo com execução de exercícios com potência no limiar aeróbio (frequência cardíaca entre 100 e 120 bpm). Isso acelera significativamente o processo de reciclagem do ácido láctico; 10 minutos de descanso pouco ativo, a ressíntese de CP ocorre preponderantemente no decorrer da glicólise anaeróbia, com acumulação de íons hidrogênio e de lactato nas fibras musculares rápidas; a quantidade de séries no treino é de 5 a 7 séries com descanso passivo, e 10 a 15 com descanso ativo;

- a quantidade de treinos por dia é de 1, 2 ou mais, em razão da intensidade e do nível de treino do atleta;
- como quantidade de treinos na semana, depois de um treino com duração máxima (volume) para cada grupo muscular, o treino seguinte pode ser repetido apenas depois de 7 a 10 dias, precisamente quanto tempo se exige para a síntese de miofibrilas nas fibras musculares.

Para ilustrar melhor, podemos acompanhar as recomendações do Quadro 2.1:

Quadro 2.1 – Hipertrofia das fibras musculares glicolíticas por meio da hiperplasia das miofibrilas

Objetivo: aumento da quantidade de miofibrilas, força e velocidade de contração das fibras musculares glicolíticas.

Parâmetros de treino:

- *Intensidade de contração muscular*: 60% a 100% (RM).
- *Duração do exercício (repetições)*: 20 a 40 segundos, até rejeição, com + 2 repetições forçadas.
- *Intervalo de descanso*: 5 a 10 minutos, até mínima concentração de íons hidrogênio.
- *Número de séries por grupo muscular*: tonificantes (1 a 3), de desenvolvimento (4 a 9).
- *Número de treinos na semana*: tonificantes (3 a 7), desenvolvimento (1).

Fatores que estimulam a hiperplasia das fibras musculares:

- *Aminoácidos* (de origem animal: 2 g/kg a 2,5 g/kg/dia).
- *Hormônios* (GH, testosterona), como resultado do estresse.
- *Creatina livre*: ativa o metabolismo na célula.
- *Íons hidrogênio*: uma ótima concentração faz a labilização das membranas (dilatação dos poros das membranas, o que, por sua vez, facilita a penetração de hormônios nas células).

A confirmação experimental da efetividade teórica da variante elaborada do treino de força pode ser encontrada em muitas publicações a partir dos anos 1970 (Zatsiorsky, 1979; Platonov, 1988, 1997; Hartmann e Tünnemann, 1989).

Durante a execução do exercício de força com intensidade submáxima, é inevitável o impedimento da respiração, esforço, e, como consequência, o aumento da pressão arterial sistólica. Nos halterofilistas de alto nível, a pressão arterial sistólica aumenta ainda antes do treino em até 150 mmHg, e, com a hiperventilação forçada, a pressão arterial sistólica aumenta de 200 mmHg a 250 mmHg (Kotsa, 1986). No primeiro minuto depois do levantamento do peso, a pressão arterial sistólica alcança entre 150 e 180 mmHg, aumenta a pressão média e a pressão arterial diastólica pode subir ou descer (Vorobiov, 1977). Esses dados servem de alerta aos profissionais da área para os riscos desses métodos de treino para idosos, hipertensos, não atletas ou pessoas que buscam saúde e estética.

2.4 Hipertrofia das fibras musculares oxidativas por meio da hiperplasia das miofibrilas (Isoton)

O método de hipertrofia das fibras musculares oxidativas por meio da hiperplasia das miofibrilas parece-se com o método anteriormente descrito para as fibras musculares glicolíticas (Seluianov, Dias e Andrade, 2008). A principal diferença está relacionada com a exigência de executar o exercício sem o relaxamento dos músculos ativados, com execuções dos movimentos em amplitudes reduzidas e nos ângulos de maior tensão (método estático-dinâmico, metodologia patenteada na Rússia como Isoton). Nesse caso, as fibras musculares tensionadas comprimem os capilares (Kotsa, 1982) e provocam a oclusão (parada da circulação sanguínea). A perturbação da circulação sanguínea leva à hipóxia das fibras musculares, ou seja, intensifica-se a glicólise anaeróbia nas fibras musculares oxidativas, acumulando-se nelas lactato e íons hidrogênio. Criar essas condições é possível com trabalho contra a força da gravidade, tração de elásticos, com pesos livres ou máquinas de musculação específicas.

Para facilitar o aprendizado, mostraremos um exemplo nos moldes do Isoton. Realizando agachamento, o atleta faz o de tipo profundo e levanta-se até 90 a 110 graus na articulação do joelho:

- *intensidade*: 10% a 60% da repetição máxima (RM);
- *duração do exercício*: 30 a 60 segundos de contração em cada supersérie (até a rejeição provocada pela dor muscular);
- *número de superséries*: 3 a 6;
- *intervalo entre as séries de superséries*: 5 a 10 minutos (o descanso deve ser ativo);
- *número de séries*: 6 a 12;
- *quantidade de treinos diários*: 1, 2 ou mais;
- *quantidade de treinos semanais*: o exercício repete-se após 3 a 5 dias.

A intensidade do exercício é escolhida de tal forma que sejam recrutadas somente fibras musculares oxidativas. A duração do exercício não deverá ultrapassar os 60 segundos, caso contrário, a acumulação de íons hidrogênio pode ultrapassar a concentração ótima indispensável para a ativação da síntese de proteína. Para o aumento do tempo da permanência da creatina livre e dos íons hidrogênio nas fibras musculares oxidativas, é indispensável executar o exercício em espécie de séries de repetições, ou melhor: a primeira série não deverá ser executada até a rejeição (aproximadamente 30 segundos), depois, segue-se o intervalo de recuperação de 30 segundos. Desse modo, repete-se 3 ou 5 vezes as séries, depois, efetua-se um longo descanso ou exercita-se um outro grupo muscular. Preponderantemente, tal exercício (no fisiculturismo, é chamado de *supersérie*) consiste em que a creatina livre e o hidrogênio estejam presentes nas fibras musculares oxidativas no decorrer dos exercícios bem como nos intervalos de recuperação (descanso). Consequentemente, o tempo total da ação dos fatores (creatina livre e íons hidrogênio) provoca a formação de RNAm que aumenta significativamente em relação à anterior variante de treino.

É importante destacar que o treino dirigido ao aumento da síntese de proteína é necessário no fim da sessão de treino e, preferencialmente, no período do fim da tarde. Assim, em resposta ao treino de força, formam-se moléculas de proteína. Se logo depois do treino de força for efetuado um treino longo e com alto consumo de oxigênio (por exemplo, corrida prolongada na esteira), com o esgotamento das reservas de glicogênio, as proteínas serão metabolizadas intensamente (efeito chamado de catabolismo muscular), que, no final, levará à diminuição do efeito do treino de força e/ou hipertrofia. Para ilustrar melhor, vejamos o Quadro 2.2:

Quadro 2.2 – Hipertrofia das fibras musculares oxidativas por meio da hiperplasia das miofibrilas

Objetivo: aumento da quantidade de miofibrilas, força e velocidade de contração das fibras musculares oxidativas.

Parâmetros do treino:

- *Intensidade de contração muscular*: 10% a 60% (RM).
- *Duração do exercício (supersérie e repetições)*: trabalho de 30 segundos, descanso de 30 segundos × 3 a 6 vezes, séries de 20 a 40 segundos, até a sensação de dor, com +2 repetições forçadas.
- *Intervalo de descanso entre as superséries*: 5 a 10 minutos de descanso ativo.
- *Número de séries*: tonificantes (1 a 3), de desenvolvimento (4 a 9).
- *Número de treinos na semana*: tonificantes (3 a 7), de desenvolvimento (1).

Fatores que estimulam a hiperplasia das fibras musculares:

- *Aminoácidos* (de origem animal: 2 g/kg a 2,5 g/kg/dia).
- *Hormônios* (GH, testosterona), como resultado do estresse físico.
- *Creatina livre*: ativa o metabolismo na célula.
- *Íons hidrogênio*: uma ótima concentração faz a labilização das membranas (dilatação dos poros das membranas, o que, por sua vez, facilita a penetração de hormônios nas células).

2.5 Método de aumento no número das mitocôndrias miofibrilares por meio da hiperplasia

Um dos objetivos da preparação aeróbia é o desenvolvimento das mitocôndrias nas fibras musculares. A proteína mitocondrial sintetiza-se entre 85% a 95% no citoplasma, e somente 5% a 15% do conteúdo de proteína constitui o produto próprio da translação mitocondrial (Lusikov, 1980).

As proteínas que são sintetizadas nos ribossomos mitocondriais ligam-se à membrana interna mitocondrial. A membrana externa e o espaço entre a membrana e a matriz completam-se de proteínas que foram produzidas nos ribossomos citoplasmáticos. O engrossamento das mitocôndrias constitui uma das causas da degradação deles. A causa do engrossamento da mitocôndria pode ocorrer (Lusikov, 1980; Schmeling et al., 1985; Friden, Seger e Ekblom, 1988; Gollnick, 1986) em razão de perturbações da transformação da energia com relação aos íons hidrogênio. Supõe-se que o esgotamento das reservas internas das mitocôndrias de ATP provoca o engrossamento da mitocôndria, que leva ao rompimento da membrana externa e ao alargamento dos componentes no espaço entre as membranas. Tem-se, naturalmente, o envelhecimento da mitocôndria e de parte dos seus componentes (tempo de meia-vida de 1 a 10 dias). A formação da mitocôndria na célula é controlada na base do princípio de seleção pelo critério de funcionamento. Segundo esse princípio, as estruturas mitocondriais são concentradas de tal forma que elas não podem efetivamente transformar energia, eliminando-se no decorrer da diferenciação mitocondrial (Lusikov, 1980).

Como um dos fatores naturais que leva à destruição da mitocôndria, é a hipóxia (por exemplo, estadia em regiões de média altitude, nos primeiros dias) acompanhada pelo seu metabolismo anaeróbico (treino com alta intensidade). Em condições de carência de oxigênio, pioram os índices de capilarização do músculo esquelético, surgindo um inchaço intercelular, focos de perturbações do aparelho contrátil (miofibrilar), alterações destrutivas e degenerativas da mitocôndria, alargamento do retículo sarcoplasmático e brusca redução do conteúdo de glicogênio (Schmeling et al., 1985). Por isso, a necessidade de permanecer por alguns dias, normalmente mais que 10, para que os atletas comecem a sentir, por exemplo, os efeitos positivos da altitude na melhora da resistência aeróbia.

O treinamento glicolítico com alta intensidade e acidez apresenta um efeito similar ao da altitude, danifica e pode acabar eliminando as mitocôndrias (Seluianov, Dias e Andrade, 2008). A posição total de múltiplos experimentos permite fazer a seguinte generalização:

- As mitocôndrias são as estações energéticas da célula, fornecedoras de ATP por conta do metabolismo aeróbio.
- A síntese supera a decomposição da mitocôndria no caso do funcionamento intenso delas (fosforilação oxidativa).
- As mitocôndrias têm a tendência à formação nos lugares da célula onde se exige o fornecimento intenso de energia (ATP).
- O reforço da desestruturação das mitocôndrias ocorre em condições de funcionamento intenso da célula com a utilização do metabolismo anaeróbio, provocando uma acumulação significativa ou longa (em condições de alta altitude) de íons hidrogênio na célula e no organismo.

Em relação a essas disposições, pode-se elaborar um método de preparação aeróbia dos músculos. Cada músculo esquelético pode ser dividido em três partes:

- fibras musculares de atividade regular que são ativadas permanentemente na vida do ser humano (fibras musculares *oxidativas*);
- fibras musculares que são ativadas somente em condições de treino com tensão média dos músculos (fibras musculares *intermediárias*);
- fibras musculares pouco utilizadas que são introduzidas no trabalho somente com a realização de esforços máximos, por exemplo, durante a realização de saltos e *sprint* (fibras musculares *glicolíticas*).

As fibras musculares que regularmente são recrutadas (fibras musculares oxidativas) com o máximo da sua frequência de impulso têm um grau máximo de condição aeróbia. O grau máximo da condição aeróbia das fibras musculares oxidativas alcança-se nesse caso, quando todas as miofibrilas envolvem-se com o sistema mitocondrial, tal que a formação de novas estruturas mitocondriais torna-se impossível. Tal fenômeno está bem demonstrado para as fibras musculares cardíacas (Fisiologia e Patofisiologia do coração, 1990; Hoppeler, 1987). A hipertrofia das fibras musculares cardíacas não acompanha o aumento da concentração das enzimas do metabolismo aeróbio. Indiretamente, esse ponto de vista confirma um elevado número de pesquisas dedicadas à influência do treino aeróbio realizado com a potência até o limiar aeróbico (Aulik, 1990; Zatsiorsky, 1970; Karpman, Belosorkovck e Gudkov, 1974; Karpman, Krochov e Boricova, 1978). Todas essas pesquisas convincentemente demonstraram que a efetividade de tais treinos para atletas altamente condicionados é igual a zero (Seluianov, Dias e Andrade, 2008).

Consequentemente, para o aumento da capacidade aeróbia das fibras musculares oxidativas, é indispensável criar estrutura de base na fibra muscular, ou seja, novas miofibrilas. Depois disso, ao lado das novas miofibrilas, formam-se novos sistemas mitocondriais. Se concordarmos com esses métodos de aumento da capacidade aeróbia, então o aumento da força (hiperplasia das miofibrilas) das fibras musculares oxidativas deverá levar ao aumento do consumo de oxigênio ao nível do limiar aeróbio e anaeróbio.

Para o aumento efetivo do VO_2máx, ou consumo de oxigênio ao nível do limiar anaeróbio, estão constituídos os exercícios contínuos ao nível do limiar anaeróbio ou o método repetitivo de treino com uma potência de trabalho ao nível do VO_2máx. Nesse caso, são recrutadas não só as fibras musculares oxidativas, mas, também, as fibras musculares intermediárias de alto limiar, nas quais existem poucas mitocôndrias. O aumento da potência exige o recrutamento de todas as unidades motoras de alto limiar, nas fibras musculares em que predomina a glicólise anaeróbia, o que leva à acidez das fibras musculares glicolíticas, e posterior acidez das fibras musculares oxidativas e do sangue. A acidez das fibras musculares glicolíticas e intermediárias leva a alterações destrutivas nas mitocôndrias, com a diminuição da efetividade do treino aeróbio.

Um dos argumentos contra a metódica proposta do aumento das capacidades aeróbias das fibras musculares oxidativas por conta do aumento da força das miofibrilas é a ideia de que, com o aumento do tamanho das fibras musculares, dificulta-se o processo de difusão do oxigênio até o centro da fibra muscular. Contudo, as pesquisas de Gayeski e Honig (1986) mostraram que a pO_2 não tinha correlação com o diâmetro das fibras musculares. A mínima pO_2 não se observa no centro das fibras musculares. Esses dados experimentais reproduzem bem os modelos que consideram a difusão facilitada do oxigênio dentro das fibras musculares ao longo da mioglobina (Stroeve, 1982). Consequentemente, o tamanho das fibras musculares não constitui dificuldade para o aumento da capacidade aeróbia das fibras musculares oxidativas. A metodologia da preparação aeróbia pode ser apresentada da seguinte forma:

- *intensidade*: não ultrapassa a potência do limiar anaeróbio;
- *duração*: 5 a 20 minutos, já que a maior duração pode levar à acidez significativa do sangue e das fibras musculares intermediárias, no caso de ultrapassar a potência dada;
- *intervalo de descanso*: 2 a 10 minutos são indispensáveis para evitar a acidez possível do organismo;
- *a quantidade máxima de repetições no treino* limita-se às reservas de glicogênio nos músculos ativos (aproximadamente 60 a 90 minutos de tempo puro de treino);
- *treino com o máximo volume* é repetido após 2 a 3 dias, ou seja, depois da ressíntese de glicogênio nos músculos.

Para enfatizar e melhorar a visualização, segue o Quadro 2.3:

Quadro 2.3 – Métodos de hiperplasia das mitocôndrias nas fibras musculares glicolíticas

Objetivo: aumento na quantidade de mitocôndrias das fibras musculares glicolíticas: trabalho sem fadiga para melhoria da resistência das fibras musculares.

Fatores que estimulam a hiperplasia das mitocôndrias nas fibras musculares (FM):

- atividade das FM;
- aminoácidos (2 g/kg);
- hormônios, como resultado do estresse;
- presença de oxigênio;
- mínima concentração de íons hidrogênio nas FM.

Parâmetros dos métodos do treino:

- *Intensidade da contração muscular*: 60% a 100%.
- *Duração do exercício (séries e repetições)*: 3 a 40 segundos, até leve fadiga local.
- Exemplo: corrida de *sprint* de 5 a 10 segundos, saltos múltiplos (10), flexões de braço (10 × 10 vezes), corrida ao limiar anaeróbio (2 a 4 minutos).
- *Intervalo de descanso*: 45 segundos a 5 minutos, diante da mínima concentração de íons hidrogênio.
- *Número de repetições (séries)*: tonificantes (10), de desenvolvimento (20 a 40).
- *Números de treino na semana*: tonificantes (2 a 3), de desenvolvimento (7).

Outro modelo de preparação aeróbia que apresenta uma altíssima efetividade será apresentado a seguir. Essa metodologia ultimamente vem sendo empregada no treinamento de inúmeros atletas russos de alto nível e, sobretudo, em esportes cíclicos, nos quais a exigência da resistência muscular é muito grande. A metodologia consiste em que, nos exercícios cíclicos, cada contração muscular deve ser realizada com submáxima intensidade, mas a potência média dos exercícios não deve ultrapassar a potência do limiar anaeróbio, como fica demonstrado no esquema da Figura 2.1 no método de *sprint*. Nesse caso, no exercício são ativadas todas ou quase todas as fibras musculares, contudo, graças à planificação do intervalo de descanso ou período de recuperação dos músculos, deve-se garantir totalmente a extração dos produtos do metabolismo da glicólise anaeróbia.

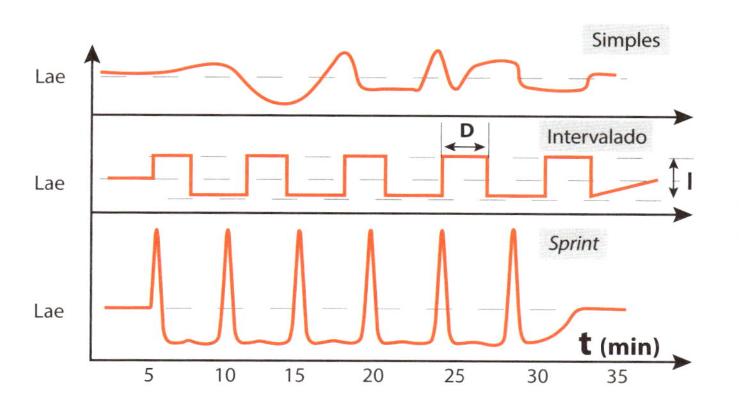

Quanto maior "I", maior a carga nos músculos para dada frequência cardíaca e quanto maior a duração "D", maior a chance de sobrecarga cardíaca.

Figura 2.1 – Métodos de treino aeróbio intervalado.
I: intensidade; D: duração dos estímulos; Lae: limiar aeróbio; t: tempo (em minutos).

O método de *sprint* é muito eficaz, mas deve ser utilizado somente por praticantes altamente treinados ou atletas, visto que quanto maior a intensidade (I), maior será a carga nos músculos para dada frequência cardíaca. Devemos cuidar, também, para que a duração dos estímulos (D) não seja muito prolongada, o que aumenta a chance de sobrecarga cardíaca.

Por isso, em alunos iniciantes, em geral, recomendamos a utilização de métodos de treinamento aeróbio intervalado "simples", para que o praticante se sinta à vontade em reduzir os estímulos (por exemplo, velocidade de corrida ou carga na bicicleta), ou, até mesmo, parar por alguns instantes, caso seja necessário. Com o passar dos meses, vamos aumentando a dificuldade e a eficiência desses exercícios aeróbicos como no método intervalado, no qual seus estímulos e intervalos de descanso já são bem organizados. Por último, chegamos ao método de *sprint*, que vem sendo muito aplicado em nossos atletas de elite da American Top Team em virtude da sua grande eficiência e da redução no tempo total gasto durante a atividade para aumentar a resistência e o número de mitocôndrias nas fibras musculares (em unidades arbitrárias), conforme pesquisa a seguir de Dudley, Abraham e Terjung (1982) e outros inúmeros dados próprios que confirmam esses achados.

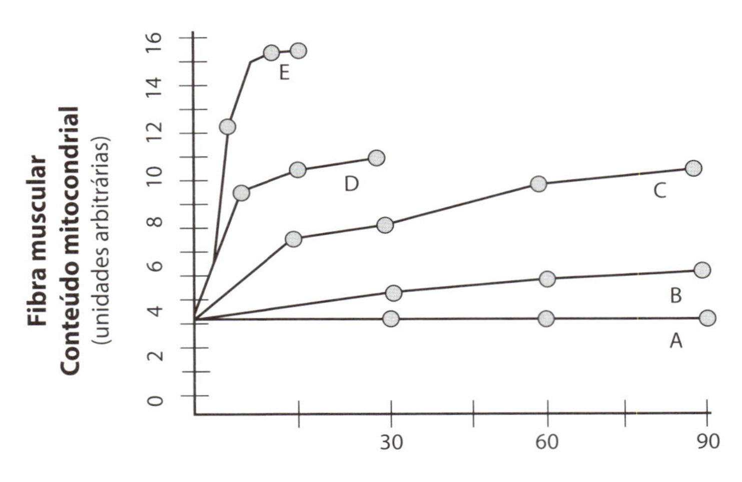

Figura 2.2 – Influências da intensidade e duração de exercícios aeróbios na adaptação muscular.

Os programas de treinamento variaram de moderados até muito intensos e foram conduzidos com intensidades: A – 40% do VO_2máx; B – 50% do VO_2máx; C – 70% do VO_2máx; D – 85% do VO_2máx; E – 100% do VO_2máx.

Fonte: adaptada de Dudley, Abraham e Terjung (1982).

Percebam que as corridas contínuas com intensidade de 40% do VO_2máx (letra A) só conseguem manter o conteúdo (nível) inicial de mitocôndrias em avaliados treinados, não servindo de estímulo para novos ganhos em *performance* e/ou resistência. Somente a partir de intensidades maiores que 50% do VO_2máx (letras B, C e D) é que os ganhos em *performance* começam a ser significativos. É possível notar que os ganhos máximos ocorrem com exercícios realizados a 100% do VO_2máx (letra E).

Outra vantagem do treinamento com o método de *sprint* de alta intensidade é que ele necessita de um tempo muito menor (em minutos por dia) em relação ao método de treinamento contínuo de baixa intensidade e apresenta resultados que superam em 200% os resultados obtidos com o treinamento em baixa intensidade.

Está claro na literatura que os músculos precisam ser recrutados durante o exercício para poderem se adaptar ao programa de treinamento. Aqueles músculos (ou fibras musculares de uma determinada região muscular) que não estiverem envolvidos no exercício não se adaptarão (Holloszy, 1967).

Outro aspecto importante do treino é o curso de tempo de adaptações do treino e destreino no conteúdo mitocondrial das fibras musculares (Booth, 1977). Na Figura 2.3, podemos ver que demora aproximadamente 4 a 5 semanas de treinamento para dobrar o volume mitocondrial em determinado grupamento muscular e que ocorre uma espécie de platô a partir da quinta semana (Terjung, 1979). Entretanto, de acordo com o estudo, quase 50% do aumento no conteúdo mitocondrial foi perdido com apenas uma unidade de tempo (uma semana) de destreino (a) e toda a adaptação foi perdida após 5 semanas de destreino. Também, é necessário treinar por 4 semanas (b) para retomar a adaptação que foi perdida na primeira semana de destreino (Booth, 1977).

Com base nessas e em outras informações, devemos orientar nossos atletas para nunca ficarem mais do que 3 a 4 dias de total inatividade, para não correr o risco de atrasar o processo de treinamento com consideráveis perdas de *performance*.

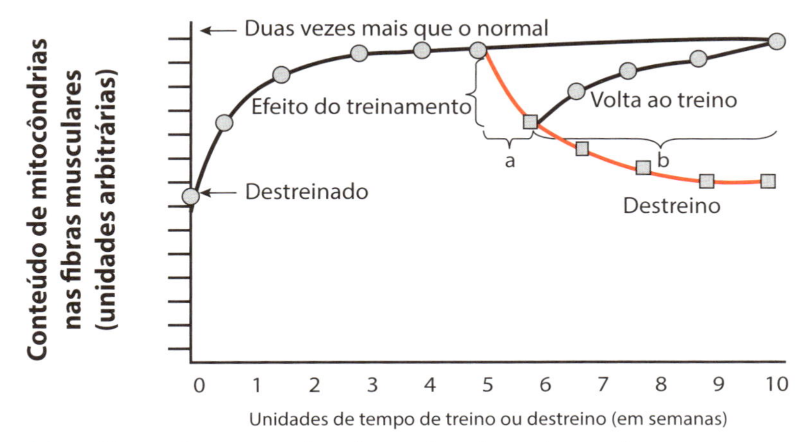

Figura 2.3 – Curso de tempo de adaptações do treino e destreino no conteúdo mitocondrial nas fibras musculares.
Fonte: adaptada de Booth (1977).

Mesmo aqueles que buscam o emagrecimento devem priorizar os exercícios de alta intensidade e curta duração, pois apresentam um gasto calórico mais elevado, além da possibilidade de aumento da mobilização e da liberação de ácidos graxos no sangue em até 8 vezes, de modo que a utilização dessa gordura serve de abastecimento energético aos músculos em uma taxa também aumentada (Guyton e Hall, 1997).

O exercício com submáxima potência de contração muscular e com ritmo lento foi estudado por Karlsson, Piehl e Knuttgen (1981). Foi mostrado que o exercício com o ritmo de 4 contrações máximas por minuto provoca a redução da concentração de ATP em 20%, CP em 40%, e a concentração de lactato nos músculos aumentou em até 4,5 mmol/L. No objetivo, o exercício foi aeróbio, a energia veio do glicogênio endógeno das fibras musculares oxidativas e glicolíticas. Dados experimentais da efetividade do treino intervalado de velocidade de força foram obtidos em concordância com outros pesquisadores (Alekseev, 1981; Volkov, 1990, 1995; Cheetham et al., 1986; Holmyard et al., 1987; Jacobs et al., 1983; Thorstensson, Sjödin e Karlsson, 1975).

O aumento da capacidade aeróbia pode ocorrer na base do aumento da força das fibras musculares oxidativas, bem como pode ocupar-se com exercícios estático-dinâmicos para hiperplasia das miofibrilas nas fibras musculares oxidativas e, ao mesmo tempo, pode desencadear os processos para a garantia de novas miofibrilas com novas mitocôndrias. Essa proposta confirma-se pelos resultados dos experimentos de Sarsania et al. (1982). Estudantes voluntários do Instituto de Cultura Física da Rússia foram separados em dois grupos: *experimental* e de *controle*. Os dois grupos realizaram um programa igual de exercícios de força com tensão muscular de 60% da força máxima. Os exercícios foram realizados em circuito com os músculos extensores e flexores de braço, extensores de perna, extensores da coluna e os músculos abdominais. Em cada série, a carga foi levantada lentamente dez vezes; as últimas duas vezes foram executadas com claro cansaço local, mas não até a rejeição. Cada avaliado fez três ciclos completos. Durante a semana, foram realizados 3 treinos, e os avaliados treinaram por um período de 4 semanas. No grupo experimental (8 pessoas), administrou-se preparados anabólicos Retabolil (decanoato de nandrolona), uma ampola de 1 mL de solução oleosa intramuscular uma vez a cada 7 dias (para pessoas com peso até 70 kg) e 1 mL a cada 5 dias (para pessoas com peso maior que 70 kg) ou Neurobol (dianabol) por 0,18 mg/kg de peso corporal (dose terapêutica). No grupo de controle foi administrado placebo em forma de complexo vitamínico.

Antes e depois do experimento, todos os avaliados passaram por testes antropométricos e funcionais e no teste gradual em bicicleta ergométrica com a definição do consumo de oxigênio.

No grupo de controle, ocorreram alterações em todos os índices, contudo, a fidedignidade das diferenças foi menor que 90%. O uso dos preparados anabólicos acelerou a ocorrência dos processos anabólicos, o que permitiu registrar diferenças estatísticas significativas ($P > 99\%$) em todos os índices. Os resultados foram:

- O aumento da força de todos os grupos musculares em 25%, o que constitui 2% em cada sessão. Quando o treino de força decorre sem o uso de estimulantes, o crescimento médio é de 1% a 1,2% por treino. A massa magra aumentou em 3,55 kg.
- A diminuição da massa total de gordura foi de 0,88 kg. O estresse estimula a liberação para o sangue dos hormônios da hipófise e ativa o sistema nervoso simpático. Como resultado, inicia-se a separação dos hormônios das substâncias cerebrais das glândulas suprarrenais (catecolaminas) – adrenalina e noradrenalina (a noradrenalina também é liberada do terminal do sistema nervoso simpático). Esses hormônios, bem como a testosterona e a somatotropina, estimulam a saída dos ácidos graxos dos seus depósitos para o sangue. A concentração aumentada dos hormônios e dos polirribossomos permanece nos tecidos do corpo no decorrer de 1 a 2 dias, o que aumenta o metabolismo basal e a utilização dos ácidos graxos dos seus depósitos para o funcionamento do coração, dos músculos respiratórios e os processos plásticos nos músculos esqueléticos.

- Aumentou-se o consumo de oxigênio (VO_2máx) em 0,231 mL e a potência no pulso de 170 bpm em 22,7 *watts* por minuto. O aumento do VO_2máx e a potência do teste PWC-170 confirmam a proposta citada, no sentido de que, com o crescimento da força das fibras musculares oxidativas, ou seja, o aumento do número de suas miofibrilas, criam-se condições morfológicas para o crescimento de tudo o que é indispensável para a atividade das organelas celulares (teoria da simorfose). Por isso, aumentam-se o retículo sarcoplasmático e as mitocôndrias. As últimas alterações foram fixadas em forma de aumento do VO_2máx e a potência do teste PWC-170.

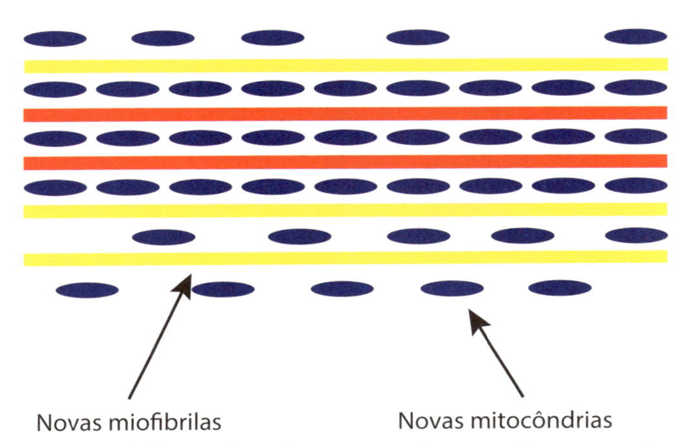

Figura 2.4 – Métodos de hiperplasia das mitocôndrias nas fibras musculares oxidativas.
Fonte: adaptada de Seluianov, Dias e Andrade (2008).

Dessa forma, os exercícios estático-dinâmicos (nos moldes do programa Isoton anteriormente descritos) constituem um meio efetivo de reforço dos processos de síntese estrutural dos músculos esqueléticos. Outras pesquisas realizadas por Popov (2007), com biópsia, também comprovaram a eficácia dos exercícios estático-dinâmicos em promover o aumento no tamanho das fibras musculares oxidativas.

O uso de preparados anabólicos em doses terapêuticas intensifica significativamente os processos anabólicos que aceleram a verificação da efetividade das variantes elaboradas do processo de treino. Os exercícios estático-dinâmicos estimulam o metabolismo das proteínas e das gorduras, além de aumentarem a capacidade aeróbia das fibras musculares lentas.

O conjunto das alterações como resultado do uso de exercícios estático-dinâmicos dá base para a suposição acerca da alta efetividade do uso desses exercícios na preparação física de lutadores, de ginastas, de corredores e de todos aqueles que necessitam de força de resistência.

2.6 Métodos de treino do músculo cardíaco

O débito cardíaco da circulação sanguínea define-se pelo volume de ejeção e a frequência de contração cardíaca. A frequência das contrações cardíacas alcança o seu limite com grandezas de 190 a 220 bpm, ou mais. O volume de ejeção cresce até que a grandeza do pulso seja de 120 a 130 bpm; em seguida, o aumento da frequência cardíaca e o volume de ejeção do coração, via de regra, estabilizam-se e, depois, podem reduzir-se (Seluianov et. al., 2008).

Como fator básico do aumento do débito cardíaco da circulação sanguínea, constitui-se o volume de ejeção do coração, que se define pela dilatação do ventrículo e pela hipertrofia do miocárdio. A hipertrofia do miocárdio alcança-se graças à aceleração da síntese de proteína nas fibras do miocárdio, ou seja, pela hiperplasia das miofibrilas. Nessa base, ocorre o crescimento da rede de mitocôndrias (teoria da simorfose) (Carpenter e Karpati, 1984). Para intensificação da síntese das miofibrilas, é indispensável, como já descrito, criar nas fibras do miocárdio:

- reservas de aminoácidos;
- concentração aumentada dos hormônios;
- alta concentração de creatina livre;
- concentração aumentada de íons hidrogênio.

Para a criação dessas condições, é indispensável iniciar nas fibras do miocárdio a glicólise anaeróbia. Em algumas experiências em animais, a glicólise anaeróbia alcança-se por simples pressão das artérias coronárias (estreitamento). Como resultado dessas ações, o músculo do coração experimenta a hipóxia, nele ocorre a glicólise anaeróbia, e a hipertrofia do coração alcança 80% já após 5 dias (Meerson, 1965, 1975, 1981).

No homem ou em outros animais, o estado hipóxico surge com o alcance do estado de "defeito" da diástole. Isso ocorre com o alcance das frequências máximas das contrações cardíacas, quando o tempo da diástole diminui de tal forma que o músculo cardíaco não consegue relaxar-se totalmente. Como resultado, surge o estado hipóxico. Consequentemente, temos:

- alta concentração de creatina livre;
- concentração aumentada de íons hidrogênio nas células cardíacas.

A análise do mecanismo referido da hipertrofia das fibras do miocárdio leva à formulação das regras do método, que foi elaborado por Reindel (método do treino intervalado). As regras do método da hipertrofia do músculo cardíaco são:

- *intensidade*: o exercício realiza-se com a potência acima do VO_2máx e a duração limite desse exercício é de 4 a 10 minutos;

- *duração do exercício*: 60 a 120 segundos e é preciso prestar atenção para que a máxima frequência de contração cardíaca conserve-se unicamente entre 30 e 60 segundos;
- *intervalo de descanso*: 120 a 180 segundos até a recuperação da frequência cardíaca de 120 bpm;
- *quantidade de repetições*: 30 a 40 exercícios ou 60 a 90 minutos de tempo puro de exercício, com o limite ligado às reservas de glicogênio nos músculos esqueléticos;
- o treino repete-se após 4 a 7 dias depois de um treino de duração máxima.

Corroborando o raciocínio, apresentaremos dados de Nikitiuk e Talko (1991). Esses resultados foram obtidos em experiências com ratos. Para os experimentos, foram formados três grupos: *de controle* (C), *experimental-1* (E-1) e *experimental-2* (E-2). Os ratos dos grupos experimentais correram diariamente: no grupo E-1, no início, devagar, e, para o fim do experimento, a velocidade aumentou em 30% e a duração foi de 55 a 65 minutos; no grupo E-2, logo de imediato, executaram uma corrida com velocidade e duração máxima.

No resultado, foi demonstrado que no grupo E-1 as maiores alterações ocorreram em nível subcelular: aumentou significativamente o número de mitocôndrias, mas o tamanho delas diminuiu em relação às miofibrilas; os tamanhos da célula e do núcleo não se alteraram; e a estrutura dos tecidos conjuntivos permaneceu transparente, que, como se propõe, permite a possível dilatação do coração. No grupo E-2, rapidamente ocorreram alterações: aumentou a massa do coração; perturbou-se a relação entre as mitocôndrias e as miofibrilas, bem como o tamanho da célula e do núcleo. Pelo visto, reduzem-se as características elásticas do miocárdio.

Nos vasos, ocorrem processos parecidos: nos animais sobrecarregados, perturba-se a relação entre os tamanhos do citoplasma e o núcleo da célula do tecido liso dos vasos.

Em consequência, cargas diárias inadequadas levam ao fenômeno da distrofia das fibras do miocárdio e das células dos vasos, que se encontram unicamente em nível subcelular.

Indiretamente, os resultados de um treino análogo (6 vezes por semana, durante 7 semanas, com intensidade 85% a 90% do consumo máximo de oxigênio, duração 40 a 55 minutos) podem ser julgados pelas pesquisas de Cox, Bennett III e Dudley (1986). Durante as 7 semanas, o VO_2máx aumentou em 32% (os avaliados não eram atletas); o tamanho do ventrículo esquerdo no fim da diástole aumentou de 4,96 com até 5,13 cm; a espessura do septo interventricular aumentou entre 11% e 15%.

Relacionado com a atividade de todas as fibras do miocárdio durante cada sístole, o músculo do coração sempre encontra-se no máximo das suas capacidades funcionais, quer dizer, existe uma relação máxima das miofibrilas com as mitocôndrias. Essa relação está ligada com os seguintes fenômenos:

- depois do intervalo de treino, ocorre o crescimento das miofibrilas nas fibras do miocárdio, e novas miofibrilas cobrem-se de novas mitocôndrias;
- processo de destreinamento ocorre muito lentamente.

Por exemplo, em 1990 a pesquisadora Giovanna estudou, entre outros atletas, 7 boxeadores com idade entre 40 e 60 anos que praticaram desporto profissional por 16 anos e não treinavam há mais de 10 anos (Seluianov et al., 1990). A ecocardiografia mostrou sinais de hipertrofia no ventrículo esquerdo e perturbações da condutibilidade, além de confirmar estes dados: a massa do coração foi de 332 ± 90 g nos treinados, e, para pessoas da mesma idade que não treinaram, de 220 ± 27g.

Para o alcance da dilatação do ventrículo esquerdo, é necessário executar os exercícios com a frequência cardíaca de 120 a 150 bpm, quando se alcança o volume de ejeção máximo do coração. A duração desses treinos pode alcançar algumas horas, e isso tem lugar no período preparatório dos ciclistas, dos esquiadores e dos nadadores. Em tipos de esporte coletivos, essa tarefa pode ter êxito com a introdução de 2 a 3 treinos diários.

2.7 Métodos de direção da atividade do tecido adiposo

O tecido adiposo é composto por células (adipócitos). No ser humano, diferenciam-se os tecidos adiposos *subcutâneos*, *intramusculares*, *pró-renais* e *abdominais*.

Segundo Seluianov, Dias e Andrade (2008), a mobilização das gorduras dos depósitos (adipócitos) é provocada por uma série de hormônios. O conjunto de consequentes processos ocorre da seguinte maneira:

- transformação dos triglicerídeos em ácidos graxos dentro dos adipócitos;
- liberação dos ácidos graxos e entrada no sangue;
- entrega de ácidos graxos na circulação de diferentes órgãos e tecidos (o metabolismo intenso da gordura vai para o coração, diafragma e fibras musculares lentas ativas, e eles contêm uma grande quantidade de mitocôndrias).

Os hormônios que ativam a mobilização dos lipídios do tecido adiposo são: adrenalina, noradrenalina, esteroides, pró-renais e hormônios da hipófise. Consequentemente, a tensão psicológica provoca a liberação de hormônios no sangue e depois substâncias cefálicas das glândulas suprarrenais (adrenalina e noradrenalina) constituem a causa básica da ativação do metabolismo lipídico. Os hormônios das substâncias cefálicas das glândulas suprarrenais estão inter-relacionados com a enzima adenilato ciclase presente nas membranas de muitas células. Isso leva à formação na célula de monofosfato de adenosina (AMP) cíclico, com a consequente ativação dos processos da síntese de RNAm e da lipólise. A lipólise intensifica-se substancialmente durante a realização de exercícios físicos. A liberação da noradrenalina do nervo terminal do sistema nervoso simpático leva à estimulação suplementar dos processos bioquímicos, com maior formação de AMP cíclico nos adipócitos. A velocidade de formação dele aumenta substancialmente com a acidez da célula, com insuficiente potência das vias metabólicas e a garantia da ressíntese de ATP.

Dessa forma, os exercícios físicos que são realizados com grandes tensões psicológicas e até nítida fadiga local muscular (acidez) devem ser os mais efetivos para a intensificação da saída dos ácidos graxos dos depósitos lipídicos nos músculos ativados, sempre em combinação com uma racional dieta organizada. Como exemplo prático disso, podemos analisar os resultados do campeão do World Wrestling Entertainment (WWE) e atleta profissional de MMA Bobby Lashley, que, com um volume reduzido de exercícios aeróbios em esteira e bicicleta ergométrica (menos de 15% do volume total de treino) e realizando a maior parte do treinamento com exercícios intensos de força e específicos de luta em conjunto com uma alimentação balanceada, fica o ano inteiro com um percentual de gordura corporal em torno de 6% a 8%. Isso contraria a maioria dos profissionais de Educação Física que "supervalorizam" a importância dos exercícios aeróbios para a perda de peso e gordura corporal.

Figura 2.5 – O atleta Bobby Lashley.

Guyton e Hall (1997, p. 786) corroboram com nossas afirmações:

> Provavelmente, o aumento mais notável que ocorre na utilização de gordura é aquele observado durante o exercício intenso. Isso resulta quase inteiramente da liberação de *epinefrina* e *norepinefrina* pela medula suprarrenal durante o exercício, durante a estimulação simpática. Esses dois hormônios ativam diretamente a *triglicerídeo-lipase sensível a hormônio*, presente em quantidades abundantes nas células adiposas, causando a rápida degradação dos triglicerídeos e a mobilização de ácidos graxos. Algumas vezes, a concentração de ácidos graxos livres no sangue aumenta por até oito vezes, de modo que a utilização desses ácidos graxos pelos músculos como fonte de energia torna-se correspondentemente aumentada.

2.8 Construção de uma sessão de treino

Antes de montarmos uma sessão de treino, devemos levar em consideração as diferenças encontradas nas respostas de treinamento entre alunos treinados, não treinados e de diferentes faixas etárias. E. B. Miakinchenko e M. P. Chestokov, grandes nomes da Rússia na área de atividade física voltada para a saúde e o *fitness*, conseguiram encontrar uma frequência ótima de treinos por semana e fizeram a seguinte divisão por categorias de clientes:

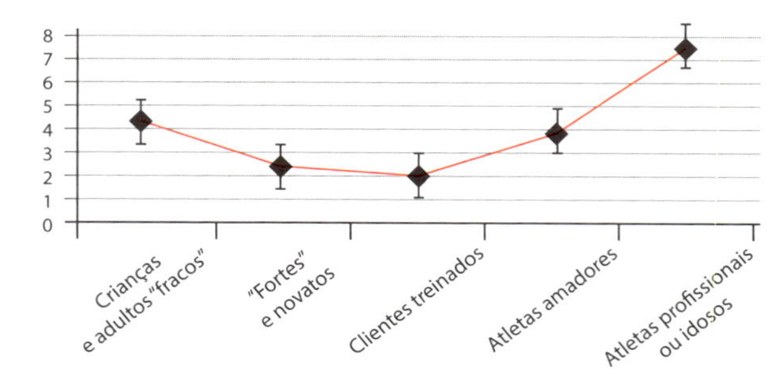

Figura 2.6 – Frequência ótima de treinos por semana: dividida por categorias de clientes.

Fonte: adaptada de Miakinchenko e Chestokov (2006).

Percebam que crianças e adultos "fracos" apresentam uma frequência semanal média de 5 treinos, os clientes treinados e os atletas amadores variam de 3 a 4 sessões e os idosos e atletas profissionais necessitam de uma maior frequência de treinos por semana, com mais de 8 sessões. A lógica desses dados se baseia no fato exemplificado no seguinte esquema:

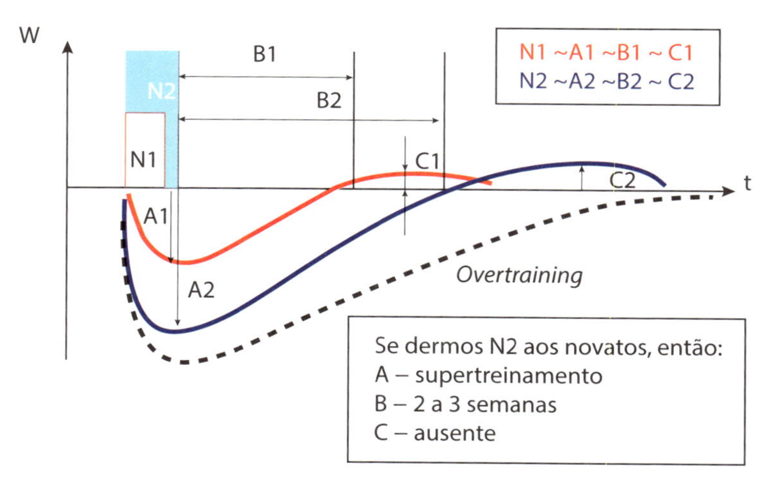

Figura 2.7 – Esquema da alteração da capacidade de trabalho (W) no período de tempo (t) depois da execução de um treino com carga N para os clientes novatos (linha vermelha) e treinados (linha azul) e diante de um supertreinamento (linha preta pontilhada).

Fonte: adaptada de Seluianov, Dias e Andrade (2008).

Podemos perceber as alterações na capacidade de trabalho em *watts* (W) no período de tempo (t) depois da execução de um treino com carga N para os clientes novatos (cor vermelha), treinados (cor azul) e diante de supertreinamento ou *overtraining* (linha preta pontilhada).

Quando um aluno faz uma sessão de treino, normalmente, aplicamos uma carga, a qual, nesse caso, chamamos de N. Essa carga pode ter uma grandeza pequena (N1) ou grande (N2). Durante o decorrer da sessão de treino, o aluno vai perdendo sua capacidade de trabalho representada em *watts* (W), de modo que, ao final, em razão da depleção de glicogênio muscular, da fadiga no sistema nervoso central etc., chegamos à situação A (estado em que se encontra o organismo do aluno ao final do treino), passamos ao estágio B (tempo de recuperação), e, finalmente, terminamos no momento C conhecido como *efeito da supercompensação*. Nos alunos novatos, clientes "fracos" ou crianças, as cargas de treinamento devem ser pequenas, caso contrário, como mostra a Figura 2.7, se aplicarmos uma carga N2 nesses alunos, ao final do treino, eles estarão completamente exaustos (o que corresponde à situação A; já a fase de recuperação B levará de 2 a 3 semanas e o estágio C da supercompensação não aparece, levando esses alunos ao *overtraining* e a um grave risco de lesões e danificações do estado de saúde).

Os alunos treinados, "fortes" e/ou atletas amadores apresentam um organismo mais apropriado para suportar maiores cargas de treinamento, e isso possibilita que treinem com cargas maiores e apresentem momentos de supercompensação mais altos e prolongados, como mostra a Figura 2.7; também lhes permite treinar com uma frequência semanal menor, mas, ainda assim, muito efetiva, mesmo quando os objetivos são estéticos ou de *performance*.

Já os atletas profissionais e idosos devem apresentar as maiores frequências semanais, mas com suas particularidades. Os atletas, por terem uma capacidade de recuperação maior, treinam mais vezes na semana, fazendo ainda mais sessões de treino por dia, de 2 a 3 treinos diários (incluindo treinos com cargas elevadas e, às vezes, máximas). Os idosos, por apresentarem uma resposta menor ao treinamento devem treinar com cargas menores e mais vezes na semana, para não se machucarem etc.

Para deixar ainda mais claro, mostraremos os dados de Platonov (1997) que comprovam essas teorias, nas quais atletas de baixa, média e alta qualificação apresentam respostas e reações no organismo diferentes, mesmo com trabalho de volume e intensidade iguais.

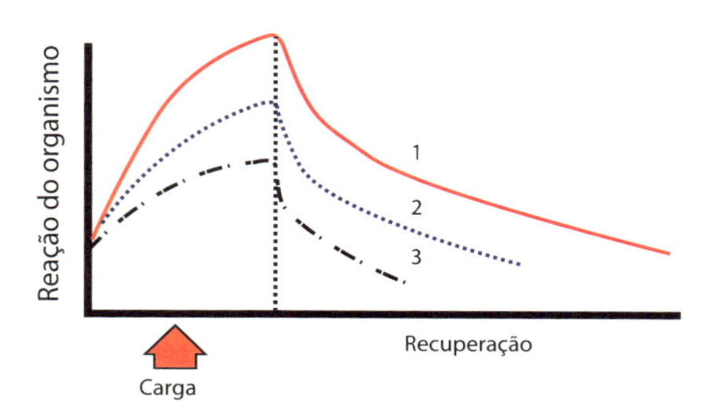

Figura 2.8 – Reação do organismo de atletas de diferentes níveis de qualificação.
Fonte: adaptada de Platonov (1997a, 2004).

2.9 Partes de uma sessão de treino

Normalmente, uma sessão de treino é composta por três partes:

- introdução ou preparatória;
- parte principal;
- parte final ou volta à calma.

2.9.1 Primeira parte: introdução ou preparatória

Nessa parte, devemos fazer a organização do treino (momento em que devem ser explicados os objetivos e tarefas do treino, definidos os aparelhos ou equipamentos a serem utilizados e no qual também há a motivação inicial para nossos atletas e/ou alunos realizarem uma prática consciente; depois, segue o aquecimento), que serve para preparar o organismo do atleta para a parte principal do treino. No aquecimento, é importante que seja elevado o consumo de oxigênio até o nível do limiar aeróbio, mais ou menos 120 bpm. Para isso, são utilizados (principalmente) os exercícios aeróbicos, com o recrutamento de grandes grupos musculares (pernas, peito, costas) para a ativação das principais funções fisiológicas, como respiração, trabalho do coração, aumento da temperatura sanguínea, entre outros, e os aquecimentos muscular, dos tendões e dos ligamentos são realizados com a ajuda dos alongamentos.

Ao realizar alongamentos, Dias e Oliveira (2013i) recomendam o segmento de alguns princípios:

- Aquecimento muscular antes do alongamento.
- Evitar movimentos bruscos, pois, ao estimularem a ação dos fusos musculares, fazem os músculos contraírem-se, tornando mais difícil o alongamento.

- Evitar a ativação muscular assimétrica (por exemplo, alongamento excessivo de um braço e pouco do outro).
- O alongamento deve ser realizado antes e depois da parte principal da atividade física.
- Não é permitido segurar a respiração.
- A ingestão líquida (água) em pequenas quantidades, mas de forma frequente, facilita a elasticidade muscular.
- A duração dos alongamentos pode ficar entre 10 e 30 segundos, podendo ser repetidos entre 2 e 4 vezes em cada articulação.

O aquecimento ainda pode ser dividido em:

- *Aquecimento geral*: o qual tem os objetivos citados anteriormente.
- *Aquecimento específico*: no qual os exercícios devem se aproximar ao máximo do conteúdo específico da sessão de treino ou de determinado esporte.

Dessa forma, o tempo gasto (médio) no aquecimento fica entre 10 e 20 minutos, o qual pode ser um pouco maior ou menor de acordo com a temperatura do meio ambiente e/ou por causa da complexidade dos exercícios escolhidos para a parte principal da aula.

2.9.2 Segunda parte: principal

Nessa parte, devem ser desenvolvidos os conteúdos que compõem o programa de treino, os quais devem ser elaborados de acordo com as necessidades individuais dos alunos. Os objetivos específicos da sessão de treino devem concordar com o plano geral e anual do praticante (micro, meso e macrociclos). Deve ser levada em consideração a condição atual do aluno (saúde, estado de preparação etc.) e os meios e os métodos de treino que já foram descritos nos tópicos anteriores.

2.9.3 Terceira parte: final

Durante a parte principal, nos músculos e no sangue, acumulam-se produtos do metabolismo anaeróbio. Por isso, na parte final de uma sessão de treino os exercícios de caráter aeróbio devem ser dominantes. Um tempo de aproximadamente 5 a 15 minutos no nível do limiar aeróbio (110 a 130 bpm) na esteira ou bicicleta ergométrica com baixa intensidade já é o suficiente para reduzir o nível de ácido láctico (acidez no organismo) a ponto de acelerar os processos recuperativos. Ao final desse trabalho, podemos, ainda, recomendar a execução de mais ou menos 5 minutos de relaxamento e alongamento, para normalizar a respiração e a frequência cardíaca.

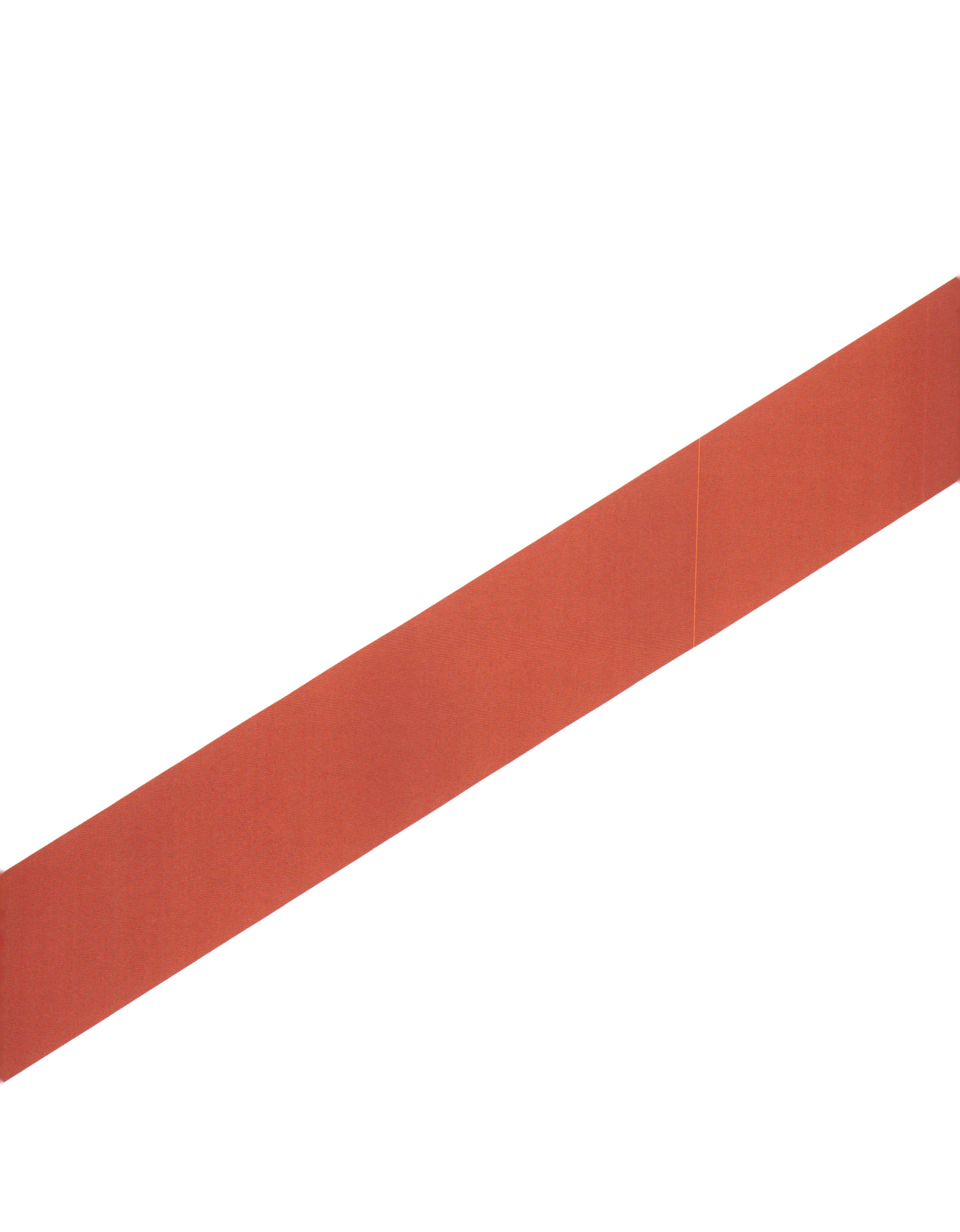

3

Avaliação física do lutador

A avaliação do lutador é um componente fundamental para o direcionamento correto do processo de treinamento do atleta, pois, com informações a respeito do nível de preparação dele, é possível comparar o desempenho com o de outros lutadores (Franchini et al., 2007; Fujise et al.,1998), com valores de referência para as modalidades de combate (Arruga et al., 2003), bem como verificar alterações no nível de preparação ao longo do processo de treinamento (Franchini et al., 2011; Paiva, 2009).

Apesar disso, o processo de avaliação desses atletas parece não ser muito corriqueiro, havendo poucas publicações sobre o assunto (Siqueido, 2010; Schick et al., 2010; Marinho, Del Vecchio, Franchini, 2011). A maioria dos testes utilizados avalia o aspecto geral da preparação física do atleta (aptidão cardiorrespiratória e neuromuscular/musculoesquelética), como no exemplo da Tabela 3.1. No entanto, outros testes avaliam a preparação física especial do atleta (Paiva, 2009), mas ainda necessitam de validação científica e, portanto, sua interpretação ainda levanta algumas dúvidas.

Afinal, o que devemos avaliar nos lutadores? De modo geral, nos esportes de combate os atletas necessitam sustentar esforços de alta intensidade por diferentes períodos de tempo, dependendo da modalidade em questão (Tabela 3.2). Ações motoras como socos, chutes, joelhadas, elementos de projeção, são combinados com momentos muito breves de descanso ou menos intensos e, em algumas modalidades, existe uma pausa curta entre os *rounds*. Isso faz que o lutador necessite de uma boa aptidão cardiorrespiratória (potência e capacidade aeróbias) e neuromuscular (força, velocidade, potência e resistência muscular localizada). Uma boa aptidão cardiorrespiratória permite ao atleta manter a alta intensidade das ações motoras durante todo o período do combate e recuperar-se mais rapidamente nos períodos menos intensos do combate e nos intervalos entre os *rounds* (Alm e Yu, 2013). Em contrapartida, a aptidão neuromuscular é imprescindível para a execução das diferentes ações motoras/golpes existentes nas diferentes modalidades de esportes de combate.

Tabela 3.1 – Valores normativos de judocas adultos de nível nacional em diferentes exercícios de controle

Exercícios de controle	≤ 70 kg	> 70 kg
Corrida de 1.600 m (minutos, segundos)	6,19-5,57	6,44-6,50
Levantamentos na barra fixa (quantidade)	13-19	10-14
Levantamentos na barra (10 vezes em segundos)	13,9-11,6	15,4-14,3
Flexão de braços no chão (10 vezes em segundos)	7,4-6,3	7,8-6,9
Força de preensão manual (kg)	50-61	60-70
Salto triplo do lugar (cm)	654-687	673-702
Corrida vai e vem de 4 × 10 (s)	10,6-10,8	11,5-11,8
Número de quedas pelas costas com 3 parceiros em 180 segundos	66-68	56-60

Fonte: adaptada de Suslov (1997).

Tabela 3.2 – Modelo característico das competições nos esportes de combate

Indicador	Boxe	Greco-romana	Judô	Esgrima	*Tae kwon do*	MMA
Duração do combate (min)	8	6	5	5 a 10	9	15 a 25
Número de lutas no dia	1	1 a 3	Até 6 a 7	Até 10 a 16	Até 2 a 3	1
Tempo total da competição (min)	8	5 a 15	30 a 35	80 a 100	9	17 a 29
Intervalo de descanso	2 × 1 min	30 s	Não	Não	1 min	1 min
Número de ataques no combate	40 a 50	12 a 18	5 a 10	5 a 10	Não determinado	Não determinado

Fonte: adaptada de Suslov (1997).

Para um correto planejamento do processo de treinamento do atleta, a avaliação deve necessariamente passar por três estágios, com as seguintes características (Tritschler, 2003):

- *Avaliação diagnóstica*: deve ser realizada no início do programa de treinamento; análise dos pontos fortes e fracos na preparação do atleta; auxilia no planejamento das tarefas; formação de grupos mais homogêneos para o treinamento.
- *Avaliação formativa*: informa sobre o progresso dos atletas no decorrer do processo de treinamento; informa sobre necessidades de correções do processo de treinamento; deve ser realizada constante e diariamente, se possível.

- *Avaliação somativa*: é a soma de todas as avaliações realizadas no fim de cada unidade do planejamento, com o objetivo de obter um quadro geral da evolução do atleta; compara os resultados finais com padrões nacionais, internacionais ou outras referências preestabelecidas; análise dos resultados alcançados nas competições.

Assim, neste capítulo, serão apresentados testes para avaliação da preparação física geral e especial do lutador. Os protocolos de testes serão descritos e comentados e, quando existir na literatura, serão apresentados valores de referência para a classificação dos atletas.

3.1 Testes para avaliação da aptidão cardiorrespiratória

Um dos indicadores de aptidão cardiorrespiratória mais utilizados na prática esportiva para a avaliação e a prescrição do treinamento é a potência aeróbia máxima, que pode ser avaliada por meio do consumo máximo de oxigênio (VO_2máx). Uma boa aptidão cardiorrespiratória é fundamental para o lutador, pois grande parte da energia utilizada durante um combate provém do sistema aeróbio.

Serão descritos a seguir dois protocolos indiretos para avaliação da potência aeróbia. Um deles é a velocidade no VO_2máx e o tempo limite (TLim) da velocidade no VO_2máx, (vVO_2máx) e o outro é o teste de Léger.

3.1.1 Velocidade no VO_2máx (vVO_2máx) e o tempo limite (TLim) na vVO_2máx

A vVO_2máx, maior velocidade atingida em um teste progressivo, é uma medida bastante utilizada atualmente para a prescrição do treinamento aeróbio, em esteira, em pista ou em campo (Billat, 2001).

O teste consiste em um aquecimento geral com 2 a 3 minutos de duração na velocidade inicial de 6 km/h (podendo ser alterado conforme a vontade do avaliado). Após o aquecimento, a esteira deverá ser ajustada na velocidade de 8,5 km/h, para o primeiro estágio de 2 minutos do teste progressivo e, a cada 2 minutos, a velocidade deve ser aumentada em 1 km/h até a desistência voluntária. Uma vez identificada a vVO_2máx, para cálculo da potência aeróbia, em valores relativos ($mL.kg^{-1}.min^{-1}$), emprega-se a equação proposta por Billat e Koralsztein (1996), a seguir:

$$VO_2máx = 2{,}209 + 3{,}163.vVO_2máx + 0{,}000525542.vVO_2máx$$

Deve-se realizar, também, o teste do tempo limite (TLim) na vVO_2máx. Para sua determinação, o avaliado deve realizar aquecimento de 5 minutos.

Depois disso, a velocidade deverá ser ajustada para a vVO_2máx alcançada no teste anterior. A partir desse momento, ele deverá iniciar a corrida, e começa a cronometragem do tempo de permanência na corrida até a desistência voluntária. O TLim é registrado em segundos (Farzad et al., 2011).

3.1.2 Teste de Léger

O teste de Léger apresenta inúmeras vantagens para a avaliação da resistência aeróbia, pois é fácil de administrar, tem baixo custo e facilita a anotação dos resultados que pode ser realizada por apenas um anotador. Além disso, é possível avaliar um grande número de atletas simultaneamente.[1] O teste tem as seguintes características:

- É um teste de vai e vem. Os sujeitos devem correr em um espaço demarcado de 20 m (Figura 3.1, mais adiante neste capítulo), de um lado para outro, ao ritmo determinado por uma gravação sonora. A cada sinal, o avaliado deve ter atravessado a linha pontilhada demarcada a 2 m antes das linhas finais dos 20 metros. A frequência sonora vai aumentando gradualmente, e a corrida do avaliado deve acompanhar as mudanças de ritmo.
- A velocidade de corrida aumenta 0,5 km/h a cada 1 min, iniciando com velocidade de 8,5 km/h. O teste cessa quando o sujeito não consegue atingir, por duas vezes consecutivas, a linha pontilhada antes do sinal sonoro ou quando desiste por fadiga. O número de voltas realizadas (velocidades correspondentes apresentadas na Tabela 3.3) será utilizado para predizer o VO_2máx por meio das equações a seguir, e a Tabela 3.4 para a classificação da potência aeróbia do atleta:

Para indivíduos de 6 a 18 anos de idade:

$$VO_2\text{máx } (mL.kg^{-1}.min^{-1}) = 31{,}025 + 3{,}238 \,.\, X - 3{,}248 \,.\, Y + 0{,}1536 \,.\, X.\, Y$$

Para indivíduos maiores de 18 anos de idade:

$$VO_2\text{máx } (mL.kg^{-1}.min^{-1}) = -24{,}4 + 6{,}0 \,.\, X$$

Em que: X= velocidade máxima obtida no teste (km/h); Y= idade (inteira) em anos.

[1] Para mais informações sobre o Teste de Léger, acesse o áudio disponível no *link*: <https://www.youtube.com/watch?v=e0U_yQITBks&sns=em> (em inglês).

Tabela 3.3 – Velocidades correspondentes ao número de voltas no teste

Número de voltas	Estágio	Velocidade máxima (km/h)
1 a 6	1	8,5
7 a 14	2	9,0
15 a 22	3	9,5
23 a 30	4	10,0
31 a 38	5	10,5
39 a 47	6	11,0
48 a 56	7	11,5
57 a 66	8	12,0
67 a 76	9	12,5
77 a 86	10	13,0
87 a 97	11	13,5
98 a 108	12	14,0
109 a 120	13	14,5
121 a 132	14	15,0
133 a 144	15	15,5
145 a 157	16	16,0
158 a 170	17	16,5
171 a 184	18	17,0

Fonte: Léger et al. (1988).

Tabela 3.4 – Classificação da potência aeróbia baseada no VO_2máx ($mL.kg^{-1}. min^{-1}$)

Idade	Muito fraca	Fraca	Regular (média)	Boa	Excelente
Mulheres					
20 a 29	< 24	24 a 30	31 a 37	38 a 48	49 ou >
30 a 39	< 20	20 a 27	28 a 33	34 a 44	45 ou >
40 a 49	< 17	17 a 23	24 a 30	31 a 41	42 ou >
50 a 59	< 15	15 a 20	21 a 27	28 a 37	38 ou >
60 a 69	< 13	13 a 17	18 a 23	24 a 34	35 ou >
Homens					
20 a 29	< 25	25 a 33	34 a 42	43 a 52	53 ou >
30 a 39	< 23	23 a 30	31 a 38	39 a 48	49 ou >
40 a 49	< 20	20 a 26	27 a 35	36 a 44	45 ou >
50 a 59	< 18	18 a 24	25 a 33	34 a 42	43 ou >
60 a 69	< 16	16 a 22	23 a 30	31 a 40	41 ou >

Fonte: Conselho Nacional de Ergometria (1995).

3.2 Testes para avaliação da aptidão neuromuscular/musculoesquelética

A aptidão neuromuscular/musculoesquelética está intimamente relacionada com a condição fisiológica do sistema nervoso central e dos músculos esqueléticos (Tritschler, 2003). As qualidades físicas que fazem parte dessa aptidão são a força máxima/pura, velocidade, potência, resistência muscular localizada (força de resistência) e a flexibilidade. A força máxima/pura corresponde às mais altas possibilidades de força que o indivíduo é capaz de demonstrar diante de uma contração muscular máxima (1 RM), por um músculo ou por um grupo muscular contra uma resistência. A velocidade é a capacidade que permite ao corpo cobrir determinada distância ou realizar determinado número de ações motoras no menor espaço de tempo possível, ou, ainda, reagir a determinado tipo de estímulo no menor tempo possível. A potência é o produto da força pela velocidade. A resistência muscular localizada (força de resistência) é a capacidade de manter por um longo período níveis submáximos de contração muscular. Já a flexibilidade é a qualidade física responsável pela execução voluntária de um movimento de amplitude angular máxima, em uma articulação ou conjunto de articulações (Dantas, 2005). Assim, serão descritos a seguir o teste de repetições múltiplas, o teste de corrida de 30/50 m, o teste de arremesso de *medicine ball*, o teste de salto vertical e horizontal, e o flexiteste.

3.2.1 Teste de repetições múltiplas

Optamos por trazer o teste de repetições múltiplas em vez do teste de 1 RM, pois, apesar de o segundo ser um dos mais utilizados e citados pela literatura, pode ser influenciado por inúmeros fatores, uma vez que exige do avaliado grande concentração e conhecimento prévio da técnica de execução, entre outras características importantes. Além disso, a execução de esforços com intensidades máximas pode gerar elevado estresse muscular, ósseo e ligamentar. O protocolo consiste em:

- Aquecimento geral com exercício aeróbio de baixa intensidade de 5 a 10 minutos, que pode ser feito em esteira, bicicleta ou elíptico.
- Uma a duas séries de aquecimento específico com aumento progressivo do peso a ser levantado (aproximadamente 50% do máximo possível), com 6 a 10 repetições, sem que exista falha na execução do movimento.
- Execução de 7 a 10 repetições máximas e utilização da equação (Brzycki, 1993):

1 RM = 100 × peso levantado ÷ (102,78 – 2,78 × número de repetições realizadas)

Segue um exemplo de cálculo:

Uma pessoa levanta 60 kg num total de dez vezes.
1 RM = 100 × 60 ÷ (102,78 – 2,78 × 10) = 80 kg

3.2.2 Teste de corrida de 30/50 m

Tem como objetivo mensurar a velocidade de deslocamento. São necessários dois avaliadores e um cronômetro conforme Figura 3.1. O protocolo deve seguir as seguintes orientações (Matsudo, 1987):

- Área de corrida com mais de 50 m.
- 50 m demarcados entre linhas de saída e de chegada.
- Saída em pé.
- Comandos: "Pronto!" e "Vai!" (Avaliador 1).
- Avaliador 1, na linha de saída (abaixa o braço no "Vai!") e Avaliador 2, na linha de chegada (dispara e interrompe o cronômetro).

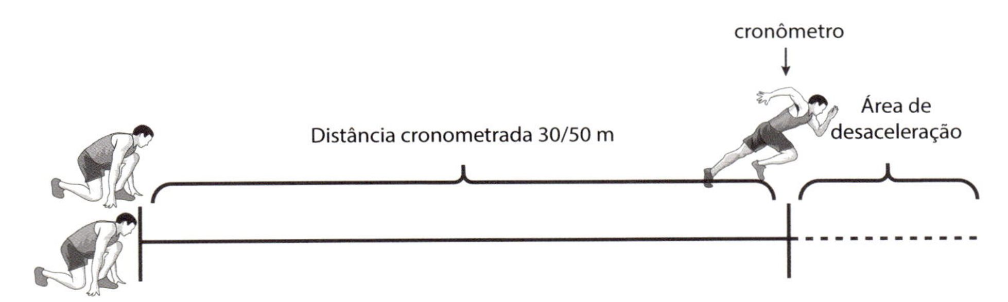

Figura 3.1 – Disposição dos avaliadores no teste de corrida de 30/50 m.

Sobre os valores obtidos, tomar como referência a Tabela 3.5.

Tabela 3.5 – Valores normativos (em segundos) para o teste de corrida de 50 metros

	Fraco	Regular	Bom	Muito bom	Excelente
Velocistas experientes	5,7	5,6	5,5	5,4	< 5,4
Velocistas novatos	6,1	6,0	5,9	5,8	< 5,8

Fonte: Matsudo (1987).

3.2.3 Arremesso de *medicine ball*

Tem como objetivo mensurar indiretamente a potência de membros superiores. Os equipamentos necessários são: uma *medicine ball* de 3 kg, cadeira, fita adesiva, corda e trena. O protocolo deve seguir as seguintes orientações:

- A trena é fixada no solo perpendicularmente à parede. O ponto zero da trena é fixado junto à parede.
- O atleta deve sentar-se com os joelhos estendidos, as pernas unidas e as costas inteiramente encostadas na parede. Segura-se a *medicine ball* junto ao peito com os cotovelos flexionados (Figura 3.2). Ao sinal do avaliador, o avaliado deverá lançar a bola o mais distante possível, mantendo as costas apoiadas na parede. A distância do arremesso será registrada a partir do ponto zero até o local em que a bola tocou o solo pela primeira vez. Devem ser realizados dois arremessos, registrando-se o melhor resultado. A anotação deverá ser registrada em centímetros com uma casa decimal. Na Tabela 3.6, podemos observar valores de referência para classificação dos avaliados.

Figura 3.2 – Posição do avaliado no teste de arremesso de *medicine ball*.

Tabela 3.6 – Valores normativos (em centímetros) para o teste de arremesso de *medicine ball*

Resultados do masculino	Classificação	Resultados do feminino
≥ 763	Avançado	≥ 428
611 a 762	Intermediário avançado	367 a 427
367 a 610	Intermediário	214 a 366
275 a 366	Iniciante avançado	123 a 213
0 a 274	Iniciante	0 a 122

Fonte: Johnson e Nelson (1979) apud Giannichi e Marins (1998).

3.2.4 Teste de salto vertical

Para a realização do teste, é necessária uma superfície lisa (parede) com no mínimo 3 m de altura, graduada de dois em dois centímetros e pó de giz (Figura 3.3). O avaliado, posicionado em pé ao lado da superfície, com a mão suja de giz marca o ponto mais alto que alcançar sem saltar. Após isso, deve saltar podendo flexionar os joelhos e balançar os membros superiores, tocando no ponto mais alto que conseguir. O resultado será dado em centímetros, subtraindo-se o valor anterior, sem o salto, do valor marcado com o salto. Conheça na Tabela 3.7 os valores de referência.

Figura 3.3 – Execução do salto vertical.

Tabela 3.7 – Valores normativos para o teste de salto vertical

Sexo	Idade	Não atletas	Atletas
Masculino	15 a 20	42,1 ± 6,9	45,1 ± 8,0
	21 a 30	45,6 ± 7,2	49,9 ± 8,4
	31 a 40	40,9 ± 7,8	45,8 ± 8,2
	41 a 50	37,3 ± 7,9	42,0 ± 7,6
	> 50	30,9 ± 7,2	35,6 ± 8,6
Feminino	15 a 20	33,1 ± 6,0	32,3 ± 5,8
	21 a 30	32,4 ± 6,2	33,1 ± 6,2
	31 a 40	28,4 ± 6,0	30,7 ± 6,0
	41 a 50	27,2 ± 6,0	27,5 ± 5,4
	> 50	21,2 ± 5,9	22,4 ± 5,0

Fonte: Suslov (1997).

3.2.5 Teste de salto horizontal

Para a realização do teste é preciso fita adesiva e trena. A partir da posição em pé atrás da linha de partida, o avaliado deverá saltar a maior distância horizontal possível (Figura 3.4). A trena estará estendida no chão partindo do ponto de saída e entre os pés do avaliado. É permitida a flexão dos membros inferiores e o balanço dos membros superiores. O resultado é dado em metros, entre a linha de partida e o calcanhar do avaliado.

Figura 3.4 – Execução do salto horizontal.

Tabela 3.8 – Valores normativos (em metros) para o teste de salto horizontal

Sexo	Idade	Excelente	Muito bom	Bom	Regular	Fraco
Masculino	11 a 12	2,10 ou >	2,09 a 2,00	1,99 a 1,90	1,89 a 1,80	1,79 ou <
	13 a 14	2,46 ou >	2,45 a 2,32	2,31 a 2,21	2,20 a 2,07	2,06 ou <
	15 a 16	2,71 ou >	2,72 a 2,57	2,56 a 2,43	2,42 a 2,29	2,28 ou <
Feminino	11 a 12	2,02 ou >	2,01 a 1,94	1,93 a 1,86	1,85 a 1,78	1,77 ou <
	13 a 14	2,06 ou >	2,07 a 1,96	1,95 a 1,88	1,87 a 1,83	1,82 ou <
	15 a 16	2,23 ou >	2,12 a 2,06	2,05 a 1,99	1,98 a 1,92	1,91 ou <

Fonte: Suslov (1997).

3.2.6 Flexiteste

O flexiteste é um método de avaliação indireta e adimensional da flexibilidade, que tem inúmeras vantagens sobre outros métodos relatados na literatura, sobretudo pela sua praticidade e rapidez da sua aplicação, e, também, pela qualidade das informações obtidas (Araújo, 1986). O método consiste na medida e na avaliação da mobilidade passiva máxima de vinte movimentos articulares corporais (36, se considerados os dois hemisférios corporais), incluindo as articulações do tornozelo, do joelho, do quadril, do tronco, do punho, do cotovelo e do ombro. Oito movimentos são feitos nos membros inferiores, três no tronco e os nove restantes nos membros superiores. A numeração dos movimentos é feita em um sentido distal-proximal. Cada um dos movimentos é medido em uma escala crescente e descontínua de números inteiros de 0 a 4, perfazendo um total de cinco valores possíveis. A medida é feita pela execução lenta do movimento até a obtenção do ponto máximo da amplitude e a posterior comparação entre os mapas de avaliação e a amplitude máxima obtida pelo avaliador no avaliado. O ponto máximo da amplitude de movimento é detectado com facilidade pela grande resistência mecânica à continuação do movimento e/ou pelo relato de desconforto local pelo avaliado. Acompanhe o flexiteste nas imagens da Figura 3.5 e a pontuação de referência na Tabela 3.9.

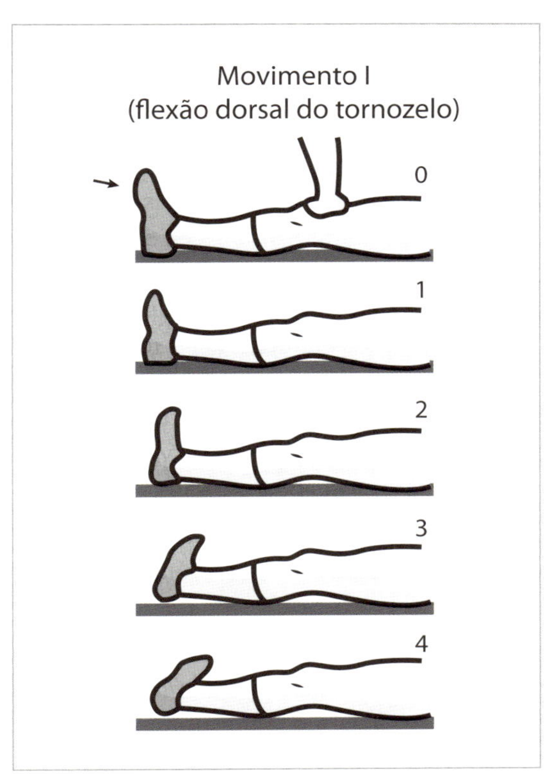

Figura 3.5a – Avaliação flexiteste: movimento I.

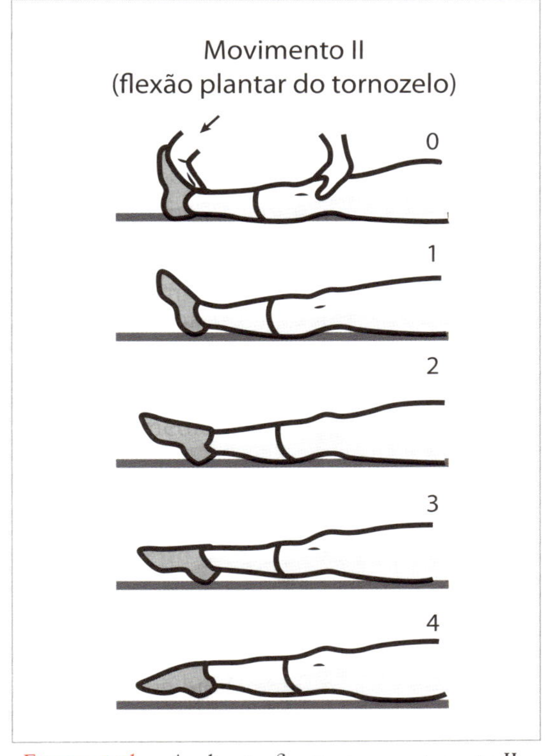

Figura 3.5b – Avaliação flexiteste: movimento II.

Figura 3.5c – Avaliação flexiteste: movimento III.

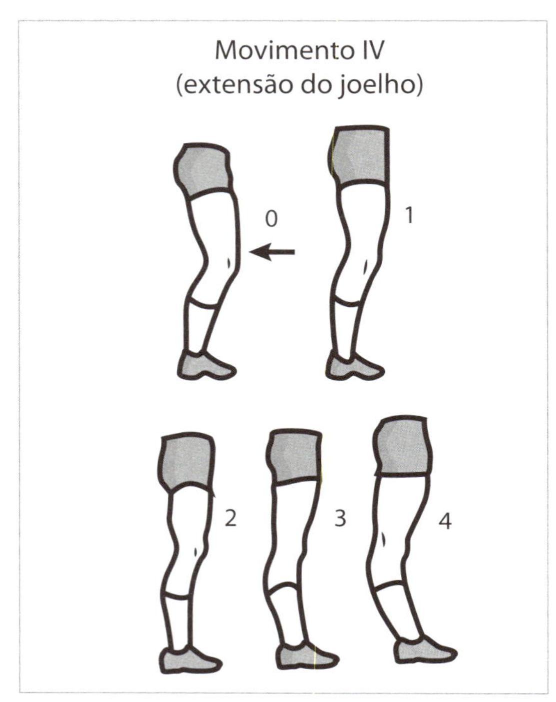

Figura 3.5d – Avaliação flexiteste: movimento IV.

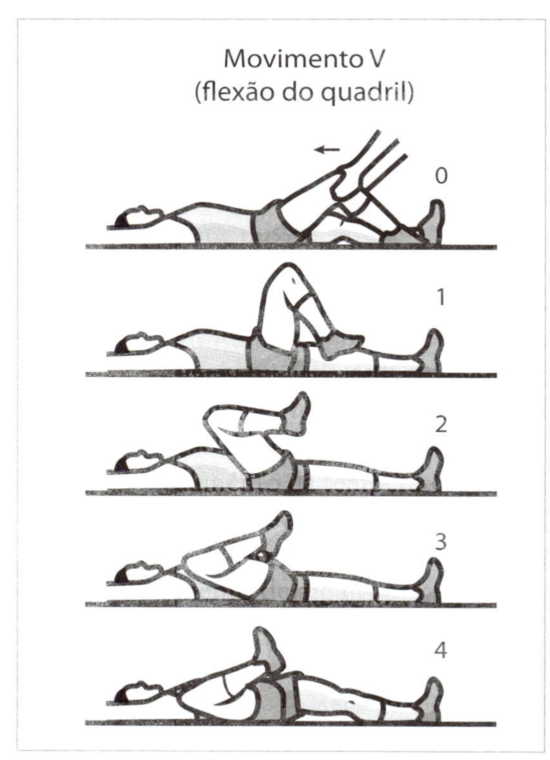

Figura 3.5e – Avaliação flexiteste: movimento V.

Figura 3.5f – Avaliação flexiteste: movimento VI.

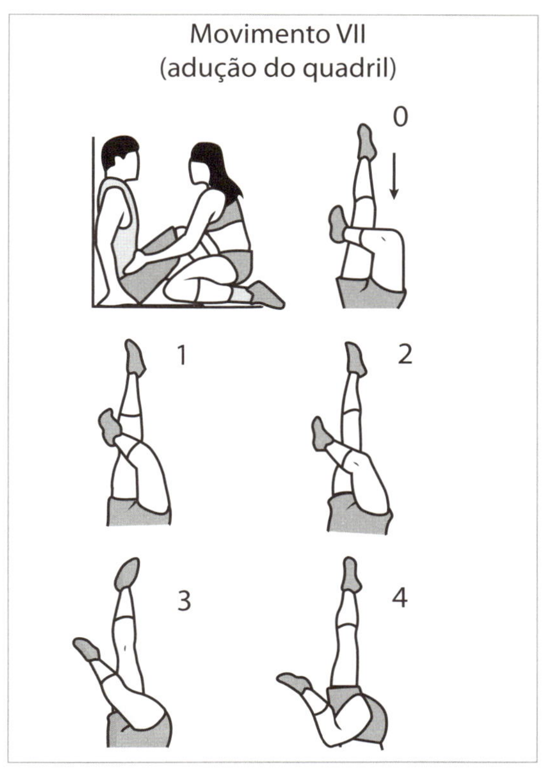

Figura 3.5g – Avaliação flexiteste: movimento VII.

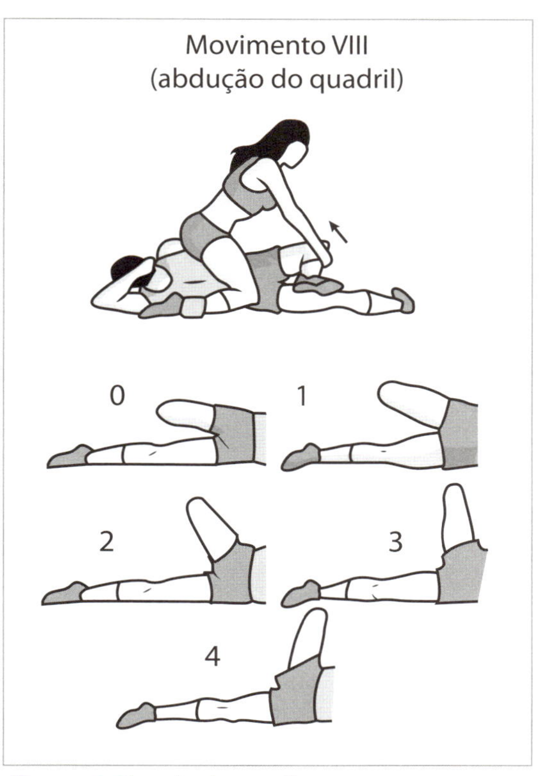

Figura 3.5h – Avaliação flexiteste: movimento VIII.

Figura 3.5i– Avaliação flexiteste: movimento IX.

Figura 3.5j – Avaliação flexiteste: movimento X.

Figura 3.5k – Avaliação flexiteste: movimento XI.

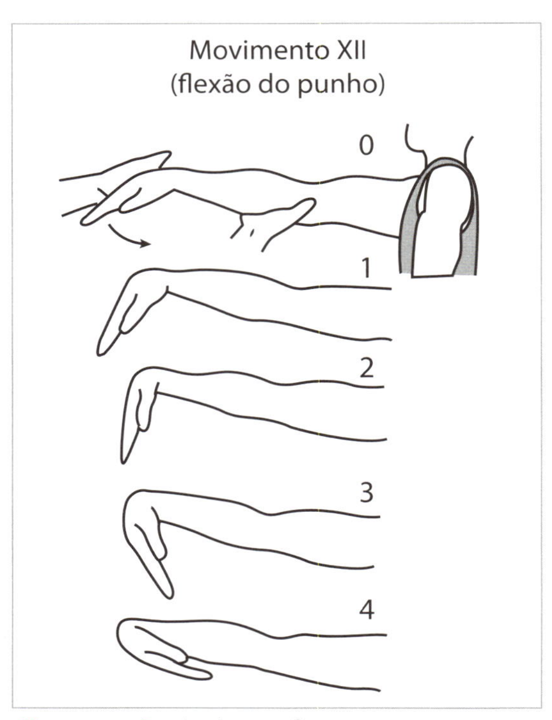

Figura 3.5l – Avaliação flexiteste: movimento XII.

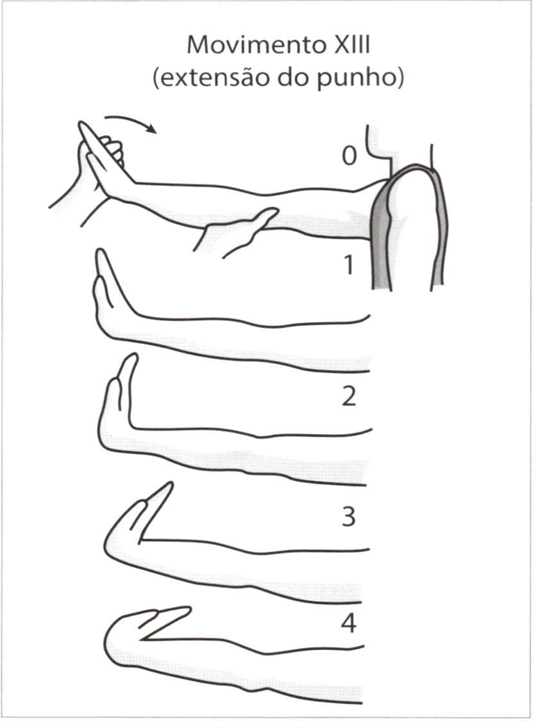

Figura 3.5m – Avaliação flexiteste: movimento XIII.

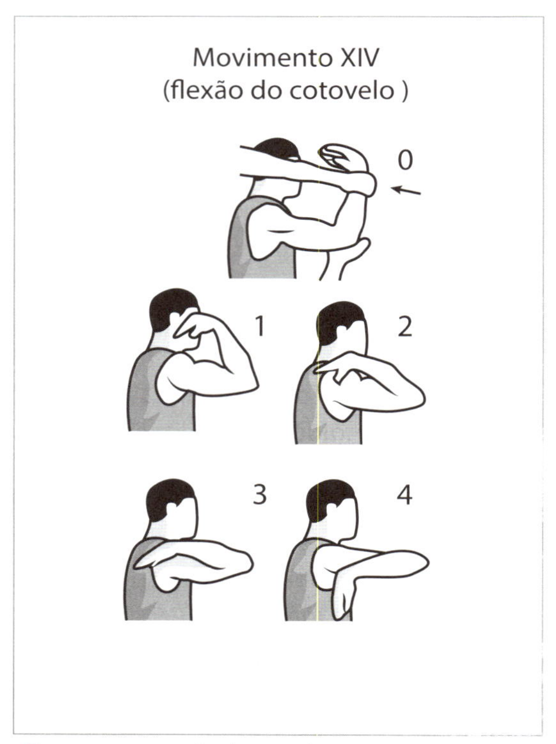

Figura 3.5n – Avaliação flexiteste: movimento XIV.

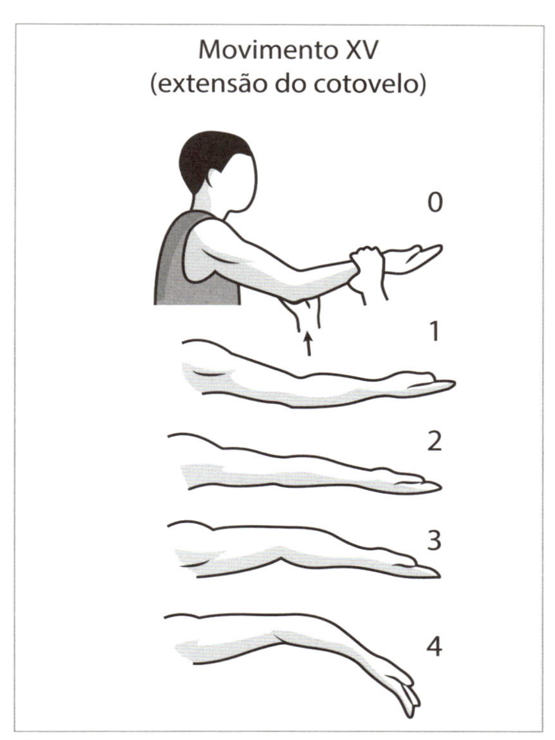

Figura 3.5o – Avaliação flexiteste: movimento XV.

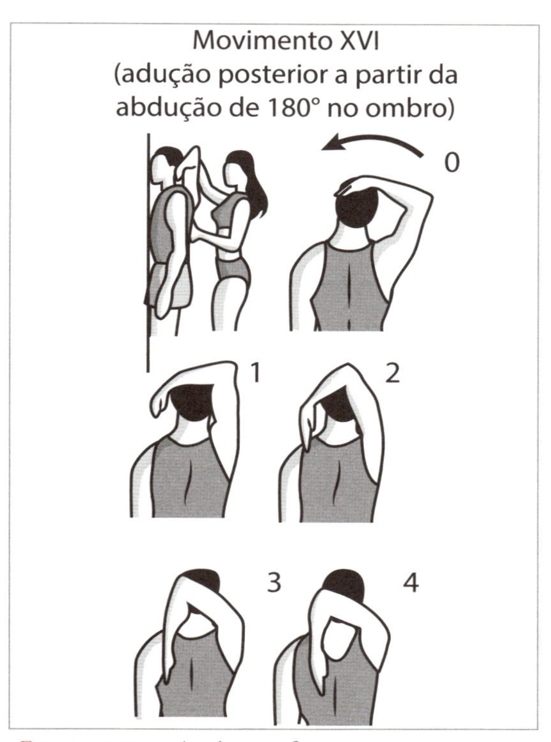

Figura 3.5p – Avaliação flexiteste: movimento XVI.

Figura 3.5q– Avaliação flexiteste: movimento XVII.

Figura 3.5r – Avaliação flexiteste: movimento XVIII.

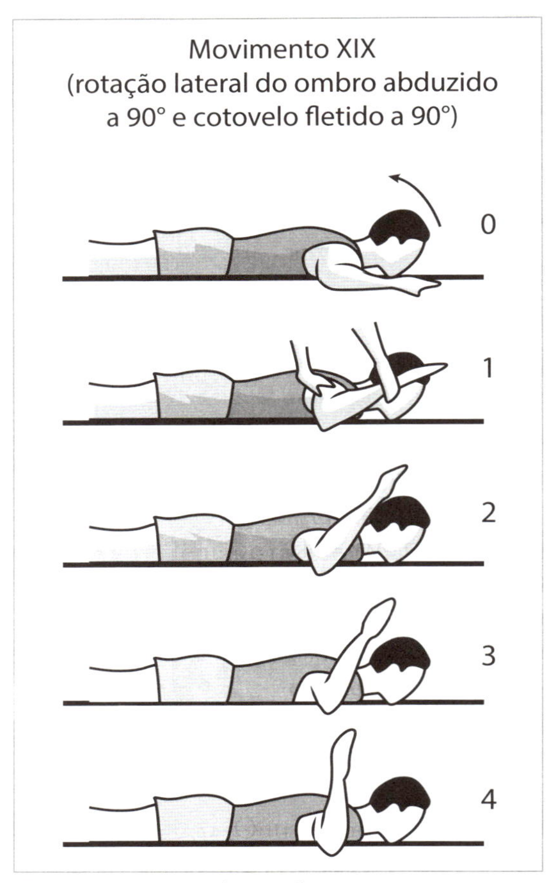

Figura 3.5s – Avaliação flexiteste: movimento XIX.

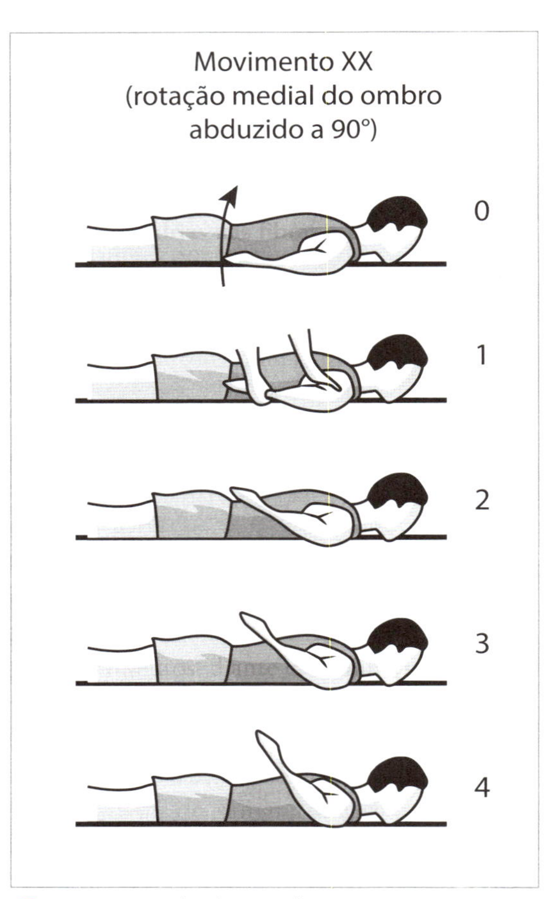

Figura 3.5t – Avaliação flexiteste: movimento XX.

Tabela 3.9 – Normas de classificação

Normas de classificação	
Pontuação	**Classificação do nível de flexibilidade**
< 20	Muito pequeno (ancilose)
21 a 30	Pequeno
31 a 40	Médio negativo
41 a 50	Médio positivo
51 a 60	Grande
> 60	Muito grande (hipermobilidade)

Fonte: Araújo (1986).

3.3 Testes específicos para lutadores

Os testes específicos para lutadores avaliam simultaneamente diferentes qualidades físicas e habilidades motoras/técnicas. São muito importantes para o planejamento do processo de treinamento, pois se aproximam o máximo possível das diferentes situações da atividade competitiva.

3.3.1 *Special judo fitness test (SJFT)*

Este teste foi desenvolvido por Sterkowicz e tem o objetivo de avaliar indiretamente a capacidade aeróbia e anaeróbia de atletas de judô. Muito embora não existam estudos com lutadores de outras modalidades, acreditamos ser possível a sua aplicação nas lutas de projeção como *wrestling*, sambo, jiu-jítsu, entre outras.

O teste consiste em posicionar dois atletas da mesma categoria de peso a seis metros de distância um do outro, conforme mostrado no esquema abaixo:

3 metros 3 metros
Atleta A _______ Atleta avaliado _______ Atleta B

Esse teste deve ser realizado em três etapas: a primeira de 15 segundos (1), a segunda de 30 segundos (2), e a terceira de 30 segundos (3), com intervalo de repouso de 10 segundos entre as etapas. Durante todos os períodos, após o sinal do avaliador, o atleta avaliado deverá aplicar a técnica de projeção *ippon seoi nage* nos outros dois atletas na maior quantidade possível dentro do tempo estipulado. O número de projeções realizadas em cada etapa deve ser somado e um índice é calculado conforme a fórmula a seguir:

$$\text{Índice} = \frac{\text{Frequência cardíaca final (bpm) + frequência cardíaca 1 minuto após o final do teste (bpm)}}{\text{Número total de arremessos}}$$

O valor do índice deverá ser o menor possível, indicando, assim, um melhor desempenho no teste.

3.3.2 *Frequency of speed kick test*

O teste tem como objetivo avaliar a capacidade anaeróbia aláctica. O atleta deve se posicionar a uma distância de 90 cm do saco de pancada pesado, e o saco colocado a uma altura de 110 cm do solo (Villani, Tomasso e Angiari, 2004). Durante 10 segundos, ele deverá aplicar o maior número de chutes possíveis aplicando a técnica *bandal tchagui*.

3.3.3 Teste de Paiva e Del Vecchio para atletas de MMA

Este teste foi desenvolvido pelos professores Leandro Paiva e Fabrício Boscolo Del Vecchio e tem o objetivo de avaliar a resistência específica à fadiga de atletas de MMA. O teste consiste numa simulação de três exercícios específicos dessa modalidade:

- *1º exercício*: partindo da posição em pé, o atleta deve realizar o movimento de entrada para queda (*tackle*), levantando o companheiro que deve ter massa corporal similar ao do avaliado, sem projetá-lo. O atleta deverá realizar o maior número de entradas possíveis no tempo de 20 segundos. O intervalo de recuperação será de 10 segundos do primeiro para o segundo exercício.
- *2º exercício*: na posição de montada sobre um saco de areia ou saco pesado, o atleta deve aplicar a técnica de soco direto. O avaliado deverá realizar o maior número de socos possíveis durante 20 segundos. O intervalo de recuperação será de 20 segundos do segundo para o terceiro exercício.
- *3º exercício*: partindo da posição em pé, o atleta deve realizar o maior número possível de socos diretos no saco de areia ou saco pesado durante 20 segundos.

Deverão ser realizadas três sequências dos exercícios descritos anteriormente, e, entre o final da primeira sequência e o início da segunda, o atleta deverá descansar 10 segundos. Entre o final da segunda sequência e o início da terceira, deverá ser dado intervalo de repouso de 20 segundos. A análise dos dados é realizada da seguinte maneira:

- anota-se o número de golpes desferidos em cada um dos exercícios, nas três sequências, somando o número total de golpes realizados em cada sequência;
- o somatório dos golpes desferidos na primeira sequência é considerado o nível máximo;
- soma-se o número de golpes desferidos na segunda e na terceira sequências e divide-se por dois, para obtenção da média;
- calcula-se o índice de resistência específica à fadiga do lutador (IREFL), de acordo com equação a seguir:

$$\text{IREFL} = \frac{\text{média do número de golpes realizados na segunda e na terceira sequências}}{\text{número de golpes realizados na primeira sequência}}$$

Segue um exemplo de cálculo:

Tabela 3.10 – Exemplo de primeiro, segundo e terceiro exercícios

Primeiro exercício		Segundo exercício		Terceiro exercício		Somatório
1ª sequência	10 *tackles*	1ª sequência	18 diretos	1ª sequência	17 diretos	45 golpes
2ª sequência	9 *tackles*	2ª sequência	16 diretos	2ª sequência	15 diretos	40 golpes
3ª sequência	8 *tackles*	3ª sequência	15 diretos	3ª sequência	12 diretos	35 golpes

$$IREFL = \frac{(40 \text{ golpes} + 35 \text{ golpes}) \div}{45 \text{ golpes}}$$

$$IREFL = 0{,}83$$

Quanto mais o IREFL se aproximar de 1, maior é a resistência específica do atleta, cuja classificação pode ser realizada utilizando-se a Tabela 3.10. No exemplo, temos um índice alto à fadiga.

Tabela 3.11 – Classificação do atleta de acordo com o resultado do IREFL

Índice de resistência à fadiga	
Baixo	Resultado de 0 a 0,5
Moderado	Resultado de 0,51 a 0,8
Alto	Acima de 0,81

Fonte: Paiva (2009).

Vale ressaltar que independentemente do teste escolhido, os treinadores e atletas devem manter anotações sobre seus dados em testes de controle e em avaliações físicas, pois somente dessa maneira poderão perceber com exatidão melhorias ou não no desenvolvimento de determinada capacidade física e visualizar os aspectos do treino que devem ser aprimorados.

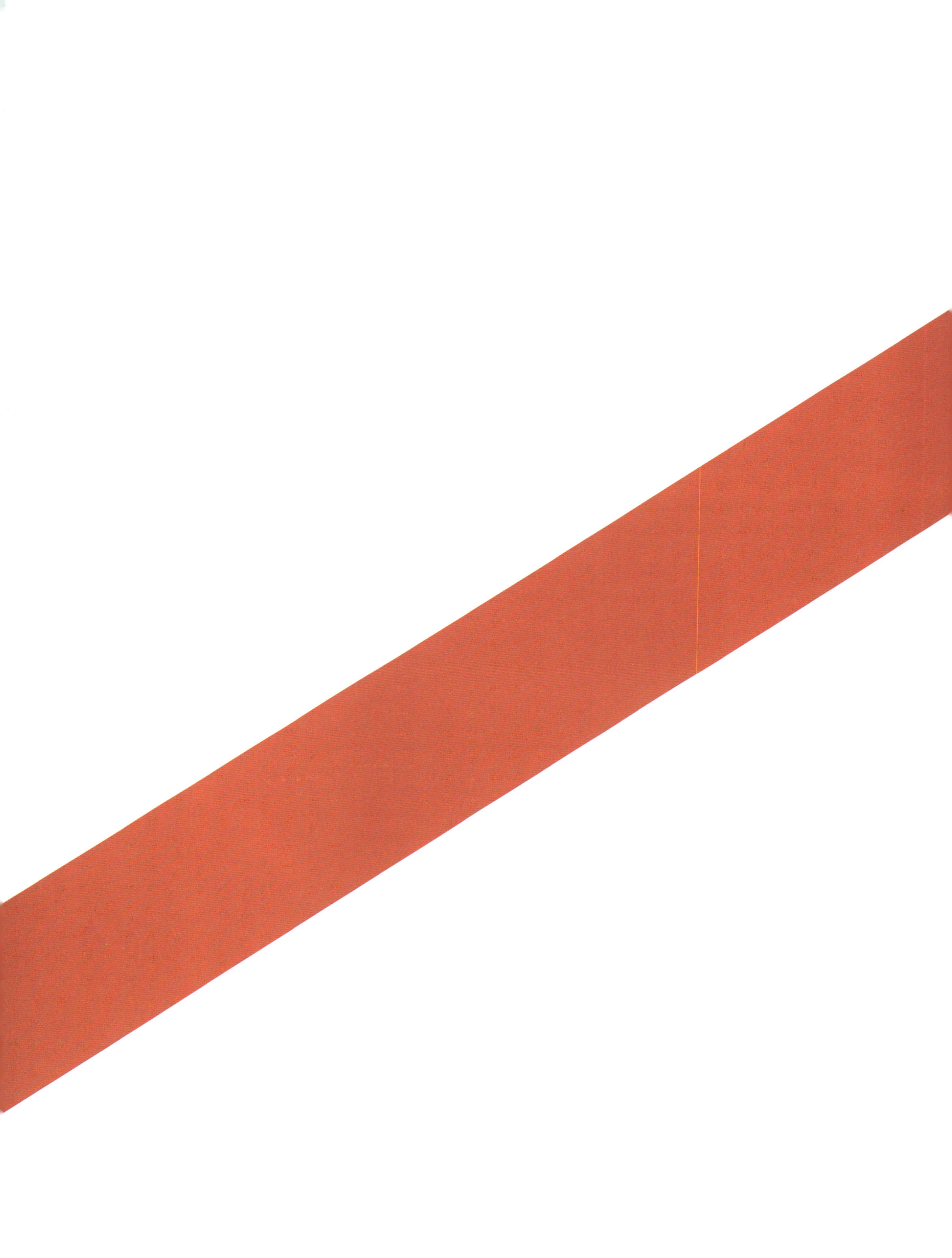

4

O poder da Programação Neurolinguística (PNL) dentro do MMA

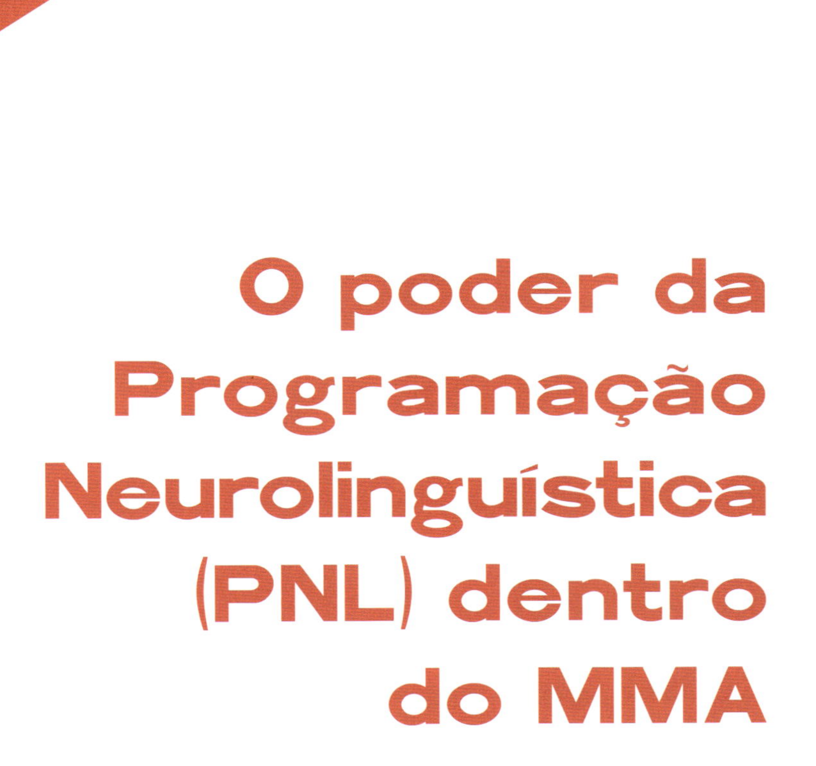

Programação Neurolinguística (PNL) é o método pelo qual ação (P), mente (N) e linguagem (L) interagem a fim de criar a percepção que cada indivíduo tem de si e do mundo, de modo que:

- *Programação*: é a habilidade natural do cérebro de codificar e decodificar experiências em busca de resultados específicos.
- *Neuro*: refere-se ao aparato sensorial (audição, olfato, paladar, tato e visão) por meio do qual as experiências são percebidas.
- *Linguística*: trata-se de padrões de linguagem verbal e não verbal de que os seres humanos fazem uso ao expressar suas experiências.

A PNL teve seu advento durante os anos 1970 e seus precursores foram John Grinder e Richard Bandler, que defendiam a possibilidade de promover mudanças comportamentais por meio de padrões linguísticos. Dentro do livro *Estrutura da magia* (Bandler e Grinder, 1982), é possível identificar quais são os padrões efetivos da linguagem e das técnicas que visam servir de modelo mental de sucesso para os próprios trabalhos. Assim, além de visar à comunicação positiva e eficiente entre seus praticantes, a PNL também surge como método eficaz para promover o desenvolvimento pessoal e profissional destes.

Apesar de ser considerada uma ciência, a Programação Neurolinguística é mais bem definida como metodologia ou tecnologia e pode ser compreendida, assim, pela equação consubstanciada na interação realizada entre as palavras (linguística) e a mente (neuro), resultando em uma ação (programação).

A busca pela excelência pode se tornar um potente mecanismo de auxílio dentro da preparação física, técnica e psicológica de um atleta. O impacto da comunicação verbal e não verbal dentro do treinamento teórico-prático pode ser decisivo nos desafios que a ele são propostos diariamente.

Dentro do MMA, a PNL pode ser um instrumento de auxílio no desenvolvimento mental do atleta, pois tem o poder de potencializar os resultados obtidos durante a fase do treinamento e por consequência durante os duelos com seus oponentes. Durante as diversas fases dos treinamentos específicos, um limite máximo técnico, físico e mental é exigido dos lutadores, em virtude da rotina de treinos e da pressão sofrida pela expectativa de um resultado positivo em cada combate.

4.1 Estabelecendo objetivos e metas

A definição dos objetivos se traduz na descrição daquilo que se pretende conquistar, ou seja, nas metas, nos degraus, nas etapas do caminho a ser percorrido até a realização daquilo que se quer. O sonho de ser campeão, de fazer parte do maior evento do mundo ou de estar entre os melhores de sua categoria deve ser alimentado e estimulado dentro de um planejamento mental completo, no qual o atleta se conscientiza de sua realidade e se motiva diariamente em busca da concretização do seu ideal. A vitória começa pelo princípio e é construída desde o início dos treinamentos.

Se o atleta apresenta um sonho distante da sua realidade atual, o grau de motivação, de dedicação e o comprometimento com o objetivo pode influenciar na sua realização. Por isso, definir os objetivos de forma clara e com metas realistas contribuirá para o seu sucesso.

Criar um cenário positivo e realista, com foco na meta do atleta, auxilia e facilita seu próprio entendimento acerca das ações que devem ser tomadas para viabilizar a realização de seus ideais. Assim, os objetivos devem ser delineados de forma clara, por meio de perguntas necessárias e específicas que servirão como base para o planejamento da carreira do esportista.

No caso dos lutadores profissionais, é comum identificar a intenção de serem consagrados como campeões da categoria que ocupam, e os questionamentos mostram-se essenciais para ajudá-los a alcançar essa meta. Senão, vejamos:

Intuito: "Ser campeã(o) do UFC".
Indagação: "O que você precisa fazer para que isso aconteça?".

Para que um competidor de MMA seja considerado o melhor em sua classe e, consequentemente, consagrado com o respectivo título na maior organização de artes marciais mistas do mundo, o Ultimate Fighting Championship (UFC), é necessário que o indivíduo:

- seja convocado a participar do quadro de combatentes;
- vença um número considerável de oponentes;
- consiga ser credenciado a lutar pelo cinturão.

Por mais simples que possa parecer, existem inúmeros fatores que podem, devem e irão influenciar diretamente nessa escalada até o topo da montanha chamada UFC.

No universo do MMA, todos os lutadores têm aptidão física para compor cada duelo que lhes é proposto. Até serem convocados para participar do UFC, os atletas percorrem um longo caminho que envolve preparação física, técnica, submissão a dietas restritivas e muita força de vontade. Partindo desse pressuposto, e considerando que os combatentes competem em condições de igualdade (peso, altura, capacidade física, conhecimento técnico etc.), o que se vê é que o vencedor é aquele que domina – fisicamente – não somente o octógono, mas também se mostra superior psicologicamente ao não permitir que a ansiedade e os obstáculos superem a sua vontade de vencer.

Assim, com base em questionamentos bem elaborados, o esportista pode estabelecer e delinear seus propósitos e entender que a programação mental é um pressuposto para o sucesso pessoal e profissional.

Planejamentos realistas aliados a prazos concretos amparam e impulsionam o atleta em direção ao caminho a ser seguido. É importante que todas as ações tenham não somente um tempo certo, mas, também, e, em especial, sejam disponibilizadas ao atleta nas formas falada e escrita, para que sirvam como seu estímulo motivacional diário.

Incentivar o desportista com perguntas e a desenvolver uma linha positiva de raciocínio é um impulso essencial para criar estados mentais favoráveis que o inspirem a ter foco diário em seus objetivos, conscientizando-se de que o sucesso imprescinde de cada ato, pensamento e esforço físico.

4.2 Como alcançar os objetivos e obter máxima *performance*

Atualmente, os técnicos, treinadores emocionais e psicólogos concordam que o domínio dos fatores emocionais representa uma variável de suma importância na busca da máxima *performance* dos atletas. Cada vez mais se destacam aqueles que procuram, em benefício próprio, trabalhar não só o corpo, mas, também, a mente.

O trabalho mental deve ser igualado ao esforço físico, cuja dedicação deve ser empregada com a mesma intensidade, sob pena de desestabilização emocional em situações que envolvem grande expectativa e muita pressão. Será inútil desenvolver músculos e conquistar ótimo condicionamento cardiorrespiratório se a cabeça não estiver em sintonia com o corpo. A mente precisa estar preparada e condicionada para potencializar os resultados obtidos nos treinos.

A igualdade no desempenho entre atletas de alto rendimento sugere que o controle mental, o poder de concentração e as técnicas de relaxamento são fatores determinantes para a consagração de grandes vencedores.

Das diversas técnicas empregadas, as que mais se destacam são: a visualização, o relaxamento e o controle mental para ajustar o atleta, com foco em normalizar a respiração e em administrar sua frequência cardíaca. Atletas de alto rendimento têm diversas características:

- conhecem perfeita e claramente suas ações e como elas contribuem para o seu êxito;
- sabem exercitar a(s) sua(s) vontade(s);
- concentram-se por completo em si mesmos;
- tomam atitudes plenamente responsáveis;
- fazem esforços conscientes;
- encontram-se mentalmente alertas;
- controlam suas ações;
- confiam em si mesmos;
- agem com determinação.

Condutas que podem ajudar o atleta a atingir o sucesso desejado são:

- *autodisciplina*: capacidade para fazer qualquer sacrifício em busca do rendimento máximo;
- *autocontrole*: a autodisciplina leva ao domínio do pensamento e das reações diante de qualquer situação;
- *autoconfiança*: o autocontrole leva à convicção necessária que impulsiona o atleta a acreditar em si mesmo e em tudo que faz.

Das inúmeras técnicas adotadas em estratégias motivacionais intrínsecas (relacionadas a recompensas emocionais) ou extrínsecas (baseadas em retribuições tangíveis), está o emprego de algumas frases de efeito, bem como a mudança de pensamento por meio de perguntas e respostas.

Frases de efeito:

> Tudo o que um sonho precisa para ser realizado é alguém que acredite que ele possa ser realizado. (Roberto Shinyashiki)

> O insucesso é apenas uma oportunidade para recomeçar de novo com mais inteligência. (Henry Ford)

> Se não puder voar, corra. Se não puder correr, ande. Se não puder andar, rasteje, mas continue em frente de qualquer jeito. (Martin Luther King)

> Você nunca sabe que resultados virão da sua ação. Mas se você não fizer nada, não existirão resultados. (Mahatma Gandhi)

> Campeões não são feitos em academias. Campeões são feitos de algo que eles têm profundamente dentro de si: um Desejo, um Sonho, uma Visão. (Muhammad Ali)

Perguntas e respostas:

As perguntas abertas, como, por exemplo (O quê? Qual? Quando? Onde? Como?) fazem os treinadores e os atletas aprenderem a perguntar para mudar. Tudo o que é importante sai do pensamento e vai para o papel, e faz a grande diferença entre um sonho (desejo) e uma realidade com data para acontecer.

O que eu quero ser e onde eu quero estar daqui a 5 anos?
O que eu quero ser e onde eu quero estar daqui a 3 anos?
O que eu quero ser e onde eu quero estar daqui a 1 ano?
O que eu quero ser e onde eu quero estar daqui a 6 meses?
O que eu quero ser e onde eu quero estar daqui a 3 meses?
O que eu quero ser e onde eu quero estar daqui a 1 mês?
O que vou fazer amanhã para estar onde desejo estar?
O que vou fazer amanhã para transformar meus sonhos em realidade?

Por isso, nós, treinadores, devemos fazer bom uso de todas as técnicas disponíveis ao nosso alcance para aumentar a *performance* dos atletas, e o treinamento mental é uma peça importantíssima em todos os períodos de treinamento, seja na preparação ou na competição propriamente dita. A psicologia esportiva pode ajudar nossos atletas a superar muitas dificuldades, como lesões, falta de patrocínio, falta de oportunidades e falta de lutas. Devemos, ainda, saber estimular os lutadores nos treinamentos mais intensos e nos combates importantes.

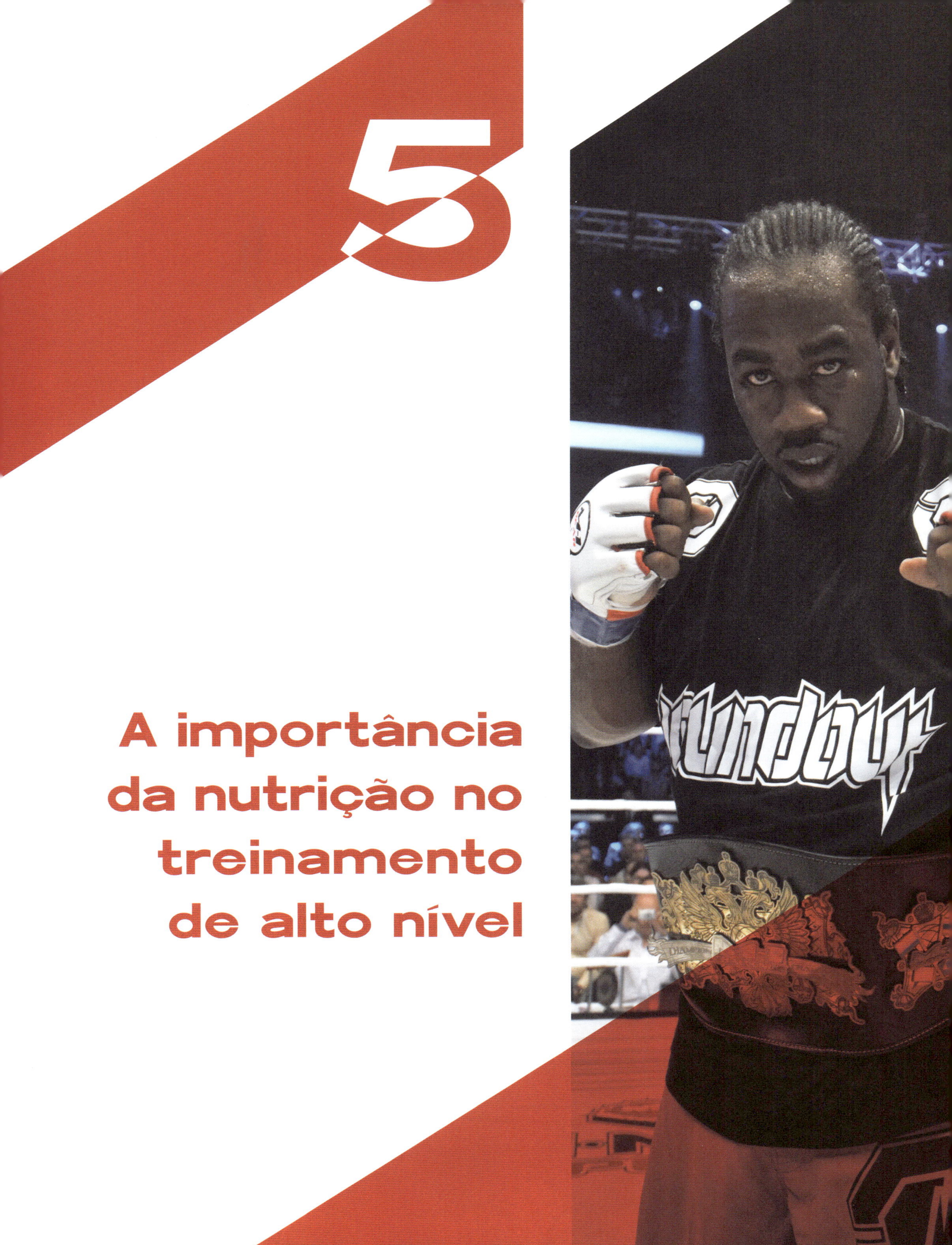

5

A importância da nutrição no treinamento de alto nível

A importância de uma boa nutrição não é uma coisa recente. Mais de 400 anos a.C., o médico grego Hipócrates, que é considerado por muitos como uma das pessoas mais importantes da história da Saúde e Medicina, formulou a seguinte frase: "Que seu remédio seja seu alimento, e que seu alimento seja seu remédio".

Atualmente, uma boa nutrição se torna mais importante do que nunca, visto que pelo menos 4 em cada 10 causas de morte nos EUA estão relacionadas com o modo de se alimentar.

Para exemplificar, a aterosclerose, que é o enrijecimento das artérias, pode se iniciar na infância, entretanto, é possível interromper esse processo, de modo que há casos nos quais ele é revertido, caso sejam realizadas mudanças saudáveis na alimentação e no estilo de vida. O desgaste ósseo gradual que resulta em osteoporose pode ser desacelerado caso sejam consumidas doses suficientes de cálcio e mantidos os níveis adequados de vitamina D em conjunto com exercícios físicos. Uma pessoa também pode estar predisposta ao diabetes, mas, com a ajuda de uma alimentação saudável e de atividades físicas, pode nunca vir a sofrer da doença.

Nesta parte do livro, tentaremos destacar a importância da união dos profissionais de Educação Física, com médicos e nutricionistas para que sejam obtidos os resultados máximos nos esportes de combate atuais.

Segundo Platonov (2004), as cargas atuais de treinamento e de competição apresentam exigências máximas dos sistemas funcionais do organismo do atleta, aumentando ainda mais o papel da alimentação racional e a ingestão de suplementos, visando otimizar a *performance* esportiva e o curso eficaz dos processos recuperatórios e adaptativos.

As substâncias que o organismo recebe junto com os alimentos ou em forma de suplementos podem ser divididas da seguinte forma:

- produtos de ação que asseguram o processo de regeneração das estruturas usadas durante a carga de treino e competição;
- vitaminas e minerais;
- substâncias que estimulam a hematopoiese (produtos que contenham ferro);

- substâncias que ajudam a recuperar os recursos energéticos e aumentam a estabilidade ante o estresse (produtos que contenham aminoácidos, glicose, fósforo etc.).

Durante as práticas esportivas, as exigências energéticas aumentam substancialmente. Por exemplo, se a atividade vital normal dos homens de 19 a 25 anos exige, em média, 2.700 a 2.900 kcal/dia, e, nas mulheres, 2.000 a 2.100 kcal/dia, nos atletas de alto nível esses números podem chegar de 6.000 a 7.000 kcal/dia e de 5.000 a 6.000 kcal/dia, respectivamente (De Vries e Housh, 1994).

Na Tabela 5.1, são apresentados dados acerca dos valores do consumo de energia em relação à respectiva modalidade esportiva. Vê-se que o consumo (gasto) de energia do esportista cuja modalidade envolve a resistência é superior em duas ou mais vezes ao dos atletas de outras modalidades esportivas.

Os menores valores de consumo energético com a alimentação foram registrados nas atletas representantes do balé e da ginástica. Os valores foram de 1,4 a 1,6 do metabolismo basal do indivíduo. As mais surpreendentes avaliações foram encontradas nas ginastas, e elas normalmente treinam de 3 a 4 horas por dia. Esse fenômeno é explicado com base em dois fatores: diminuição artificial da massa corporal por conta da redução drástica no percentual de gordura e curto tempo para o consumo de alimentos no período de preparação para competição. A dieta de baixa caloria com treinamento intenso leva à disfunção menstrual nas mulheres, com a redução da densidade óssea e falta de ferro (anemia), amenorreia, que é a cessação da menstruação, ou um número menor de 4 menstruações por ano e/ou dismenorreia, que é caracterizada por uma menstruação dolorosa (Hoeger e Hoeger, 2014).

Nos experimentos com lutadores e corredores, foi mostrado que manter por um tempo prolongado o desequilíbrio energético leva não só à redução da massa de gordura, mas, também, à perda da massa de outros tecidos. A rápida diminuição da massa corporal por conta da redução de parte da água no corpo e a subnutrição frequentemente acompanham-se com a perda de reservas de glicogênio. Por isso, os lutadores da categoria peso leve perdem substancialmente a capacidade de trabalho (Hoeger e Hoeger, 2014).

Tabela 5.1 – Consumo de energia dos atletas de alto nível de diferentes modalidades esportivas

Modalidade esportiva	Sexo	Valor em média aritmética (kjoule/kg/dia)
Ciclismo (*Tour de France*)	M	347
Triatlo	M	272
Natação	M	221
Natação	F	200

Continua

Continuação

Modalidade esportiva	Sexo	Valor em média aritmética (kjoule/kg/dia)
Remo	M	189
Remo	F	186
Fisiculturismo	M	157
Fisiculturismo	F	110
Judô	M	177
Judô	F	157
Ginástica	F	207
Futebol	M	192
Hóquei no gelo	M	181
Hóquei no gelo	F	145

Foram analisados na pesquisa atletas de alto nível, incluindo medalhistas nos campeonatos europeus, mundiais e jogos olímpicos. A avaliação do gasto de energia efetuou-se com dados do consumo de alimentos por 4 a 7 dias (caloria → 1 cal = 4,168 joules).

Fonte: adaptada de van Erp-Baart et al. (1994).

O maior consumo de energia com alimentos observa-se nas modalidades esportivas como o ciclismo, esqui, triatlo etc. Nessas modalidades esportivas, a competição ou o treinamento prolongam-se por algumas horas. O estudo da exigência de energia nos ciclistas participantes da corrida Tour de France mostrou que, por dia, eles consomem 7.200 a 8.530 kcal. Nesse caso, o consumo de energia ultrapassa de 4 a 5 vezes o metabolismo basal do homem. Para a resolução do problema de insuficiente energia, é recomendado consumir, no decorrer do treinamento, bebidas ricas em carboidratos na ordem de 30-60 g/hora (Hoeger e Hoeger, 2014).

5.1 Carboidratos e atividade física

A importância dos processos de síntese na construção dos músculos foi demonstrada por pesquisadores há mais de 50 anos. Christienssen (1960) convincentemente demonstrou que, para a exibição de altos índices de resistência, é indispensável manter uma dieta rica em carboidratos e ingeri-los sobretudo no decorrer de exercícios físicos de longa duração. Posteriormente, realizaram-se pesquisas com análises de amostras do tecido muscular (biópsia). Hermansen (1981) demonstrou o papel das reservas de glicogênio nos tecidos musculares na capacidade de trabalho do atleta.

Os carboidratos contêm carbono, hidrogênio e oxigênio, em tal proporção que um átomo de carbono liga-se a uma molécula de água ($C\text{-}H_2O$). Por isso, a fórmula estrutural da glicose (monossacarose) tem a forma $C_6H_{12}O_6$. Os carboidratos são divididos em *simples* e *complexos*. Nesse contexto, o glicogênio é um polissacarídeo complexo, fonte principal para a formação de glicose no organismo humano. É encontrado no fígado, músculos e outros tecidos. Se uma pessoa tem uma massa de 70 kg, então seu fígado (1,8 kg) pode conter de 70 g a 135 g de glicogênio e, nos músculos (32 kg), de 300 g a 900 g dessa mesma substância.

O glicogênio do fígado é indispensável para a formação de glicose como fonte de energia para o sistema nervoso central (cérebro), células sanguíneas e dos rins. O glicogênio dos músculos pode transformar-se em glicose, mas ele não pode diretamente ir para o sangue e ser utilizado para o trabalho de outros tecidos. Contudo, durante a execução de exercícios com potência próxima do limiar anaeróbio, forma-se o lactato, que vai para o sangue, depois, transforma-se em piruvato nos tecidos e é utilizado pelas mitocôndrias como fonte de energia (Katch, McArdle, Katch, 2011).

5.2 Uso de carboidratos durante a execução de exercícios físicos

O glicogênio muscular transforma-se inicialmente em molécula de glicose-1-fosfato sob ação da fosforilase, que, depois, transforma-se em glicose-6-fosfato. Essa substância constitui o ponto comum (geral) para o início da glicólise (vias do metabolismo de Embden-Meyerhof). A glicose-6-fosfato forma-se ou do glicogênio dos músculos, ou da glicose sanguínea. A glicólise termina com a formação do piruvato, que pode chegar às mitocôndrias, e, no ciclo de Krebs, sujeita-se à fosforilação oxidativa. Nesse caso, quando as mitocôndrias nas fibras musculares e o lactato desidrogenase cardíaco são insuficientes, o piruvato em excesso pode transformar-se em lactato. A glicólise acompanha-se de um útil resultado energético: 1 mol de glicose fornece 2 a 3 mols de trifosfato de adenosina (ATP). Com a chegada do piruvato à mitocôndria formam-se mais 36 a 37 moles de ATP. As mitocôndrias utilizam um litro de oxigênio para a formação de 5,05 kcal de energia (21,1 kjoule) com a oxidação dos carboidratos.

Segundo Seluianov, Dias e Andrade (2008), durante a execução dos exercícios com intensidade máxima ou submáxima (80% a 100%), por exemplo, *sprints*, ciclismo, jogos de futebol, hóquei e basquete, ocorrem a degradação dos fosfagênios (ATP, fosfocreatina – CP) e a utilização da energia deles para a movimentação. No período de recuperação, a ressíntese ocorre por conta da glicólise. Em razão disso, nas fibras musculares glicolíticas, registra-se a acumulação de lactato e íons hidrogênio. A acumulação de íons hidrogênio leva ao surgimento da sensação de fadiga. Durante uma repetição do exercício, as reservas de carboidratos (glicogênio) não podem provocar fadiga, mas durante múltiplas acelerações (repetições), o que é frequente no treinamento ou em competições, pode iniciar-se a fadiga por causa da insuficiência de glicogênio nas fibras musculares. Propõe-se que, durante a execução de exercícios estáticos com esforço muscular de 20% a 30% da carga máxima, observe-se a oclusão dos vasos. O sangue deixa de passar através dos músculos. Por isso, deve ocorrer a glicólise anaeróbia com gasto das reservas de glicogênio nas fibras musculares oxidativas dos músculos. Conforme ocorre aumento do volume dos exercícios executados, podem surgir problemas com o esgotamento das reservas de energia (glicogênio). Durante a execução de exercícios cíclicos com intensidade de 60% a 85% do VO_2máx (nível do limiar anaeróbio), observa-se um maior gasto de glicogênio das fibras musculares intermediárias; as fibras musculares lentas (oxidativas) recebem energia em forma de lactato, que se forma nas fibras musculares ativas glicolíticas. Por exemplo, o glicogênio muscular dos ciclistas esgota-se preponderantemente no músculo quadríceps, ao passo que, nos corredores, isso ocorre nos músculos gastrocnêmio e sóleo.

O cálcio sarcoplasmático, a insulina sanguínea e a concentração de glicose no sangue e na célula têm um importante papel regulatório no transporte da glicose pela membrana das fibras musculares.

A dieta, incluindo a maior quantidade de carboidrato, aumenta o coeficiente respiratório durante a execução de exercícios com potência abaixo do nível do limiar anaeróbico. Aumenta-se também a duração da execução do exercício com dada potência, em comparação com o caso de uso de dieta com alta concentração de gordura (Christienssen, 1960; Golnick, Piehl e Saltin, 1974; Golnick, 1986).

5.3 Ressíntese de glicogênio

O esgotamento das reservas de glicogênio nos músculos ocorre entre 30 minutos e 3 horas. A velocidade de esgotamento do glicogênio depende da intensidade e duração do exercício e da capacidade aeróbia do atleta. A recuperação das reservas de glicogênio ocorre de forma mais efetiva com o consumo de 50 g de glicose a cada 2 horas. O aumento da dose de consumo de glicose não dá o resultado esperado, que é o aumento da síntese de glicogênio, visto que outros tecidos do organismo começam a consumir a glicose, em particular, pelo fato do aumento da concentração da insulina no sangue. A ressíntese de glicogênio no fígado pode ocorrer com a utilização de lactato, glicerol, alanina, que, inicialmente, transforma-se em glicose (Blom et al., 1987 apud Seluianov, 2001; Reed et al., 1989 apud Seluianov, 2001).

A ingestão de alimentos com carboidrato, proteína e gordura leva à contenção da síntese de glicogênio, por isso, é importante ingerir alimentos doces em forma líquida (Blom et al., 1987 apud Seluianov, 2001; Reed et al., 1989 apud Seluianov, 2001).

Os gastos energéticos no decorrer dos treinamentos e das competições podem ser tais que, no tempo de descanso noturno, quando a ingestão de alimento não é possível, a ressíntese total não ocorre. Desse modo, para garantir uma elevada capacidade de trabalho, por exemplo, dos ciclistas em múltiplas provas diárias, utiliza-se a ingestão de alimento rico em carboidrato na véspera da competição, bem como no decorrer dela (Costil et al. 1981 apud Seluianov, 2001; Coggan e Coyle, 1989 apud Seluianov, 2001).

O consumo de alimentos que não contêm carboidratos atrasa sensivelmente a recuperação do glicogênio: mesmo sete dias após uma carga que conduza ao esgotamento do glicogênio muscular, seu nível segue inferior ao normal. Além disso, o consumo de alimentos ricos em carboidratos conduz à ressíntese intensa de glicogênio muscular e a uma supercompensação relevante.

Não podemos esquecer de destacar alguns fatores que influenciam na intensidade de recuperação das reservas de glicogênio após altas cargas de treino e competição, entre eles:

- tipo de carboidrato ingerido;
- velocidade de entrada de carboidratos no organismo do atleta;
- hora do consumo de carboidratos após as cargas físicas.

Alguns estudos comprovam determinadas vantagens da frutose sobre a glicose. A ingestão de glicose antes do exercício provoca uma secreção elevada de insulina, o que, por sua vez, provoca hipoglicemia e, consequentemente, um esgotamento mais rápido das reservas de glicogênio (Keller e Schwarzkopf, 1984).

Em contrapartida, a frutose não provoca a reação hipoglicêmica e oferece ao organismo a mesma quantidade de energia dos carboidratos (McMurray, 1983).

A supercompensação do organismo com carboidratos pode ser reforçada com alguma refeição que seja assimilada com facilidade antes das competições e treinos intensos. Os alimentos consumidos antes das competições devem ser ricos em carboidratos: cereais, geleias, mel, torradas etc. Convém comer esses alimentos cerca de 3 a 4 horas antes do início da competição. Também foi comprovado que se pode ingerir um pequeno volume de alimento de fácil digestão (por exemplo, cereais) 30 minutos antes do início da competição ou treino intenso (De Vries e Housh, 1994).

Para recuperar os carboidratos depois de um exercício fatigante, é muito importante o tempo de sua ingestão. A utilização dos carboidratos aumenta se o consumo ocorrer logo após a carga, o que provavelmente está ligado à ativação do fluxo sanguíneo e à elevada intensidade dos processos metabólicos no período recuperatório mais próximo (Ivy et al., 1988).

Para a alimentação ideal do atleta, é importante considerarmos o peso líquido de diferentes tipos de comidas. Isso permite equilibrar a dieta diária de alimentação considerando não somente o valor energético e a relação dos diferentes grupos de alimentos, mas, também, o volume deles, fator que é muito importante para um planejamento eficaz da carga de treino e competição (Platonov, 2004). Para ilustrar as possíveis variações, fornecemos a Tabela 5.2:

Tabela 5.2 – Volume de alguns alimentos que fornecem 50 g de carboidrato de fácil consumo ao organismo dos atletas

Grupo	Produto	Volume (g)
Cereais	Pão de trigo	200
	Pão de farinha	120
	Pão de centeio	104
	Arroz integral	196
	Arroz branco	169
	Pipoca de milho	60
	Espaguete e outros macarrões	200
	Mingau de aveia (sem casca)	69
Biscoitos e confeitaria	Biscoitos semidoces de farinha integral	75
	Barra de chocolate (contém sacarose e glicose)	75
Verduras	Milho	220
	Legumes	485
	Feijão	300
	Batata (cozida)	250
	Batata (assada)	200
Frutas	Passas	80
	Banana	260
	Uva	320
	Laranja	50
	Maçã	400
Açúcares	Glicose	50
	Mel	70
	Sacarose	50
	Frutose	50

Fonte: adaptada de Platonov (2004).

5.4 Necessidade de proteínas no decorrer das sessões esportivas

Por muito tempo se considerou que o metabolismo das proteínas não estava relacionado com a produção de energia durante o esforço. Entretanto, algumas pesquisas mais recentes demonstraram que de 5% a 15% da energia vem de fontes proteicas. O trabalho de orientação anaeróbia é menos condicionado pela produção de energia por meio de fontes proteicas que o trabalho prolongado de caráter aeróbio. Como exemplo, podemos citar que, durante um trabalho intenso de força, somente 5% de energia é proveniente das proteínas, ao passo que em um exercício prolongado de resistência o catabolismo das proteínas para gerar energia pode chegar de 10% a 15% (Williams, 1992). Além disso, quanto menores forem as reservas de glicogênio nos músculos, mais importante será o papel das proteínas na produção de energia (Lemon e Mullin, 1980).

Perguntas sobre quais são as necessidades e quantidades de proteínas na alimentação dos atletas são discutidas há mais de 100 anos. As proteínas constituem aproximadamente 15% da massa corporal. O organismo humano pode sintetizar proteínas a partir do aminoácido. Parte dos aminoácidos é considerada essencial (histidina, isoleucina, leucina, lisina, metionina, fenilalanina, treonina, triptofano, valina). Esses aminoácidos precisam ser consumidos por meio da alimentação. Eles encontram-se nas proteínas de origem animal (ovo, peixe, carne, leite e derivados) ou em combinação com os seguintes produtos: milho, pão, ervilha e lentilha (Seluianov, Dias e Andrade, 2008).

A proteína nos alimentos é assimilada em forma de aminoácido. A reserva de aminoácido sanguínea é utilizada na construção de estruturas do corpo juntamente com os carboidratos. Dessa maneira, com insuficiência nos alimentos de carboidratos pode-se observar a degradação do tecido muscular.

O consumo de proteínas por meio da alimentação em atletas de alto nível deve compor-se de: *1,3 g/kg/dia a 2,0 g/kg/dia*, o que representa de 125% a 250% das normas recomendadas para não atletas (Tarnopolsky et al., 1992), de maneira que em períodos de treinamento muito intensos ou etapas competitivas pode variar de *2,0 g/kg/dia a 3,0 g/kg/dia* (Seluianov, Dias e Andrade, 2008). Porém, existem estudos mostrando que doses maiores de proteínas por dia podem virar gordura ou, simplesmente, ser eliminadas do organismo, não trazendo nenhum benefício adicional ao atleta ou praticante de atividade física. Não se deve esquecer, também, que a ingestão excessiva de proteínas está relacionada com o risco de enfermidades oncológicas (tumores e câncer) e alterações sérias da função renal (Nielsen, 1992).

Para ilustrar as possíveis variações no volume de alguns alimentos que fornecem 50 g de proteína ao organismo dos atletas, podemos fornecer a Tabela 5.3:

Tabela 5.3 – Variações no volume de alimentos que fornecem proteínas para atletas

Grupo	Produto	Volume (g)
Cereais	Pão de trigo	574,7
	Pão de centeio	757,7
	Grão de trigo sarraceno	396,8
	Bebida de aveia sem casca	454,5
Produtos lácteos	Leite pasteurizado (3,5% de gordura)	1.792,1
	Queijo fresco	357,1
	Queijo fresco desnatado	277,7
	Iogurte (1,5% de gordura)	1.000
	Queijo suíço	200,8

Continua

Continuação

Grupo	Produto	Volume (g)
Carne animal	Cordeiro	320,5
	Gado	268,8
	Coelho	236,9
	Porco	294,1
Aves	Ganso	253,8
	Peru	256,4
	Galinha	274,7
	Pato	235,8
Pescados e mariscos	Robalo	214,7
	Carpa	312,5
	Salmão (da Sibéria)	263,2
	Lula	277,7
	Lagosta	312,5
	Camarão	264,5

Fonte: adaptada de Platonov (2004).

5.5 Necessidade de gordura como fonte de energia

As fontes lipídicas (gorduras) constituem importantes substratos energéticos do metabolismo. Como fontes lipídicas energéticas, citamos os conteúdos no plasma dos triglicerídeos, dos ácidos graxos livres e dos triglicerídeos intramusculares.

A gordura subcutânea é o tecido adiposo o qual é constituído de adipócitos, que contêm a mais elevada reserva de energia. Parte da gordura encontra-se na superfície abdominal e entre os músculos. A velocidade de mobilização dos ácidos graxos livres (esterificação) a partir do tecido adiposo depende da velocidade da lipólise, o transporte desses mesmos ácidos graxos livres para o sangue e a reesterificação (absorção) dos adipócitos (Seluianov, Dias e Andrade, 2008).

A velocidade da lipólise na gordura subcutânea avalia-se pela concentração de gliceróis no sangue, visto que os adipócitos não contêm glicerolquinase. Desse modo, eles não podem reutilizar o glicerol diretamente. As pesquisas mostraram que, sob cargas físicas de natureza aeróbia, a concentração de glicerol no sangue cresce de 3 a 6 vezes. A lipólise é ativada pelas catecolaminas, glucagon, hormônio de crescimento, hormônio adrenocorticotrópico e muitos outros. As catecolaminas são as mais efetivas estimuladoras da lipólise diante da concentração fisiológica no sangue. São elas: a alfa-adrenérgica opressora e beta-adrenérgica estimuladora, que apresentam influência na velocidade da lipólise por via de alteração da atividade de adenilato ciclase e formação de monofosfato de adenosina (AMP) cíclico.

A insulina é a mais efetiva opressora da lipólise, com a ativação do sistema nervoso simpático; sob a ação da execução da carga física, reduz-se a concentração de insulina no sangue (Bjorntorp, 1991).

Dessa forma, a tensão da atividade muscular provoca o aumento da lipólise nos tecidos adiposos por conta do aumento beta-adrenérgico da atividade lipásica.

O lactato diminui a utilização dos ácidos graxos livres em razão do aumento da não esterificação, com a ausência da influência na lipólise. O transporte dos ácidos graxos livres no plasma do sangue é executado em 99,9% pela albumina.

Os ácidos graxos livres são transportados ativamente para as fibras musculares, e, com o aumento da ativação das fibras musculares, o transporte acelera-se independentemente da concentração dos ácidos graxos livres no sangue. Supõe-se que no citoplasma (sarcoplasma) existem proteínas específicas portadoras de ácidos graxos livres.

O metabolismo intermolecular dos ácidos graxos livres depende da intensidade de execução dos exercícios físicos, ou melhor, do tipo da fibra muscular ativada; a lipólise pode ocorrer somente nas fibras musculares oxidativas. Como índice dessa dependência, há o coeficiente respiratório. Durante a potência de 30% do VO_2máx, conforme estudos de Seluianov (2001), ocorre o aumento no plasma de ácidos graxos livres. Nota-se que os ácidos graxos livres podem utilizar-se ativamente apenas em paralelo com os carboidratos. Por isso, a redução da concentração do glicogênio nas fibras musculares é acompanhada da redução da fosforilação oxidativa dos ácidos graxos livres. Como principal fonte de ácidos graxos livres, temos os grânulos de triglicerídeos (partículas de gordura), e os ácidos graxos livres exógenos devem inicialmente chegar até os grânulos de triglicerídeos. A via direta de oxidação dos ácidos graxos livres é possível, contudo, seu papel como fonte energética não existe. Durante a realização de trabalhos musculares contínuos, por exemplo, durante a extensão do joelho com uma perna, a entrada de fato de grânulos de triglicerídeos plasmáticos nos músculos em ação é mínima (Lemon e Mullin, 1980; Tarnopolsky et al., 1992).

Assim, pode-se propor que como fonte básica de oxidação dos ácidos graxos livres no decorrer da execução de trabalho muscular de baixa intensidade, há as reservas intramusculares de triglicerídeos.

5.6 Papel das vitaminas na preparação física de atletas

Treze diferentes componentes definem-se como vitaminas. Estas dividem-se em dois grupos: *hidrossolúveis* e *lipossolúveis*, e todas devem ser ingeridas com a alimentação.

Entre as vitaminas *hidrossolúveis* estão: tiamina, riboflavina, vitamina B_6, niacina, ácido pantotênico, biotina e vitamina C, que participam no metabolismo energético mitocondrial. O ácido fólico e a vitamina B_{12} participam na síntese de DNA e na formação da medula óssea, produzindo glóbulos sanguíneos vermelhos (eritrócitos). A vitamina B_{12} também participa no metabolismo mitocondrial.

As vitaminas *lipossolúveis* são: A, D, E e K. Quanto à vitamina E, ela participa no trabalho da mitocôndria, e junto com as vitaminas A e C, apresenta a função antioxidante.

Pesquisas experimentais dos papéis das vitaminas na garantia da preparação física são contraditórias. Pelo visto, as vitaminas mais importantes para o decorrer dos processos de recuperação são as vitaminas do grupo B e os antioxidantes. Destaca-se, também, que, com o aumento da intensidade e duração dos exercícios executados, aumenta-se a degradação dessas substâncias, que são eliminadas do organismo por meio da urina e do suor. Por isso, recomenda-se ao atleta consumir vitaminas extras em forma de suplementos alimentares, acrescentados à alimentação (Thompson e Manore, 2013).

Como exemplo, podemos sugerir a ingestão mínima por dia de um comprimido polivitamínico para praticantes de atividade física regular e dois comprimidos por dia nos períodos mais intensos de treinamento aos atletas de *endurance* em conjunto com 500 mg a 1.000 mg por dia de vitamina C e 400 UI de vitamina E. Outro produto muito usado por nossos atletas é um composto multivitamínico e mineral do qual recomendamos um *pack* em conjunto com o café da manhã em períodos de manutenção e dois *packs*, um pela manhã e outro antes de dormir, nas últimas seis semanas que antecedem a luta ou a competição.

Durante a ingestão adicional de vitaminas, deve-se considerar que a utilização de vitaminas hidrossolúveis (ácido ascórbico ou vitamina C e vitaminas do complexo B) não prejudica o organismo, visto que elas não se acumulam no organismo e seu excesso é eliminado pela urina. Já a ingestão excessiva de vitaminas lipossolúveis (retinóis e tocoferóis), que acumulam o seu excesso, geralmente, no fígado e no tecido adiposo, pode influenciar negativamente a saúde do atleta em virtude da sua toxidade (Nielsen, 1992).

Para ilustrar as diferentes vitaminas e suas ações no organismo de adultos saudáveis, podemos fornecer as Tabelas 5.4 e 5.5:

Tabela 5.4 – Vitaminas lipossolúveis e suas ações no organismo

Vitaminas	Principais funções	Quantidade recomendada	Fontes principais
A (Retinol)	Aceleração dos processos de oxirredução. Aumento do conteúdo de glicogênio no fígado e músculos. Pode servir como antioxidante.	Mulheres: 4.000 UI Homens: 5.000 UI	Gema de ovo, leite, manteiga, margarina, queijo, laranja, frutas e vegetais verde-escuros.
D	Promove a absorção e a utilização do cálcio e do fósforo	< 25 anos: 10 μg > 25 anos: 5 μg	Laticínios fortificados e integrais, gema de ovo (a dieta frequentemente não é tão importante quanto a exposição ao sol).
E (Tocoferol)	Estimulação da respiração celular. Aumento da resistência ante a hipóxia. Aumento do glicogênio nos músculos e fígado. Estimulação das contrações musculares. Ação antioxidante que previne a lesão da membrana celular.	Mulheres: 8 equivalentes de alfatocoferol Homens: 10 equivalentes de alfatocoferol	Óleos vegetais e seus produtos, castanhas, ovo, leite, peixe.
K	Auxilia na formação de certas proteínas, especialmente daquelas relacionadas à coagulação sanguínea.	Mulheres: < 25 anos: 60 μg > 25anos: 65 μg Homens: < 25 anos: 70 μg > 25 anos: 80 μg	Vegetais verdes, chá.

Fonte: adaptada de Powers e Howley (2000) e Platonov (2004).

Tabela 5.5 – Vitaminas hidrossolúveis e suas ações no organismo

Vitaminas	Principais funções	Quantidade recomendada	Fontes principais
Tiamina (B1)	Regulação das funções do sistema nervoso central e do aparelho circulatório e digestivo. Coenzima utilizada no metabolismo energético. Respiração celular.	Mulheres: 1,1 mg Homens: 1,5 mg	Carne de porco, legumes, amendoim, frutas secas, gema de ovo.

Continua

Continuação

Riboflavina (B2)	Participação na oxidação dos carboidratos. Assimilação e síntese de proteínas e gorduras. Regulação da excitação do sistema nervoso. Coenzima utilizada no metabolismo energético.	Mulheres: 1,3 mg Homens: 1,7 mg	Levedura e derivados, gema de ovo, leite, queijo, grãos, carne, peixe, feijão.
Niacina (B3)	Coenzima utilizada no metabolismo energético.	Mulheres: 15 equivalentes de niacina Homens: 19 equivalentes de niacina	Castanhas, carnes. Pró-vitamina B_3 (triptofano) é encontrada na maioria das proteínas.
Piridoxina (B6)	Extração de energia dos carboidratos. Estimulação das funções dos órgãos. Participação na síntese de proteínas compostas.	Mulheres: 1,6 mg Homens: 2,0 mg	Carnes, verduras, trigo, alimentos ricos em proteína de modo geral.
Ácido fólico (B9)	Assegura a hematopoiese. Participa na síntese de proteínas. Coenzima utilizada no metabolismo do DNA e RNA.	Mulheres: 180 µg Homens: 200 µg	Vegetais verdes, suco de laranja, castanhas, legumes, grãos, batata, fígado.
Cianocobalamina (B12)	Manutenção e estimulação da hematopoiese. Regulação da síntese de proteínas. Estimulação da extração de energia dos carboidratos.	2 µg	Peixe, produtos lácteos, produtos animais.
Ácido Pantotênico	Coenzima utilizada no metabolismo energético.	4 mg a 7 mg	Produtos animais, grãos (o ácido pantotênico está amplamente distribuído nos alimentos).
Biotina	Coenzima utilizada no metabolismo energético.	30 µg a 100 µg	Amplamente distribuída nos alimentos.
Ácido ascórbico (C)	Funções na síntese do colágeno. Antioxidante. Auxilia na detoxificação. Aumenta a absorção de ferro. Ajuda no sistema imunológico.	60 mg (bem tolerado em doses maiores)	Frutos e vegetais, brócolis, repolho, melão, couve-flor, frutos cítricos, *kiwi*, morango.

Fonte: adaptada de Powers e Howley (2000) e Platonov (2004).

5.7 Minerais como suplementação alimentar na preparação de atletas

Quando falamos em minerais, precisamos lembrar que uma quantidade suficiente deles é uma das garantias mais importantes na recuperação completa das funções de síntese, reguladoras e energéticas do organismo dos atletas após as cargas de treino intenso e competições.

Segundo Platonov (2004), os minerais são muito importantes não apenas para recuperar o equilíbrio hidrossalínico, a condutividade nervosa e os eletrólitos das células, mas, também, para o sangue, para a carga enzimática, para a assimilação de vitaminas e para a resistência imunológica.

Os suplementos alimentares minerais favorecem a liberação de energia, diminuem o cansaço, mantêm a solidez do tecido ósseo e participam como cofatores em muitas enzimas (Clarkson, 1991).

Os minerais podem ser divididos em *macrominerais* (substâncias que se conservam no corpo não menos que 0,01% da massa corporal total) e *microminerais* (no organismo, constituem-se de apenas 0,001% ou menos da massa corporal total). Como macrominerais, mencionamos: cálcio, fósforo, magnésio, potássio, sódio, enxofre e cloreto. Como microminerais, citamos: ferro, zinco, cobre, arsênio, selênio e cobalto (Seluianov, Dias e Andrade, 2008).

Apresentaremos os dados acerca das particularidades das importâncias fisiológicas de alguns minerais.

O cálcio é necessário para a construção do tecido ósseo, participa nos processos de contração do tecido muscular. Com níveis adequados de cálcio na alimentação, atletas não padecem de problemas com a densidade do tecido ósseo (Thompson e Manore, 2013).

O magnésio participa como cofator nas enzimas do metabolismo energético, apoia o potencial energético nas células musculares e nervosas, e encontra-se no tecido ósseo. Após corridas de maratona ou significativa lesão muscular depois de exercícios físicos, ocorre a redução da concentração do magnésio no plasma sanguíneo.

O fósforo entra na composição óssea, de ATP, dos nucleotídeos e enzimas. Destacamos que, no corredor (maratonista) que entrou em um estado de colapso, a concentração de fósforo no plasma sanguíneo mostrou-se muito baixa. A manutenção de alta concentração de fósforo no plasma sanguíneo permite a manutenção de alta concentração de ATP e CP nas células (Dale et al., 1986 apud Seluianov, 2001).

O selênio atua no metabolismo de carboidratos e gorduras (Thompson e Manore, 2013).

O ferro é o elemento indispensável da mioglobina e da hemoglobina, que participa no transporte de oxigênio. A insuficiência de ferro no plasma sanguíneo não reflete na capacidade de trabalho esportivo, mas em um *deficit* prolongado de ferro nos alimentos e, no sangue, desenvolve-se a anemia (Thompson e Manore, 2013).

Para ilustrar o papel dos principais minerais e suas ações no organismo de adultos saudáveis, segue a Tabela 5.6:

Tabela 5.6 – Relação de minerais e suas funções

Minerais	Principais funções	Quantidade recomendada	Fontes principais
Cálcio	Contração muscular. Formação de ossos e dentes, coagulação sanguínea, transmissão nervosa.	1.200 mg para adultos de 19 a 24 anos 800 mg para adultos com 25 anos ou mais	Produtos lácteos, vegetais verde-escuros, legumes.
Fósforo	Formação de ATP. Separação do oxigênio dos eritrócitos. Componente de coenzimas.	1.200 mg para adultos de 19 a 24 anos 800 mg para adultos com 25 anos ou mais	Leite, queijos, carne vermelha, frango, grãos.
Magnésio	Contração muscular. Metabolismo da glicose das células musculares.	Mulheres: 280 mg Homens: 350 mg	Pão integral, cereais, vegetais folhosos verdes, grãos.
Enxofre	Componente de cartilagens, tendões e proteínas.	Fornecido pelos aminoácidos que contêm enxofre	Aminoácidos com enxofre de proteínas dietéticas.
Sódio	Regulação do estado ácido-básico. Conservação ótima da excitabilidade do tecido nervoso e muscular.	Nenhuma recomendação formal	Sal, peixes (do mar), frios, queijo.
Potássio	Regulação da pressão osmótica intracelular. Utilização de glicogênio. Aumento do tônus muscular. Balanço hídrico. Função nervosa.	Nenhuma recomendação formal	Peixe, carne, leite, verduras, frutas.
Cloreto	Papel no equilíbrio ácido-básico. Formação do suco gástrico.	Nenhuma recomendação formal	Igual ao sódio.
Ferro	Transporte de oxigênio pelos eritrócitos. Utilização do oxigênio pelas células musculares.	Mulheres: 15 mg Homens: 10 mg	Ovos, carne sem gordura, verduras verdes, legumes.
Iodo	Componente dos hormônios da tireoide.	150 µg	Peixes, frutos do mar, produtos laticínios, sal iodado.
Zinco	Componente de enzimas. Influencia positivamente no sistema imunológico	Mulheres: 12 mg Homens: 15 mg	Carnes vermelhas, frutos do mar, grãos.

Fonte: adaptada de Platonov (2004) e Powers e Howley (2000).

5.8 Auxílios ergogênicos

Auxílios ergogênicos ou recursos ergogênicos nada mais são que substâncias ou fenômenos que produzem trabalho e que, acredita-se, melhoram o desempenho dos atletas. Como auxílios ergogênicos, podemos citar: nutrientes, drogas, exercícios de aquecimento, hipnose, controle do estresse, *doping* de sangue, inalação de oxigênio, entre outros (Powers e Howley, 2000). Neste capítulo, concentraremos nossa atenção no papel dos suplementos nutricionais como auxílios ergogênicos.

Pesquisas indicam que 40% a 45% dos atletas utilizam suplementos nutricionais e os atletas de alto nível usam mais suplementos do que atletas amadores e universitários. Com base nessas e em outras informações, montamos o Quadro 5.1, com um resumo de alguns suplementos que vêm sendo usados pelos atletas da American Top Team nos últimos anos e seus efeitos propostos pelos fabricantes. Vale lembrar que muitos dos suplementos ainda não foram testados por pesquisas científicas sérias, ficando a critério do atleta a utilização ou não de determinada substância (como os assinalados com asterisco no quadro a seguir).

Quadro 5.1 – Alguns suplementos usados por atletas da American Top Team

Suplemento nutricional	**Utilização proposta**
Suplementos proteicos	Fornecimento de uma quantidade adequada de proteínas para auxiliar no crescimento muscular e no ganho de peso.
Arginina, lisina, ornitina	Estimulam a liberação do hormônio do crescimento e de insulina. Promovem o crescimento muscular.
Creatina	Aumenta a fosfatocreatina no músculo. Aumenta a fonte energética e estimula o crescimento muscular.
Vitamina B12	Aumenta a síntese do DNA. Aumenta o crescimento muscular.
Ioimbina (Yohimbine)	Aumenta o nível de testosterona. Aumenta o crescimento e a força muscular.
Vitaminas antioxidantes: C e E	Evita a lesão muscular em virtude de processos oxidativos indesejáveis após treinos de alta intensidade.
Suplemento composto de carboidratos, proteínas, glutamina, vitaminas, entre outros	Acelera a recuperação após treinos intensos.

Continua

Continuação

Suplemento nutricional	Utilização proposta
Suplemento pré-treino composto de beta-alanina, cafeína, entre outras substâncias estimulantes	Pré-treino que aumenta a energia, concentração e estimula o sistema nervoso central.
Ácidos graxos ômega-3	Estimulam a liberação de hormônio do crescimento.
Triglicerídeos de cadeia média	Aumentam o efeito térmico. Promovem a perda de gordura.
Cafeína	Melhora o desempenho em nível muscular. Estimula o sistema nervoso central. Aumenta a utilização das gorduras.
Suplemento composto de cafeína e ervas*	Reduz o apetite. Acelera o metabolismo. Aumenta a energia e a disposição.
Garcinia cambogia	Ajuda no metabolismo. Reduz o apetite. Acelera a queima de gordura.
Multivitamínico profissional*	Composto mineral e vitamínico que acelera a recuperação e o crescimento das fibras musculares.
Óleo de coco	Ajuda a emagrecer. Reduz o apetite.
Óxido nítrico*	Aumenta o fluxo sanguíneo. Auxilia no aumento da resistência.
*Epimedium**	Aumenta o nível de testosterona.

5.8.1. Creatina

É uma das mais importantes substâncias orgânicas, que atua no abastecimento energético da atividade e como tampão da acidez celular. A enzima creatina fosfoquinase participa na degradação da CP até creatina e fosfato inorgânico, durante a qual libera-se energia, que pode ser utilizada para a síntese de ATP a partir da ADP e do fosfato. Consequentemente, a creatina mantém a atividade celular e, em particular, a contração muscular.

A creatina é sintetizada no fígado, nos rins e no pâncreas, a partir da arginina e glicina. Também foi demonstrado que, além da formação endógena da creatina, ocorre a sua ingestão com os alimentos, por exemplo, durante o consumo de peixe, de carnes ou de suplementos alimentares que contenham creatina (Walker, 1979).

A ingestão de 20 g a 30 g de creatina diárias no decorrer de alguns dias (normalmente de 5 a 7 dias) pode levar ao aumento da quantidade geral da creatina em 20%, e, dessa forma, da CP (Greenhaff, 1995). Foi estabelecido que a creatina análoga sintética neutraliza a síntese da creatina pelo sistema de retroalimentação negativa. A reserva de creatina deve ser complementada por meio da alimentação em quantidade de 2 g por dia, para compensar a sua perda em forma de creatinina pela urina. Por isso, os atletas normalmente utilizam como dose de manutenção 5 g de creatina por dia, em um período de até 3 meses. Depois disso, recomenda-se fazer um intervalo de pelo menos 1 mês, em que, ao final, o atleta ou o praticante de atividade física possa repetir o ciclo de suplementação com uma nova saturação e sua posterior manutenção com 5 g diários de creatina (Seluianov, Dias e Andrade, 2008).

Foi proposta a hipótese acerca da influência da creatina, no crescimento do tecido muscular. Foi demonstrado que a creatina estimula a ligação da leucina nas ligações fortes da miosina e actina dos músculos esqueléticos e cardíaco (Walker, 1979).

Inúmeras pesquisas já demonstraram a eficiência da suplementação de creatina em melhorar o desempenho durante o exercício de curta duração e de alta intensidade e, em decorrência desses fatos, a creatina já vem sendo utilizada por muitos anos em atletas de diversas modalidades esportivas. Ainda não existem relatos de efeitos colaterais prejudiciais ao organismo nas doses recomendadas. Atualmente, a suplementação de creatina não viola as regulamentações de dopagem das principais organizações atléticas, sendo permitido o seu uso (Powers e Howley, 2000).

Em geral, as poucas pesquisas que demonstram que a creatina não funciona foram realizadas com metodologias inapropriadas, como: não saturação das células com 20 g a 30 g por 5 a 7 dias; ingestão de creatina com água, o que diminui as alterações de insulina que são favoráveis na absorção da creatina ingerida; entre outros erros metodológicos.

5.8.2 HMB

Nos últimos anos, surgiu um novo suplemento alimentar, que recebeu a denominação de HMB (ácido beta-hidróxi-beta-metilbutírico). Ele é utilizado por alguns de nossos atletas da American Top Team. A propagação do HMB iniciou-se a partir de 1995. Era recomendado como biocorretor nutricional, minimizador das lesões nas fibras musculares, aumentando o metabolismo lipídico e reforçando a atividade mitocondrial e imunocompetente celular.

Alguns pesquisadores como Nissen (1994, 1997 apud Seluianov, 2001) consideram que o HMB constitui um produto intermediário da decomposição dos aminoácidos (leucina). Esse aminoácido apresenta estrutura com ligações ramificadas das células, e é essencial, visto que não pode ser sintetizado no organismo humano. A leucina deve ser ingerida regularmente pelo organismo humano por meio da alimentação. Ela se transforma no nosso corpo, inicialmente, na molécula instável derivada do inglês AKA (*alpha-ketoisocaproate acid*), e depois no HMB. Somente 3% a 4% da leucina transforma-se no corpo humano em HMB. Desse modo, para a obtenção de significativa dose fisiológica de HMB (1 a 3 g por dia), é necessário ingerir de 2 a 3 kg de carne. Particularmente, encontra-se muito HMB no peixe, contudo, é impraticável ingerir tal quantidade de peixe por dia. Por isso, para os atletas, é muito importante utilizar na alimentação suplementos alimentares em forma de concentrados, os quais permitem alcançar as quantidades necessárias.

No presente momento, o mecanismo de ação do HMB não está claro, no entanto, Nissen supõe que ele participa na formação de colesterol. Este, por sua vez, é um componente importante durante a construção da membrana celular e das organelas. A construção ativa da membrana com a utilização de colesterol pode levar à redução no sangue da concentração de colesterol e lipoproteínas de baixa densidade (LDL). Da LDL, durante a degradação nas artérias de camadas fibrosas (células das paredes dos vasos), é formado o colesterol, que pode acumular-se e no final levar à arteriosclerose. Consequentemente, o HMB reduz a concentração de LDL no sangue, diminuindo a possibilidade de surgimento de arteriosclerose. Se analisarmos a concepção acerca do papel do HMB na construção das membranas das células e, de certo modo, nas mitocôndrias e nos lisossomos, então, podemos esperar o aumento da força dos músculos (junto com as miofibrilas, deverão aumentar muito as membranas do retículo sarcoplasmático), o aumento da capacidade aeróbia (as membranas das mitocôndrias tornam-se menos dependentes das grandes concentrações de íons hidrogênio) e a diminuição da velocidade do catabolismo das proteínas (o fortalecimento das membranas dos lisossomos – aparelho digestivo das células – reduz a velocidade de liberação das enzimas destruidoras de proteínas no sarcoplasma).

Nas pesquisas em animais e seres humanos, foi demonstrado que o HMB pode diminuir o dano da proteína muscular e capacitar o aumento da força e tamanho dos músculos. Por exemplo, Nissen estudou 41 fisiculturistas, que foram divididos em três grupos com a ingestão de zero, 1,5 e 3 g diários de HMB. De forma complementar, os avaliados foram divididos entre um grupo que recebeu por meio da alimentação 117 g de proteínas diários e o que recebeu 175 g diários. O programa de treino incluiu exercícios com pesos três vezes por semana com duração de 3,5 horas. A experiência durou três semanas. O resultado dessa experiência mostrou que o HMB funciona. No grupo que não ingeriu o HMB, a massa magra corporal aumentou 0,4 kg; no segundo grupo, com o consumo de 1,5 g diário, o aumento foi de 0,8 kg; no terceiro grupo, de 1,3 kg (HMB = 3 g diários). A força aumentou em 8% no primeiro grupo; em 13% no segundo (1,5 g de HMB diários) e em 18% no terceiro (3 g de HMB diários).

Em outro estudo, foi comprovado o aumento de força e de velocidade de corrida em 13% em jogadores de futebol americano que ingeriram HMB (3 g diários) e creatina mono-hidratada, realizaram por 5 horas semanais trabalho de força e por 3 horas semanais exercícios de *sprint* no decorrer de 28 dias (Seluianov, Dias e Andrade, 2008).

Na pesquisa de Vukovich e Adams (1995 apud Seluianov, 2001), oito ciclistas, durante duas semanas, ingeriram diferentes preparados: 3 g diários de HMB; ou 3 g diários de leucina; ou 3 g diários de placebo. No início e no final de cada período, foram feitas análises. Foram mensurados o VO_2máx e a concentração máxima de lactato no sangue. Durante a ingestão de HMB, observou-se um aumento do VO_2máx em 0,18 L/min; nos outros casos, as diferenças foram duvidosas. As alterações da concentração de lactato foram estatisticamente imperceptíveis. Com fins práticos, o único problema da suplementação de HMB é que, no Brasil, ela ainda é vendida com preços muito elevados e difícil de ser encontrada na sua dosagem efetiva (3 g por dia), o que faz que seja uma suplementação não tão divulgada no nosso país.

5.9 Nutrição e suplementação em um caso extremo de desidratação: estudo sobre o atleta Gleison Tibau (UFC)*

A vitória sobre Norman Parke, no UFC, em janeiro de 2015, marcou mais um recorde na carreira de Gleison Tibau, que já é o brasileiro com o maior número de lutas no UFC (tratam-se de 26, ao todo), tendo alcançado sua 16ª vitória entre os pesos leves da organização, tornando-se, assim, o maior vencedor da categoria na história.

O atleta, aos 33 anos, também tem como sonho em bater mais uma marca: ser o lutador com o maior número de confrontos na história do UFC. Ele também tem o maior recorde da história em MMA de perda de peso e recuperação. Já baixou seu peso para o limite oficial da categoria dos leves que é de 70,4 kg e recuperou cerca de 15 kg num período de 24 horas. Para demonstrar como isso ocorre, descreveremos aqui alguns procedimentos seguidos pelo atleta para tentar fazer isso de uma maneira menos agressiva ao organismo. Vale lembrar que Gleison Tibau é um atleta profissional, experiente e alcança esses resultados com a ajuda de seu preparador físico, de seu médico e de seu nutricionista. Gostaríamos de reforçar que esses procedimentos não devem ser copiados por outros atletas sem a adequada orientação profissional.

O segredo de tudo está na dedicação e ajuda dos treinadores que sempre estão ao seu lado nesse processo. Normalmente, o atleta pesa 85 kg e vem baixando seu percentual de gordura (que fica em torno de 10% fora do período de competição) e também seu peso corporal em cerca de 10 a 12 kg, os quais são perdidos nas últimas duas semanas antes da luta.

* Nota de esclarecimento dos autores: gostaríamos de informar que o trabalho e o programa de treinamento desenvolvidos, utilizados e descritos neste livro tratam da preparação de Gleison Tibau durante o período de agosto de 2008 a agosto de 2015. O trabalho realizado fora desse período não diz respeito aos autores deste livro, nem à Phorte Editora.

Durante a fase final de seu *camp* de treinamento (4 últimas semanas), o atleta começa a reduzir o volume das porções de suas refeições e a diminuir a ingestão de carboidratos principalmente nos períodos noturnos. Como exemplo, podemos citar a dieta de Gleison:

Café da manhã:
- 1 batata-doce;
- café com creme;
- 3 claras de ovos;
- 1 *pack* de Animal Pak;
- 500 mg de vitamina C;
- 4 cápsulas de NO2 Black;
- 2 copos d'água.

Refeição pós-treino:
- 30 g de *whey protein*;
- 3 cápsulas de óleo de peixe;
- 1 cápsula de vitamina D;
- 500 mL d'água.

Almoço:
- 2 filés grelhados de peixe;
- 1 porção grande de salada (folhas);
- 1 porção grande de vegetais;
- 2 copos d'água.

Refeição pré-treino:
- 1 batata-doce;
- café com creme;
- 1 copo d'água.

Refeição pós-treino:
- 10 a 15 g de glutamina;
- 6 cápsulas de BCAA;
- 500 mg de vitamina C;
- 1 porção pequena de frutas vermelhas;
- 4 cápsulas de óleo de coco;
- 500 mL d'água.

O atleta viaja para suas lutas sempre com a ideia de estar abaixo dos 80 kg, deixando para perder cerca de 8 a 9 kg na semana da luta. Ele chega sempre na terça-feira que antecede a luta, a qual acontece no sábado, porém, na sexta-feira que precede esse sábado, ocorre a pesagem. Assim, o atleta tem 4 dias de trabalho para atingir o peso de sua categoria (155 libras / 70,4 kg).

Durante a semana pré-luta, são realizados trabalhos técnicos (como ajustes finais na sua parte em pé e no chão) e também a manutenção de treinos aeróbios para auxiliar na perda de peso em conjunto com uma restrição alimentar com relação a alimentos sólidos e um aumento na ingestão de líquidos que variam de 6 a 8 L por dia (água destilada) ou água com 0% de sódio por um período de 2 dias. Depois disso, vamos reduzindo gradativamente a ingestão de água, e isso faz que o corpo comece a eliminar mais água e não retenha praticamente nada nos momentos que antecedem a pesagem. Essa perda é intensificada nos últimos dias com muito trabalho aeróbio. Tibau já faz isso por vários anos e aprendeu a conhecer bem o seu limite físico e qual a forma em que ele se sente bem, ou melhor, qual a forma menos agressiva para que ocorra essa perda.

No último dia, deixamos somente 1 a 2 kg (restantes) para perder em saunas e banheiras quentes, evitando assim a desidratação acentuada do atleta. (*Observação*: nesse momento, nosso atleta fica com um percentual de gordura na ordem de 2% a 4%.)

Já vimos vários outros atletas perdendo muito peso num período muito curto somente com saunas e banheira quente (evitando esse grande trabalho aeróbio que Tibau faz na semana da luta). Isso atrapalha muito a recuperação deles, fazendo que alguns desmaiem na sauna, fato que é muito perigoso para a saúde.

Para simplificar, vamos citar a recomendação do American College Sports of Medicine (ACSM, 2012), que alerta que jamais devemos desidratar um atleta por mais de 6% de seu peso corporal para não afetar a sua *performance* e, quando determinado atleta perde mais de 10% de seu peso corporal somente em líquidos (desidratação), suas chances de morte são muito elevadas.

Durante essa semana final, também utilizamos cápsulas de cálcio, de potássio, de magnésio e de vitamina C, para repor as vitaminas e os minerais perdidos com o uso de água destilada e com o suor excessivo, evitando, assim, riscos maiores à saúde do atleta.

Depois de bater o peso, começamos outro trabalho árduo. A recuperação do peso perdido, e nos deparamos com a seguinte pergunta: devemos recuperar o máximo de peso possível para a luta, ou isso também deve ser controlado?

Essa recuperação deve ser sempre controlada para que o atleta esteja em um peso adequado para seu rendimento, mas pode variar de acordo com seu oponente. Tibau é um atleta privilegiado com relação à sua capacidade física dentro da categoria, e pretendemos aprimorar ainda mais essas capacidades (força, resistência, agilidade, velocidade de reação, entre outras) para que ele possa render mais a cada luta. Por isso, nunca tentamos recuperá-lo ao máximo, pois já passamos por uma situação há alguns anos em que ele ficou muito inchado por causa do excesso de soro e sódio. Seu peso foi a 86 kg e isso afetou negativamente sua movimentação no octógono.

Para recuperá-lo de forma adequada, passamos por um processo de reidratação após a pesagem com o uso de alguns suplementos, de modo que, em média, usamos um no dia da pesagem e outro na manhã do dia seguinte, seguido de soro intravenoso (recomendado pelo nosso médico) com a adição de algumas vitaminas como vitamina C, vitamina B12, sódio, entre outros.

Após essa breve recuperação, vamos iniciando a ingestão de alimentos leves com frutas de rápida absorção, como bananas, uvas, salada de frutas, e líquidos como isotônicos. A pesagem geralmente ocorre à tarde e o atleta até a noite já se encontra semirrecuperado. Continuamos com o trabalho de ingestão de alimentos ricos em carboidratos e com pouca gordura em períodos de 2 horas e também fazemos *shakes* com adição de glutamina, dextrose, creatina, maltodextrina, vitaminas etc., para obtermos uma supercompensação de carboidrato e ajudar na *performance* do atleta.

Como resultado de todo esse processo, temos o atleta recuperado e pronto para a luta com uma recuperação média de 12 a 13 kg num período de 24 horas.

Figura 5.1 – Gleison Tibau na hora da pesagem (à esquerda) e depois da luta (à direita).

6

Treinamentos e tratamentos em MMA

Para este capítulo, adaptamos uma compilação de artigos especializados publicados originalmente pela *Tatame Magazine* em um período de quase dois anos, nos quais há exemplos teórico-práticos do treinamento de alguns atletas de elite.

6.1 Treino de um campeão do XFC

Para esta seção, convidamos o campeão Deivison "Dragon" Ribeiro, para demonstrar o treinamento que foi realizado como preparação para seu combate no Xtreme Fighting Championships (XFC), na categoria até 65,8 kg, no dia 27 de setembro de 2014, em que nocauteou o ex-lutador do Ultimate Fighting Championship (UFC) e World Series of Fighting (WSOF), Waylon Lowe, com um chute na cabeça no quarto *round*.

No caso da luta contra Waylon, que é um atleta de altíssimo nível em *wrestling* e fisicamente muito forte, a preparação física de Dragon foi elaborada com exercícios de força e resistência, em conjunto com movimentos de luta com manopla ou sombra, visto que ele vinha da categoria até 70 kg do UFC. É importante levar em conta na preparação para lutas por cinturão com 5 *rounds* que deve haver a preocupação de estudar muito bem o atleta adversário para determinar suas características físicas. Abaixo, segue o trabalho que foi realizado com Deivison.

6.1.1 Organização dos *rounds* de treinamento

Primeiro round: começa-se o treino com exercícios aeróbios como corrida na esteira, em que se anda por 3 minutos para aquecer, e se vai aumentando a velocidade a cada minuto, até chegar a 12 km/h. Mantém-se essa velocidade por 10 minutos.

FIGURA 6.1 – Corrida na esteira a 12 km/h.

Segundo round: aqui, realizam-se exercícios de força nas máquinas para os músculos do peitoral e dorsais, optando pelas máquinas de crucifico e puxada. A máquina de peitoral faz o atleta executar uma adução horizontal com os braços, isolando a musculatura do peitoral e da parte anterior do ombro (deltoide anterior). Já no caso da máquina de costas (puxada aberta), trabalha-se a musculatura do grande dorsal com seus auxiliares para a execução do exercício, como bíceps braquiais. De maneira intercalada, são realizadas as séries dos exercícios para os músculos do peitoral e dorsais, e, nesse momento do planejamento, com elevada intensidade e cargas de 70% a 85% do máximo em 4 séries de 6 repetições.

Figura 6.2 – Exercício na máquina de crucifixo para peitoral.

Figura 6.3 – Exercício de puxada para os dorsais.

Terceiro round: neste *round*, utiliza-se um parceiro de treino que, no caso, foi Johnny Frachey, para ajudar nos exercícios de manopla com carga aplicada à polia e, também, executam-se exercícios auxiliares com bola para fortalecer o *core*. Nos primeiros exercícios com polias, busca-se realizar movimentos adaptados de socos com sobrecarga para desenvolver força específica. Os músculos dos membros superiores estão envolvidos direta ou indiretamente na realização dos movimentos, e nosso objetivo foi adaptar o atleta à sua realidade de luta dentro da sala de musculação. No último exercício do circuito, a musculatura do *core* foi priorizada para estabilização e sustentação dos movimentos necessários à luta.

Figura 6.4 – Exercícios de manopla com carga aplicada à polia.

Figura 6.5 – Exercícios auxiliares com bola para fortalecer o *core*.

Quarto round: novamente, realizam-se exercícios de força com o peso corporal (flexão de braço/*push up*) para desenvolvimento de força da região anterior do tronco com o auxílio da musculatura dos tríceps braquiais. Em seguida, faz-se, com a corda, movimentos explosivos de alta intensidade e de curta duração: 3 movimentos diferentes (ondas simples; ondas para os lados; e ondas gigantes) de 10 a 15 segundos, e tem-se o mesmo tempo de descanso entre eles. No trabalho com a corda, recruta-se a musculatura dos membros superiores para a realização completa do treinamento. Além disso, tem-se a execução de séries de 50 repetições de exercícios abdominais, e repete-se todo esse circuito por 4 vezes.

Figura 6.6 – Exercício de força com o peso corporal.

Figura 6.7 – Realização com corda de movimentos explosivos com alta intensidade e de curta duração.

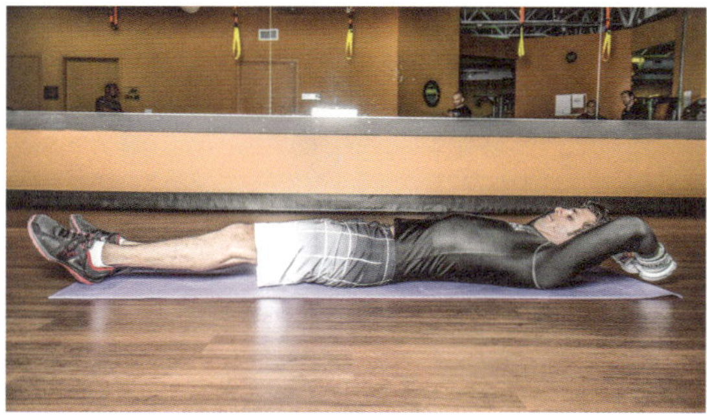

Figura 6.8 – Abdominais ao fim do *round*.

Quinto round: no último *round*, faz-se uma espécie de circuito aeróbio de manopla, movimentação de luta e abdominais no solo, com o objetivo de desenvolver resistência específica. Sempre é exigido o máximo do atleta para a realização dos movimentos propostos.

Figura 6.9 – Exercício de manopla com movimentação de luta.

Figura 6.10 – Abdominais ao fim do circuito.

6.2 Como melhorar suas quedas no MMA

A vitória sobre Pat Healy, no UFC Fight Night 45, marcou mais um recorde na carreira de Gleison Tibau. Além de já ser o brasileiro com mais participações no UFC (26 lutas, ao todo), ele alcançou sua 14ª vitória entre os pesos leves da organização, tornando-se também o maior vencedor da categoria na história.

Aos 33 anos, Tibau não se vê longe do octógono por um longo período e sonha em bater mais um recorde: o de ser o lutador com mais confrontos na história do UFC. O Ultimate atendeu ao pedido do brasileiro e o escalou contra Piotr Hallmann, no dia 13 de setembro de 2014, pelo UFC Fight Night 51, em Brasília. Ele fez seu primeiro *co-main event* em um *card* do UFC e venceu a luta após 3 *rounds* bem movimentados em peleja, que foi escolhida como "luta da noite", rendendo um prêmio extra aos lutadores.

Como o jogo de quedas de Tibau é muito conhecido, fizemos esta seção para demonstrar como melhorar o ataque de quedas para MMA com base nos treinamentos do atleta.

Normalmente, o aquecimento geral engloba exercícios aeróbios, como pular corda, sombra na frente do espelho e alongamentos: usamos movimentos específicos comuns da modalidade, como preaquecimento, além de exercícios e movimentos com o próprio peso corporal.

Figura 6.11 – Gleison Tibau realiza aquecimento com exercícios aeróbios da modalidade.

6.2.1 Exercícios

Capotar pneu: após serem analisadas as necessidades do atleta, os treinamentos são direcionados especificamente para a luta e para o adversário do atleta. Assim, utiliza-se o movimento de capotar o pneu de trator por ser de dificuldade e de coordenação elevadas em conjunto com o trabalho de força e explosão. No exercício, o atleta necessita recrutar músculos dos membros superiores e inferiores para realizar o movimento completo, que se inicia numa postura de agachamento. O pneu utilizado chega a pesar 300 kg e as séries variam de 6 a 10 "capotadas" com a possibilidade de encaixar saltos nos intervalos.

Figura 6.12 – Sequência com capotagem de pneu.

Entrada de queda com elástico: o atleta inicia o exercício com o elástico tensionado (tensão do elástico determinada pelo treinador) e realiza o movimento de entrada de queda com um parceiro de treino, que, no caso, foi o também atleta do UFC e campeão mundial da categoria 170 *pounds*, Tyron Woodley. A queda também é determinada de acordo com a habilidade técnica do atleta, podendo ser *double leg* ou *single leg*. Após levantar o parceiro de treino, Tibau chega a andar com o atleta nos ombros e a sobrecarga do elástico, gerando uma força contrária que o força a manter sua postura técnica. Os músculos do *core*, os membros superiores e os inferiores são requisitados para a realização do movimento.

Figura 6.13 – Treino de entrada de queda com elástico.

Movimento de bater no pneu com martelo: o atleta inicia o movimento com uma base de luta, com a perna esquerda na frente e a direita atrás. No caso das mãos, o atleta faz uma pegada com a mão direita à frente e a esquerda atrás, alternando na mesma ordem quando muda a base. O exercício caracteriza-se pela elevação e circundução (movimento circular dos braços em torno da articulação dos ombros) dos braços, no qual o lutador realiza a batida do martelo no pneu utilizando-se dos braços e tronco para potencializar o movimento. Normalmente, são utilizados martelos de 8 a 15 kg por 20 vezes, 10 batidas com cada braço.

Figura 6.14 – Exercício de batida de martelo no pneu.

Ground and pound com elástico: é um exercício com um movimento adaptado da realidade da luta para o treinamento resistido. O lutador deve se manter com o elástico tensionado e numa postura real da luta. Ele pode utilizar um boneco ou um saco para auxiliar no treino. Assim, faz a série idealizada de socos e posições específicas da luta de solo. O objetivo do trabalho é levar a especificidade da luta para a sala de treinamento com a sobrecarga necessária para desenvolver força, potência e resistência. Os músculos recrutados nesses movimentos são, de forma geral, dos membros superiores e inferiores numa ação direta ou indireta. Dentro desse trabalho, as séries são controladas com tempo entre 15 segundos e 1 minuto de duração.

Figura 6.15 – *Ground and pound*.

Fortalecimento de todos os músculos do pescoço: no caso dos lutadores, uma região muito importante para absorver os golpes e ataques de finalização ao longo de treinos e lutas é o pescoço e o treinador deve ficar atento para desenvolver um fortalecimento específico da região cervical. Para deixar essa região forte e resistente, utiliza-se um aparelho especial para os movimentos anteroposteriores e laterais. Esse aparelho possibilita adaptar os métodos de treinamento para a luta. As séries são executadas até a fadiga local.

Figura 6.16 – Fortalecimento dos músculos do pescoço.

Propriocepção unilateral no x-pad de gel: é um exercício criado para desenvolver força e estabilidade, que faz que o atleta necessite, além de força, de equilíbrio para realizar a série. Adapta-se esse trabalho dentro do treinamento, pois durante os treinos específicos de luta as articulações são muito exigidas e deve haver preocupação de fortalecer os músculos estabilizadores com exercícios que também sejam de propriocepção. Nesse caso, a opção foi o *x-pad* de gel para realização da propriocepção unilateral para fortalecimento da musculatura dos membros inferiores em 3 séries de 10 repetições em cada lado.

Figura 6.17 – Sequência de propriocepção unilateral no *x-pad*.

Rotação e elevação de tronco: dentro de um treinamento preparatório para uma luta, sempre se busca analisar as valências necessárias para otimizar a *performance* do atleta e, desse modo, também os exercícios que podem potencializar seu treinamento. Neste exercício, o objetivo foi fortalecer a musculatura do *core* em conjunto com músculos do membro superior e inferior, auxiliando, assim, nas técnicas de quedas de *wrestling* (3 séries de 10 vezes em cada lado).

FIGURA 6.18 – Rotação e elevação do tronco.

Guilhotina no cabo/elástico: o exercício de guilhotina no cabo ou com elástico é uma excelente opção para desenvolver força para tal técnica de finalização. O atleta se mantém em uma posição agachada e em isometria dos braços, fazendo, assim, um movimento de extensão do tronco, fortalecendo, também, a musculatura dorsal/lombar (2 a 4 séries de 15 a 30 segundos).

FIGURA 6.19 – Guilhotina no cabo/elástico.

Soco no boneco com takedown: para finalizar, escolhemos um exercício específico de luta no qual o atleta faz movimentos de trocação e de *grappling/wrestling*. Há uma combinação técnica de socos e, depois, entra-se com uma técnica de queda, podendo fazer, também, um trabalho de *ground and pound*. Repete-se esse trabalho várias vezes até a fadiga.

Figura 6.20 – Soco no boneco com *takedown*.

6.2.2 Considerações finais

Percebam que os exercícios escolhidos para o treinamento de Gleison Tibau estavam voltados especificamente para sua luta contra Piotr Hallmann, mas alguns movimentos podem ser excluídos ou acrescentados de acordo com a necessidade do atleta ou do treinador e recomenda-se que esse trabalho seja repetido duas vezes por semana e executado por seis semanas antes da luta.

Vale ressaltar que dentro de um planejamento/uma periodização individual as variações de métodos e treinos são de total responsabilidade do preparador físico. Neste capítulo, buscamos sempre dar vários exemplos de como trabalhamos com nossos atletas, porém, a realidade de uma academia, equipamentos e material humano pode definir qual a melhor estratégia a ser tomada.

6.3 Circuito para força de resistência

Nesta seção, vamos demonstrar um circuito com pesos utilizado na preparação de alguns lutadores do UFC, como é o caso do italiano Alessio Sakara.

Tal trabalho normalmente é realizado duas vezes por semana por um período de 6 semanas, de modo que se encerra o último treino pesado 10 dias antes da competição (Dias e Oliveira, 2013d).

Montamos o treino em estações misturando exercícios de um grau de complexidade alta com exercícios de base num treinamento de musculação (por exemplo, supinos e remadas), em que o objetivo é desenvolver força de resistência, potência e agilidade.

6.3.1 Combinações de exercícios nas estações

Primeira combinação: conta com levantamento de peso, abdominais no solo regular e supino reto.

O primeiro exercício é uma espécie de levantamento terra com remada em pé (exercício com alto grau de dificuldade, no qual o atleta desenvolve força, coordenação de movimento e fortalecimento da musculatura dos membros inferiores e superiores).

Figura 6.21 – Alessio Sakara realiza levantamento de peso com movimentos combinados.

O segundo exercício deve ser executado para fortalecimento da musculatura central do tronco.

Figura 6.22 – Realização de abdominal com bola.

Por fim, o terceiro exercício é tradicional e promove fortalecimento de peitoral com musculatura auxiliar de tríceps e de ombros.

Figura 6.23 – Realização de supino reto com acompanhamento do treinador.

Segunda combinação: envolve *power clean and jerk*, abdominais no solo e remada unilateral em pé na máquina.

O primeiro exercício tem alto grau de dificuldade, permitindo ao atleta desenvolver força, coordenação de movimento e fortalecer a musculatura dos membros inferiores e superiores.

Figura 6.24 – Movimentos do *power clean and jerk*.

Na sequência, os abdominais são efetuados por 30 segundos.

Para finalizar, há o exercício de fortalecimento dorsal com certo nível de dificuldade, pois o atleta fica em posição de agachamento, recrutando a musculatura da coxa e do *core* para estabilização do movimento.

Figura 6.25 – Remada unilateral em pé na máquina.

Terceira combinação: composta por agachamento na máquina, abdominais com *medicine ball*, e arremesso de *medicine ball* seguido de *sprawl*.

O primeiro exercício é adaptado a uma máquina específica, no qual os cabos tracionam o corpo do atleta para a frente, fazendo que sejam utilizados músculos sinergistas para estabilizar o movimento e, assim, realizar o agachamento quase que completo.

Figura 6.26 – O atleta realiza agachamento com tensão da máquina.

No caso do abdominal com *medicine ball*, a ideia é fazer uma elevação do tronco ao mesmo tempo que se estende os braços para o alto.

Figura 6.27 – Realização de abdominal com *medicine ball*.

Para terminar, o atleta faz um movimento de arranque com a *medicine ball* fazendo uma elevação. Arremessa-a ao solo, finalizando com o movimento de *sprawl*, exercício dinâmico que busca adaptar movimentos reais de combate.

Figura 6.28 – Sequência de arremesso de *medicine ball* com *sprawl*.

Ao final do trabalho anteriormente descrito, ainda se faz um pouco de exercício aeróbio no aparelho elíptico, para ajudar na manutenção do peso corporal de nosso atleta (com uma duração média de 10 a 20 minutos).

Figura 6.29 – Trabalho aeróbio em elíptico.

6.3.2 Considerações importantes

Os exercícios são realizados em trios, sem descanso entre eles. Ao final dos três exercícios, faz-se um intervalo de transição entre 30 e 45 segundos. Os exercícios são feitos em forma de circuito, totalizando 5 a 6 minutos em cada combinação.

O número de repetições varia entre 6 e 10 no primeiro exercício do grupo; o segundo normalmente é executado por 30 segundos; o último varia entre 10 e 15 repetições. O número de séries fica entre duas e quatro em cada combinação.

Devem ser mesclados os exercícios de base localizada com exercícios mais complexos, nos quais se mobiliza o corpo todo (por exemplo, no levantamento terra, olímpico ou arremesso de *medicine ball* com *sprawl*).

É importante lembrar que esse circuito de força de resistência é realizado em apenas uma das fases finais da preparação do atleta e, em geral, é realizado duas vezes por semana.

6.4 Desafios na reabilitação de joelho no MMA

Lutadores de MMA apresentam uma singularidade de lesões que não é encontrada em outros esportes. A maioria dos esportes apresenta algumas lesões comuns e específicas a cada modalidade. No caso do MMA, um esporte único, a exigência de condições extremas de preparação física e técnica do atleta possibilita um índice maior de lesões variadas, o que dificulta e torna praticamente impossível treiná-lo para ajudar a reduzir algumas lesões típicas do esporte. Por exemplo, no basquete, comumente, depara-se com lesões de tornozelo causadas por torções, e praticamente todos os times incluem programas específicos de força e flexibilidade, bem como exercícios de propriocepção para tentar minimizar a incidência dessas lesões. Já no MMA, deve-se realizar um programa de precaução desenvolvendo força e flexibilidade não somente em um ponto específico, mas para todas as partes do corpo e em todos os ângulos possíveis, bem como ainda trabalhar para melhorar a *performance* de nossos atletas. Ao contrário do basquete, em que normalmente se lesiona o tornozelo, no MMA é praticamente impossível prever qual lesão ocorrerá no lutador.

A fim de demonstrar como foi um processo de recuperação de lesão (joelho de Thiago "Pitbull" Alves), para elaboração desta seção, convidamos o fisioterapeuta Jim Hartt, da equipe American Top Team. Atualmente, "Pitbull" é um grande lutador de MMA e sempre foi conhecido por sua forma física e capacidade de força, explosão e flexibilidade. A lesão que ele sofreu não podia ser prevista nem prevenida. Ocorreu em um dia normal de treinamento, em 2012, no qual ele recebeu um chute na parte inferior da perna e a força desse chute simplesmente destruiu os dois ligamentos principais do seu joelho esquerdo.

O ligamento cruzado anterior (LCA) e o ligamento cruzado posterior (LCP) são duas bandas de tecido que se entrecruzam e conectam a parte superior da perna à parte inferior. Os ligamentos cruzados se encontram na porção interior do joelho. Na porção exterior e nos lados do joelho estão localizados o ligamento colateral lateral (LCL) e o ligamento colateral medial (LCM), os quais ajudam a estabilizar os movimentos laterais.

O LCA e o LCP são os principais ligamentos de estabilização e podem determinar o fim da carreira de um atleta, caso um deles seja rompido. Thiago Alves rompeu justamente esses dois ligamentos.

Felizmente, com os avanços da medicina, houve a possibilidade de "Pitbull" continuar sua carreira em busca de mais vitórias no UFC. Ele passou por uma cirurgia bem-sucedida e, nos dias posteriores, demonstrou excelente estabilidade no joelho. A habilidade para voltar a lutar agora dependia do resultado de seu processo de recuperação.

Imediatamente após a cirurgia, ele utilizou uma joelheira especial para estabilizar o joelho, a qual não permitia que dobrasse a perna que, por sua vez, ficou completamente imóvel. Por várias semanas, o atleta se deslocava somente com a ajuda de muletas e sem encostar o pé no solo. Somente com o passar do tempo, foi encostando o pé no chão e diminuindo o uso de muletas e joelheira. No primeiro mês de reabilitação, ele utilizou muito a eletroestimulação (corrente russa) para fortalecer a musculatura da coxa e isso ajudou os músculos a manterem sua propriedade contrátil. Esse trabalho também é chamado de *biofeedback*, no qual é possível ver e sentir os músculos se contraírem e, se o atleta fizer sua própria contração, pode executá-la de maneira similar e independente da estimulação elétrica ou ao mesmo tempo com a corrente russa.

Você deve estar se perguntando: "Por que precisamos de eletroestimulação?". Ela é necessária, pois, quando ocorre uma lesão seguida de reparos cirúrgicos (operação), normalmente há atrofia muscular. A atrofia é um processo que está ligado com a perda de circunferência do músculo, bem como de força e de velocidade de contração associada.

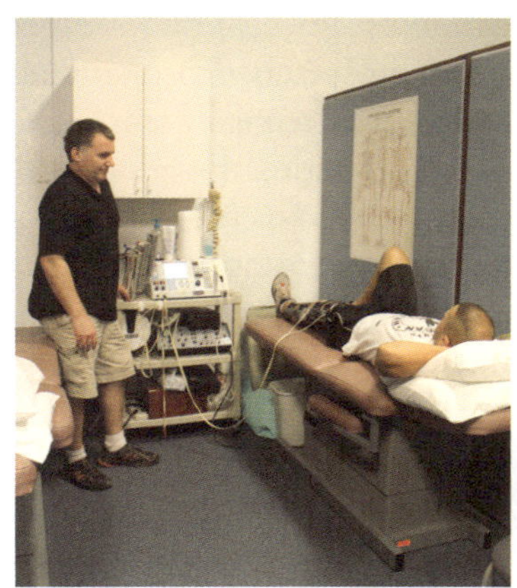
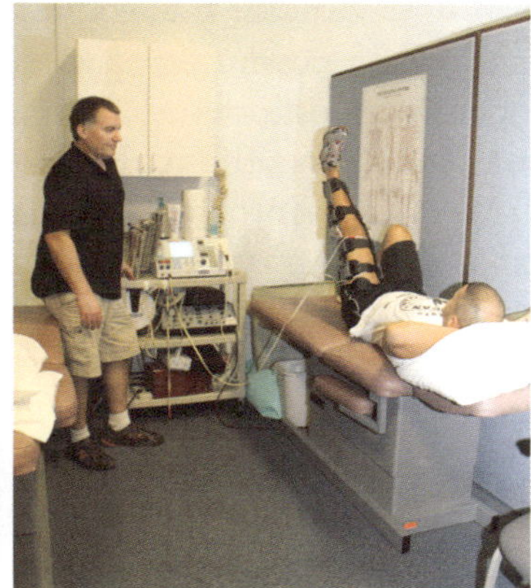

Figura 6.30 – Sessão de eletroestimulação do atleta Thiago Alves.

O processo de atrofia ainda não é bem explicado pela ciência. Por que os músculos da coxa parecem desaparecer no dia seguinte à operação? Se você pegar uma gripe, por exemplo, e passar uma semana na cama em repouso, pode ser que uma pequena atrofia ocorra, mas nada comparado com a grande quantidade que é perdida em razão de uma cirurgia.

Sabendo dessas informações, deve-se tentar evitar a atrofia e, com base em quanto da musculatura atrofiou na fase pós-cirúrgica, pode-se predizer quão boa foi a operação. Thiago Alves foi muito bem-sucedido em sua operação, apresentando somente pequena atrofia e vinha demonstrando uma rápida recuperação da força e um pouco de velocidade de contração e equilíbrio.

No início do tratamento, ele realizou diversos exercícios de movimento da perna, deitado na cama ou sentado e, à medida que foi ficando mais forte, começou-se a incorporar exercícios de cadeia fechada ou exercícios que o posicionassem com o pé no chão. Por exemplo, foram utilizados agachamentos, passadas, subidas em degraus etc.

Figura 6.31 – Exercícios com pé apoiado no chão durante a recuperação do joelho lesionado.

Tentou-se incorporar o máximo de ângulos de força possíveis, de acordo com o tempo da recuperação, para que ele mobilizasse o maior número de fibras musculares. Conforme sua tolerância, os exercícios eram realizados até a fadiga muscular e repetidos de duas a quatro séries. Eventualmente, foi-se acrescentando movimentos aeróbios de cadeia fechada, como: bicicleta e esteira (em ambas as direções, andando para a frente e de costas na esteira). À medida que ele ia progredindo, foi-se aumentando a complexidade dos exercícios.

A propriocepção também representa uma grande parte de seu programa, e pode ser definida, *grosso modo*, como: "o entendimento que o corpo tem, consciente ou inconsciente, de onde está posicionado seu limite, seja ele estando parado ou durante o movimento". Depois desse tipo de lesão e cirurgia, existe uma grande diminuição na propriocepção do membro. Essa parte do programa consistia em elevar a perna, pará-la no ar e, com os olhos fechados, Pitbull devia descrever o movimento. À medida que o atleta evoluiu, foi-se aumentando o grau de dificuldade. Mais tarde, começou-se a desenvolver exercícios de equilíbrio motor (com acessórios, como *BOSU*, elásticos etc.), buscando minimizar o desequilíbrio muscular.

Atualmente, o atleta acabou seu processo de recuperação e, mesmo depois de 2 anos parado, voltou a vencer no UFC – Orlando e ainda recebeu um prêmio extra de 50 mil dólares pela melhor *performance* da noite. Visualize agora outros exercícios que também foram usados durante o processo de recuperação de Thiago:

FIGURA 6.32 – Extensão de quadril.

FIGURA 6.33 – Flexão de quadril.

Figura 6.34 – *Leg press* unilateral com amplitude reduzida.

Figura 6.35 – Abdução de perna.

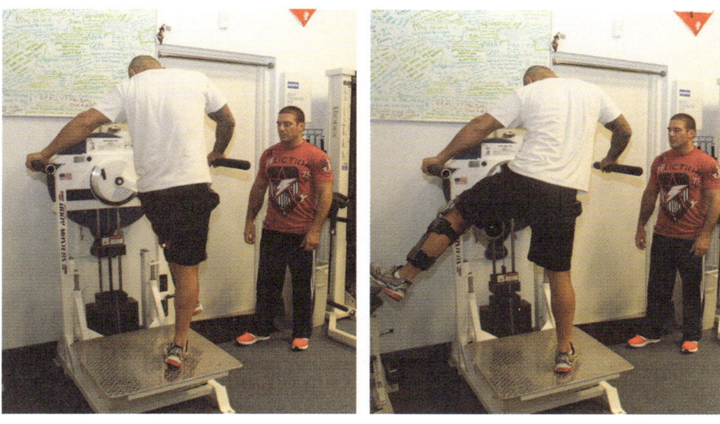

Figura 6.36 – Adução de perna.

Figura 6.37 – Extensão e flexão de perna.

Esses exercícios variam de duas a quatro séries de 15 a 30 repetições por exercício. Vale lembrar que as áreas de fisioterapia e educação física trabalharam juntas para otimizar a recuperação do atleta.

6.5 Circuitos de força e velocidade

Para o MMA moderno, as características físicas que vêm sendo adquiridas são completamente diferentes de cinco anos atrás. O desenvolvimento de força, de resistência e de velocidade vem mudando radicalmente a dinâmica das lutas e até a tática de combate. A cada dia que passa, a preparação física se torna mais importante nesse processo de atualização e uma das qualidades físicas essenciais, que merece um destaque especial, é a velocidade (Dias e Oliveira, 2013b).

O termo *velocidade*, segundo um dos maiores pesquisadores do assunto, Zatsiorsky (1970b), é definido pela capacidade de executar ações motoras de maneira mais rápida possível, em determinadas condições. Sem esquecer que um componente muito importante da velocidade de movimentos é a capacidade de força do atleta. Para esta seção, convidamos o lutador do UFC George Sotiropoulos para demonstrar como fazer a união dos treinos de força e velocidade de forma efetiva. Os circuitos, a seguir, consistem em um *mix* de exercícios com pesos (halteres) e *medicine ball*, no qual o atleta desenvolve força e velocidade de movimentos utilizados nas lutas.

6.5.1 Circuitos e exercícios

Primeiro circuito: o atleta começa com um exercício chamado de crucifixo com halteres no qual pode desenvolver força dos peitorais, deltoides e, também, trabalhar isometria de bíceps. Limita-se a amplitude do movimento, para que haja uma maior ênfase na musculatura trabalhada, potencializando resultados. O atleta segue, então, para um trabalho com *medicine ball* sem intervalo, no qual a arremessa com velocidade máxima, e repete isso por 5 vezes.

Figura 6.38 – Sotiropoulos em trabalho com halteres para peitorais, deltoides e bíceps.

Figura 6.39 – Arremesso de *medicine ball* com velocidade máxima.

Segundo circuito: é uma sequência de exercícios de membros inferiores. Inicia-se com passada utilizando halteres, em que a ênfase é dada para desenvolver força na musculatura inferior, sem esquecer de gerar nos membros superiores um trabalho isométrico (bíceps, deltoides e *core*). Após a passada, o atleta segue, sem intervalo, para saltos horizontais (exige-se que o atleta salte com máxima força e velocidade por 5 vezes).

Figura 6.40 – Passada com halteres.

Figura 6.41 – Salto horizontal.

Terceiro circuito: busca-se trabalhar a musculatura posterior dos membros superiores (dorsais e lombar). O atleta inicia com um exercício de força chamado *remada unilateral com halteres*, ou *serrote*. É importante ressaltar o controle postural e da respiração na execução do movimento. Após a remada, segue-se para arremessos verticais da *medicine ball* ao solo, trabalhando o corpo todo (*total body*), e repete-se o movimento por 5 vezes com velocidade máxima.

Figura 6.42 – Remada unilateral.

Figura 6.43 – Arremesso vertical de *medicine ball*.

Ao final do treino, realizam-se alguns exercícios abdominais com a *medicine ball* em séries de 50 repetições até a fadiga.

Figura 6.44 – Abdominais com *medicine ball*.

6.5.2 Recomendações

Devem ser feitas algumas recomendações a fim de manter esse treino correto e efetivo. Nos exercícios de força, utilizam-se cargas moderadas ou elevadas com as repetições que variam entre 4 e 10 RM, e, para desenvolver de forma adequada a velocidade, devem-se manter as cargas de trabalho entre 10% e 40% do máximo. Os exercícios devem ser feitos com velocidade máxima, mas curtos em duração, com variação entre 5 e 15 segundos. Os intervalos de descanso devem possibilitar ao lutador a completa recuperação entre as séries de exercícios (intervalos que variam entre 1 e 5 minutos). O número de séries em cada circuito varia de duas a cinco vezes e a frequência dos treinos não pode ser menor que um treino e maior que três treinos na semana. O treino de força e velocidade deve estar dentro do programa de periodização anual e, em geral, é realizado de 4 a 8 semanas antes da luta.

6.6 Tratamento preventivo desenvolvido pela equipe da American Top Team

Antonio "Pezão" Silva é um dos grandes pesos pesados de MMA brasileiro no UFC. Ele é um atleta forte, porém, seu tamanho e sua força não o protegem de lesões decorrentes do esporte. Como está em um esporte de contato, no qual os treinamentos são em vários momentos realizados em uma situação real de luta, a exemplo de outros atletas, ele sofre um desgaste físico e mental muito grande dentro de um *camp* (período) de treinamento (Dias e Oliveira, 2013i).

O atleta teve uma dificuldade extra no seu *camp* para a luta contra Alistair Overeem. Uma lesão em seu ombro acabou causando uma complicação dentro de todo o treinamento, com dores localizadas na articulação em virtude de um desgaste articular e, assim, limitando-o em alguns movimentos. No caso específico dos lutadores de MMA, a articulação glenoumeral é responsável por grande parte dos movimentos dos braços tornando-se, desse modo, de grande importância no rendimento do atleta.

Por exemplo, sua cartilagem protetora na articulação foi comprometida, causando uma limitação de movimentos. Antonio Silva recentemente lutou com uma disfunção chamada de *síndrome do impacto do ombro*, com um pouco de pinçamento e de perturbação dessa cartilagem. Isso significa que, quando o atleta realiza um movimento acima de sua cabeça, a cabeça do úmero chega a ficar muito próxima da articulação sem a proteção da cartilagem, gerando um impacto de osso com osso, praticamente. Esse movimento e impacto pode até levar a uma tendinite (inflamação do tendão e/ou irradiação da dor) e bursite (inflamação da bursa e/ou irradiação da dor). Eventualmente, pode surgir uma lesão dos músculos (manguito rotador). Ele também teve aumento da pressão intra-articular. Todas essas limitações tiveram que ser tratadas para que ele pudesse treinar e lutar.

Nesta seção, elaborada em coparticipação com o fisioterapeuta responsável da American Top Team, Jim Hartt, você conhecerá as etapas do tratamento do atleta.

6.6.1 Etapas do tratamento de "Pezão"

Primeira etapa: foi feita à base de analgesia devolvendo o ombro a uma condição normal. Foram utilizados tratamentos à base de ultrassom, gelo, eletroestimulação e modalidades de calor (com objetivo anti-inflamatório e para ajudar a minimizar as dores), em que, após o trabalho, o atleta era submetido a exercícios de alongamento e trações articulares passivas com duração de 20 a 45 segundos, repetidas vezes. Isso pode ser considerado um processo muito doloroso e, em geral, pacientes exibem todos os tipos de reações ao nível de dor. O atleta reagiu bem ao tratamento o que propiciou uma evolução significativa no treinamento e, certamente, seu treinamento de MMA foi potencializado em razão desse tratamento.

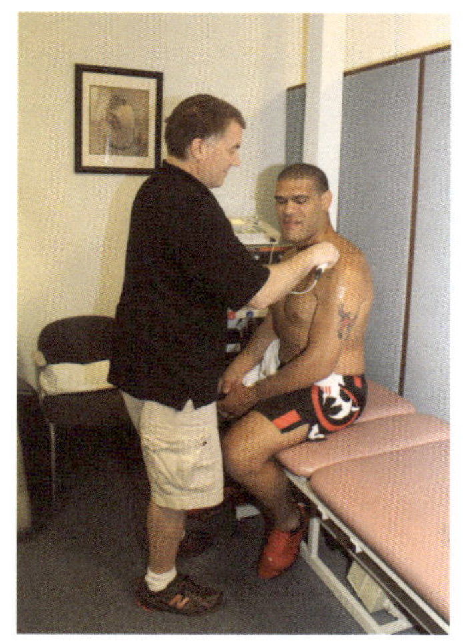

Figura 6.45 – "Pezão" em ultrassom de ombro.

Segunda etapa: foi desenvolvido um trabalho de melhora na mecânica muscular na região do ombro e da cintura escapular, em que foram utilizados exercícios para estabilizar a articulação com exercícios adequados às limitações do atleta.

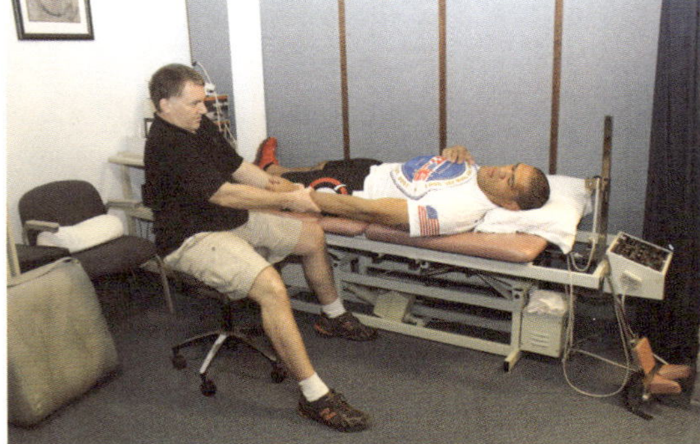

Figura 6.46 – Trabalho de tração articular em "Pezão".

6.6.2 Tração articular

A *tração articular* é uma técnica bastante eficaz para tratar e reduzir dores articulares, e aumentar a mobilidade nas regiões afetadas. Basicamente, a técnica consiste no estiramento de um segmento articulado, a fim de produzir a separação de duas superfícies articulares, diminuindo, assim, as dores.

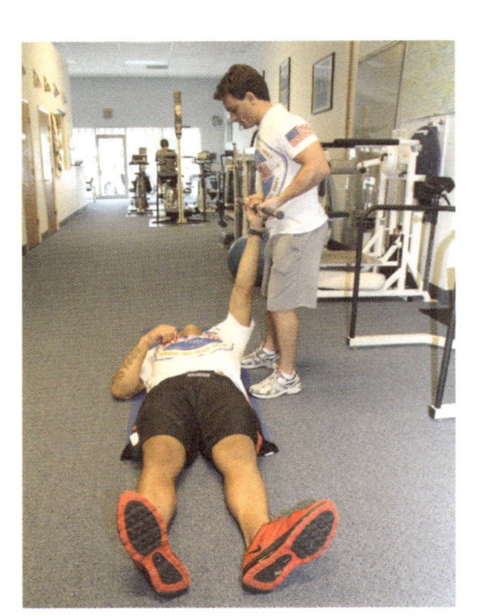

Figura 6.47 – Aplicação de tração articular.

6.6.3 Exercícios

Os exercícios de fortalecimento desenvolvidos foram em cima de movimentos da articulação glenoumeral (ombro) e com o uso de sobrecarga à base de elásticos/*bands*.

Figura 6.48 – Extensão de ombro.

Figura 6.49 – Flexão de ombro.

Figura 6.50 – Adução horizontal de ombro.

Também foram realizados exercícios de rotação interna de ombro, rotação externa de ombro, circundução de ombro e exercícios de alongamentos.

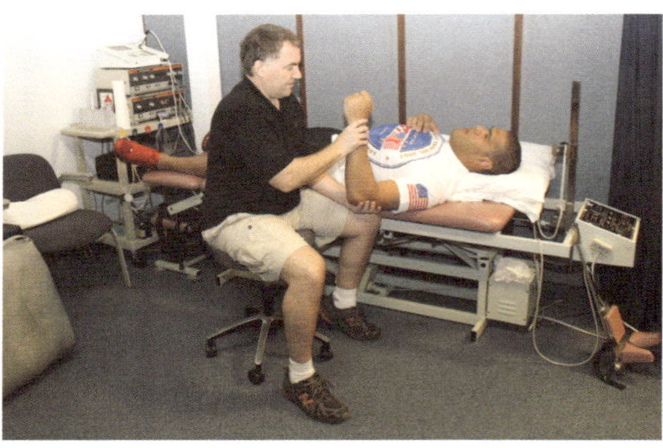
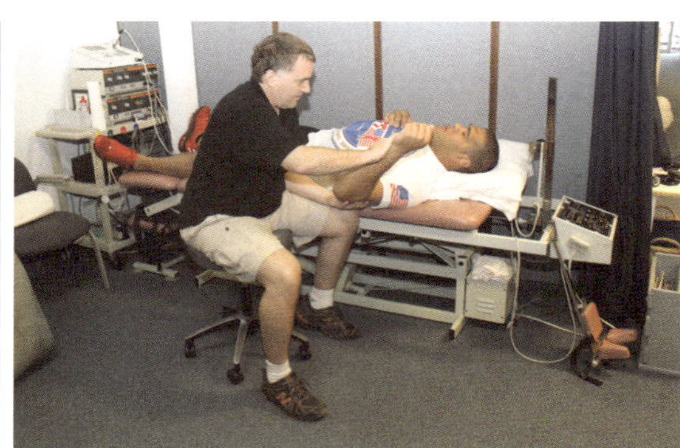

Figura 6.51 – Alongamento do ombro.

O tratamento/treinamento realizado consistiu em duas a três séries de 20 a 30 repetições conforme o nível de dificuldade do exercício. As sessões de tratamento/treinamento duravam em torno de 30 a 45 minutos numa frequência de 3 vezes por semana, possibilitando que o atleta tivesse condições de suportar toda a carga de treinamento e preparação para a luta.

Os exercícios foram progredindo e facilitando a interrupção da reabilitação para o início do treinamento funcional. Esse treinamento foi adaptado às atividades que o atleta realiza com mais frequência em seu esporte. Por exemplo, exercícios de simulação de socos (*punches*) com a sobrecarga de cabos ou elásticos.

6.6.4 Considerações finais

Graças a esse trabalho, "Pezão" reagiu bem aos treinamentos, podendo, assim, desenvolver suas capacidades físicas e técnicas e praticamente não apresentou mais dores nos ombros. Vale lembrar que as áreas de fisioterapia e educação física trabalharam juntas para otimizar a recuperação do atleta.

6.7 Treino físico na praia

A preparação física de um atleta de MMA é muito intensa e desgastante, o que, às vezes, faz que seus praticantes acabem ficando saturados e, sobretudo, mentalmente estressados por passarem horas e horas dentro das academias. Isso força os treinadores a realizarem treinos alternativos em ambientes diferentes e, de preferência, ao ar livre (Dias e Oliveira, 2013h). Por isso, nesta seção, três atletas da organização Bellator que moram e treinam na Flórida (EUA) – Ailton Barbosa, Cristiano "Soldado" Souza e Deivison Dragon – demonstram como fazer um treino intenso na praia.

O treinamento na praia tem como finalidade recrutar o corpo inteiro e, desse modo, são desenvolvidos movimentos em que o atleta vai precisar utilizar músculos do corpo todo, além de trabalhar força, velocidade de reação, agilidade, equilíbrio etc. Há, ainda, um elemento desafiador: a dificuldade de trabalhar diante da adversidade natural do ambiente escolhido, que, no caso, é a praia, mas poderá ser o parque ou a montanha.

6.7.1 Etapas de treinamento

O aquecimento é feito através de uma sombra por 5 minutos. Após o aquecimento, os atletas posicionam-se frente a frente e executam a entrada de quedas, tirando o parceiro do chão. Deve-se repetir isso entre 10 e 15 vezes.

FIGURA 6.52 – Cristiano Soldado inicia a entrada de queda erguendo o companheiro Ailton Barbosa até a altura da cabeça. Em seguida, há inversão de posições.

O próximo exercício é o *kettlebell swing*. O atleta deve começar o movimento em uma posição de agachamento, com inclinação do tronco à frente. Em seguida, inicia o arranque do *kettlebell*, fazendo uma extensão de tronco com elevação dos braços. Finaliza o exercício com extensão total e elevação dos braços acima da cabeça. Esse movimento caracteriza um exercício com utilização do corpo todo e exige uma mobilização dos músculos estabilizadores da coluna (*core*). São feitas 3 séries de 15 a 20 repetições com *kettlebell* de 20 kg.

FIGURA 6.53 – *Kettlebell swing*.

O arranque unilateral com o *kettlebell* também é chamado de *snatch*. O atleta segue o mesmo padrão postural do exercício anterior (*full swing*), mas este deve ser realizado unilateralmente. Neste caso, são feitas 3 séries de 10 repetições com *kettlebell* de 15 kg.

Figura 6.54 – Arranque unilateral com *kettlebell* (*snatch*).

O lançamento de *medicine ball* de 8 kg com corrida de 30 metros ida e volta (60 metros no total) é feito em 3 séries com intervalo de 1 minuto. O atleta inicia o movimento fazendo um leve agachamento com inclinação de tronco, pegando a bola e elevando-a até a altura do peito. Arremessa a bola à frente, corre em alta velocidade até a bola e lança-a novamente, até cumprir os 60 metros de ida e volta. Neste exercício, são trabalhados vários músculos do corpo do atleta em um movimento dinâmico e de velocidade (músculos dos membros inferiores e superiores, perna, *core*, peitorais, braços e ombros).

Figura 6.55 – Lançamento de *medicine ball* seguido de corrida.

Em seguida, em um exercício que é chamado popularmente de *carrinho de mão*, um atleta segura as pernas do outro que está com as mãos no chão. Deve-se percorrer 30 metros, de maneira alternada ida e volta com intervalo ativo (sombra) de 1 minuto. Repete-se três vezes e exige-se equilíbrio, força e agilidade, bem como trabalho de pernas, de braços e do *core*.

FIGURA 6.56 – Carrinho de mão com Deivison Dragon e Ailton Barbosa.

Então, realizam-se cinco séries de tiro de 30 metros com velocidade máxima e descanso ativo de 1 minuto.

FIGURA 6.57 – Tiro de 30 metros com Ailton e Cristiano.

Por sua vez, na corrida com parceiro nas costas por 30 metros, um atleta carrega o outro até o fim do percurso. Então, há troca de posições para o retorno.

Figura 6.58 – Deivison em corrida com parceiro Ailton nas costas.

Ao final, realiza-se uma corrida aeróbia de 30 minutos. O treino recomendado deve ser realizado de uma a duas vezes na semana.

6.7.2 Observações

O exercício físico em ambientes quentes, como o treino na praia, pode levar a uma situação de hipertermia (aumento da temperatura corporal acima da média) e, em casos extremos, pode levar à morte. Assim, caso deseje realizar tal treino sem a ajuda de um profissional de Educação Física, recomendam-se os seguintes princípios:

- Ingestão de líquidos antes do exercício (de 300 mL a 500 mL).
- Ingestão de água ou "bebida esportiva" com 6% de carboidratos e eletrólitos na ordem de 100 mL a 300 mL a cada 15 a 30 minutos de exercício intenso.
- Para o exercício com duração inferior a 1 hora, a atenção é centrada somente na reposição de água. Quando a atividade for superior a 1 hora, as bebidas devem conter sódio, cloreto e carboidratos.
- As bebidas frias são absorvidas mais rapidamente do que as mornas.
- É necessário expor o máximo possível da superfície corporal para estimular a evaporação. Escolha roupas de tecidos leves, como o algodão, que "conduzam" o suor até a superfície para a evaporação.
- Em casos de tontura, cãibras pelo calor (muito comum nas panturrilhas), palidez ou temperatura elevada acima de 40° C, cesse a atividade imediatamente.

6.8 Preparação feminina para MMA, *muay thai* e jiu-jítsu

A popularização dos esportes de combate femininos vem aumentando muito nos últimos anos. Esse crescimento foi influenciado pela mídia, em especial a televisão, inicialmente, em *shows* como Strikeforce e o Bellator, passando pelo surgimento de um evento exclusivo para mulheres como o Invicta, até a chegada no maior evento de MMA do mundo, que é o UFC (Dias e Oliveira, 2013c).

Hoje, percebemos o aumento da procura por lutas femininas e muitas atletas já conseguem sobreviver exclusivamente dessas lutas, fato que há alguns anos era praticamente impossível.

Em razão desse crescimento do esporte e da sua prática pelas mulheres, convidamos as atletas do UFC: Tecia Torres, do Invicta; Ediane "Índia" Gomes; Thais "Nega" Souza; Jessica Branco; e a bicampeã mundial de jiu-jítsu brasileiro Gezary Matuda, para demonstrar um circuito de treinamento exclusivo para lutadoras que desejam aprimorar suas capacidades físicas (força, resistência, agilidade, potência e equilíbrio) dentro das suas modalidades.

Figura 6.59 – Da esquerda para a direita: Tecia Torres, Ediane Gomes, Thaís Souza, Gezary Matuda e Jessica Branco.

A principal diferença entre os trabalhos com homens e mulheres consiste no uso de mais exercícios com elásticos e/ou peso corporal para as mulheres. Os homens já têm uma preferência maior para exercícios com pesos livres. A seguir, alguns exemplos de exercícios que podem ser efetuados no treinamento feminino para lutas.

6.8.1 Exercícios

Exercício 1: é específico para melhorar um golpe chamado *guilhotina*, que pode ser utilizado por atletas de MMA, de jiu-jítsu e de *grappling*. Neste exercício, busca-se desenvolver a força dos braços e do *core* com um trabalho dinâmico e de isometria. Na fase inicial, a atleta de MMA começa numa postura de agachamento com inclinação de tronco alinhando o movimento (Figura 6.60a). Na fase final, o exercício é realizado com uma extensão de tronco e flexão de braço, em que é gerada uma sobrecarga nos músculos dos membros superiores (dorsais, bíceps, ombros e trapézio) (Figura 6.60b). O exercício é repetido de 5 a 10 vezes e termina em contração isométrica ao final do movimento de 10 a 20 segundos.

Figura 6.60 – A atleta Ediane Gomes realiza exercício específico para o golpe guilhotina.

Exercício 2: é utilizado para aprimorar força de resistência em atletas de *muay thai* utilizando a plataforma VertiMax. Na fase inicial, são empregadas técnicas de *muay thai em* um trabalho de *foot work* (Figura 6.61a). Logo após, são realizados exercícios de socos (*jabs*, diretos, cruzados, entre outros, com os tensores), em que trabalhamos toda a musculatura do tronco (braços, ombros, peitorais e abdominais) (Figura 6.61b).

Figura 6.61 – A atleta Thais Souza realiza exercícios na plataforma VertiMax.

Em seguida, há exercícios para desenvolver força de resistência por meio da técnica da joelhada que recruta músculos dos membros inferiores e região abdominal (Figura 6.62a). Para finalizar a série, faz-se um treinamento utilizando chutes variados (Figura 6.62b). O tempo de cada série fica entre 3 e 5 minutos para simular a duração dos *rounds* do *muay thai* ou do MMA.

a 

 b

Figura 6.62 – Exercícios focados nos membros inferiores na plataforma VertiMax.

Exercício 3: é específico para atletas de jiu-jítsu e utiliza a plataforma VertiMax como acessório para melhorar as capacidades físicas em movimentos de luta. A atleta inicia numa postura agachada (característica de passagem de guarda em pé), utilizando uma pegada específica para lutadores de jiu-jítsu e judô (Figura 6.63a). Neste exercício, é realizado um trabalho *total body* (músculos dos membros inferiores e superiores). Em seguida, a atleta realiza uma passada lateral com uma técnica de passagem de guarda (Figuras 6.63b e 6.63c). Esses movimentos são repetidos de 20 a 50 vezes em velocidade máxima.

a

b

c

Figura 6.63 – Bicampeã mundial Gezary Matuda em exercício voltado para jiu-jítsu e judô.

Exercício 4: trabalho específico de força para passagem de guarda em pé. A sobrecarga gera dificuldade na realização do exercício, o que proporciona o aumento de força da musculatura das pernas, de tronco, dos braços e dos músculos dorsais. Na fase inicial, realiza-se um agachamento (lembrando a importância de uma postura correta na execução do exercício e de um trabalho isométrico dos músculos estabilizadores) (Figura 6.64a). Na fase intermediária do exercício, a atleta realiza a extensão de pernas e de tronco (Figura 6.64b). Na fase final, a atleta mantém a postura e realiza a flexão dos braços aproximando o aparelho do peito (Figura 6.64c). Com um só exercício, conseguimos trabalhar músculos da região dorsal, das pernas, dos braços e dos abdominais. As séries são compostas de 4 a 8 repetições com cargas elevadas.

a

b

c

FIGURA 6.64 – Trabalho específico de força para passagem de guarda.

Exercício 5: apresenta-se o agachamento na máquina com pegadas de quimono. Executa-se um agachamento profundo em uma máquina que facilita esse movimento com segurança. Realiza-se o exercício dessa maneira para proporcionar um ganho de força e um fortalecimento de pegada. Na fase inicial, a atleta fica em uma postura com os pés alinhados na linha dos quadris, com os braços esticados e tracionando os ombros para trás, exigindo, assim, uma contração isométrica da musculatura da cintura escapular (Figura 6.65a). Em seguida, atleta realiza o agachamento profundo, sempre projetando os quadris posteriormente e mantendo o alinhamento dos joelhos e da coluna (Figura 6.65b). Neste exercício, o objetivo principal é desenvolver força na musculatura das pernas e quadris. Porém, como utilizamos a máquina nesse formato, podem ser trabalhados também os braços e a musculatura dorsal. Normalmente, cada série é realizada até a fadiga muscular, em um intervalo de 20 a 45 segundos.

Figura 6.65 – A atleta Jéssica Branco realiza agachamento na máquina com pegadas de quimono.

Exercício 6: voltado para MMA, nele as atletas realizam entradas de quedas com o auxílio de um tensor de alta resistência adaptado a um colete, que vai dificultar a realização da técnica e gerar uma alta sobrecarga no movimento. Na fase inicial, as atletas ficam em posição de luta com o tensor levemente alongado (Figura 6.66a). Em seguida, uma atleta inicia caminhada em direção à sua parceira, fazendo uma entrada específica de queda, chamada de *double leg* (Figura 6.66b). Nesse momento, é realizada a técnica completa com a sobrecarga do tensor que fica alongado e do peso corporal da parceira de treino (Figura 6.66c). Neste exercício, é possível desenvolver músculos dos membros inferiores e superiores, aprimorando, também, a técnica das atletas. Cada série é composta por 5 entradas de queda (*takedown*) para a esquerda e 5 entradas para a direita.

a

b

c

Figura 6.66 – As atletas Ediane Gomes e Tecia Torres treinam entrada de queda com tensor de alta resistência adaptado ao colete.

Exercício 7: nele, é utilizado um equipamento chamado VersaClimber que simula um movimento de escalada para trabalhar pernas e braços. Geralmente, esse aparelho é usado para desenvolver capacidades aeróbias, de velocidade e de explosão. As séries são montadas por tempo e variam entre 30 segundos e 1 minuto.

FIGURA 6.67 – Atleta simula escalada no VersaClimber.

Exercício 8: outro equipamento bem interessante para desenvolver resistência, velocidade e explosão é o Hydra 360, em que são realizados exercícios que simulam socos e movimentos circulares como de esgrima etc. (pois se trata de uma máquina que trabalha até 360 graus). Os trabalhos aeróbios normalmente são montados em séries de 15 a 45 segundos.

FIGURA 6.68 – Atleta realiza movimentos no Hydra 360.

6.8.2 Observações

Vale lembrar que todos esses exercícios realizados com as atletas foram escolhidos dentro de um planejamento individual e adaptados a cada fase de treinamento.

Dentro de uma preparação física, deve-se respeitar aspectos individuais e limitantes, como por exemplo, as lesões articulares ou musculares. Uma análise biomecânica dos exercícios e dos movimentos é importante para verificar quais são as reais necessidades de cada exercício e em que fase devem ser utilizados.

6.9 Treinamento de MMA adaptado

Uma palavra que pode resumir bem esta seção é *superação*. Ultrapassar os limites, superar uma situação ruim buscando a realização dos seus objetivos: assim podemos definir o atleta norte-americano Nick "Notorious" Newell, que é conhecido por ser portador de necessidades especiais. Ele nasceu sem a metade do braço esquerdo, em virtude de uma amputação congênita, porém, esse fato não o impediu de lutar MMA contra oponentes difíceis, e continuar invicto após várias lutas (Dias e Oliveira, 2013f).

Nick se tornou campeão do XFC (peso leve) em dezembro de 2012 ao finalizar em pouco mais de 1 minuto o atleta Eric Reynolds. Atualmente, ele assinou com o WSOF, evento que vem ganhando popularidade nos EUA, transmitido na televisão pelo canal NBC.

Nesta seção, mostraremos como os profissionais de Educação Física podem adaptar o treino com a ajuda de elásticos, de *medicine balls* e usar um pouco de imaginação para proporcionar um trabalho de qualidade, mesmo nos casos em que o atleta apresente alguma necessidade especial.

6.9.1 Exercícios adaptados

Barra fixa: é um exercício realizado com o peso corporal do atleta e com uma pegada adaptada. Na posição inicial, o atleta inicia com a pegada do braço esquerdo totalmente estendido e com o braço direito flexionado, em razão da limitação física. A barra fixa é um exercício com objetivo de fortalecimento dorsal com auxílio do bíceps braquial e de toda a região abdominal para estabilizar o movimento. Na posição final, Nick realiza a barra fixa completa até seu ângulo limitante, ou seja, seu movimento não é considerado completo no que diz respeito aos ângulos normais. Porém, pode-se afirmar que é um exercício completo para sua necessidade (normalmente, são realizadas de duas a quatro séries de 10 a 15 repetições).

Figura 6.69 – Nick Newell realiza barra fixa.

Puxada no pulley: é um exercício utilizado com objetivo similar ao da barra fixa para musculatura dorsal. Entretanto, nesse equipamento, é possível regular as cargas e adaptar a diferentes metodologias de treinamento (no caso específico do Nick, são trabalhadas 4 séries em pirâmide crescente de carga, mas reduzindo as repetições (12, 10, 8 e 6 repetições).

FIGURA 6.70 – Puxada no *pulley*.

Puxada unilateral com elásticos ou cabo: exercício realizado com o objetivo de desenvolver musculatura dorsal, posterior de ombro e do *core*. Este exercício foi adaptado com uma braçadeira de velcro para potencializar o movimento de *clinch* (as séries são executadas até a exaustão, e o atleta mantém o movimento em contração isométrica por mais 5 a 10 segundos ao final de cada série, repetindo o movimento depois de uma recuperação ativa de 1 minuto).

FIGURA 6.71 – Puxada unilateral com cabo.

Clinch walk: este exercício foi criado com o objetivo de fortalecer a musculatura dos braços e ombros, o que ajuda o atleta a conseguir manter a guarda alta na luta, mesmo com presença de fadiga. Para isso, foi adaptada a execução com o uso de um halter e de uma *medicine ball*. Na posição inicial, Nick eleva seus braços e, com o braço direito, ele segura um halter, e, com o braço esquerdo, equilibra uma *medicine ball*. Na posição final, após a elevação das cargas, o atleta faz uma caminhada com isometria dos braços e ombros, além de uma estabilização abdominal (normalmente, são realizadas 4 séries de 30 segundos cada uma).

Figura 6.72 – O atleta realiza o *clinch walk*.

Soco com cabos: este exercício pode ser realizado com o objetivo específico de fortalecer os músculos (deltoides, peitorais, tríceps braquial, *core*, entre outros) envolvidos nos movimentos de socos (*jab*, direto, cruzado etc.). Na posição inicial, adapta-se um tensor ao braço esquerdo do atleta, de modo que ele possa realizar o movimento completo dos socos escolhidos, com as pernas levemente flexionadas e o tronco em rotação. Na posição final, Nick realiza o soco fazendo a extensão do braço junto com uma rotação do tronco (são realizadas 3 séries de 20 socos com cada braço).

Figura 6.73 – Adaptação de exercício para o atleta realizar movimento de soco.

Push-up ou flexão de braço: utiliza-se o peso corporal do atleta para gerar uma sobrecarga de peitorais, tríceps e deltoide anterior. Neste exercício, adapta-se uma *medicine ball* para que seja possível a execução do movimento. Na posição inicial, Nick fica com os braços estendidos, nas pontas dos pés, com seus quadris alinhados ao solo. Na posição final, realiza a flexão em direção ao solo, aproximando-se o máximo possível do chão. (As séries são realizadas até a exaustão e repetidas 5 vezes com intervalo ativo com sombra).

Figura 6.74 – Flexão de braço com uso de *medicine ball*.

Levantamento terra ou dead lift: é um exercício de grau de dificuldade elevado com o objetivo de desenvolver força na musculatura posterior. Neste caso, a adaptação é feita na pegada da barra livre, em que o atleta teve que encaixar seu braço esquerdo de forma que sustente a carga. Nas posições inicial e final, após fazer a pegada correta, Nick realiza o movimento de extensão de pernas e tronco por completo, fazendo, além do uso das pernas e da musculatura dorsal, isometria dos braços para sustentar a barra livre (no trabalho de potência, são usadas de 4 a 6 repetições máximas e, na fase de hipertrofia, séries de 12 repetições).

Figura 6.75 – Levantamento terra.

Joelhada com cabos: utilizando a plataforma VertiMax, fixam-se os cabos em tensores em uma perna do atleta e executam-se os movimentos de joelhada no colchonete com repetições que variam entre 20 e 30 vezes em cada perna, em um total de 3 séries.

Figura 6.76 – Joelhada com cabos.

6.9.2 Observação

Todo trabalho adaptado deve levar em consideração as necessidades especiais do atleta, além do objetivo específico de cada modalidade. Por meio de avaliações físicas, os profissionais de Educação Física devem direcionar o treino em concordância com a fase em que o atleta se encontra dentro do seu programa de periodização anual.

6.10 Como aumentar o volume de suas pernas

Os membros inferiores representam quase dois terços do corpo humano e englobam uma grande variedade de músculos. Para conseguir exercitar todos esses ou pelo menos sua grande maioria, necessita-se de muitos exercícios com atuações em ângulos diferentes. Nesta seção, convidamos o atleta peso pesado do UFC Shawn Jordan e o veterano ex-UFC/WEC (World Endurance Championship) Carmelo Marrero para demonstrar os exercícios de como aumentar o volume de suas pernas de uma maneira eficaz e livre de lesões.

Em primeiro lugar, é preciso entender o objetivo da preparação de força para o aumento de volume das pernas que é aumentar o número de miofibrilas nas fibras musculares. Cada músculo compõe-se de fibras musculares (células). Para o aumento da força de tração das fibras musculares, é indispensável alcançar a hiperplasia, que é o aumento do número de miofibrilas (fato que é denominado *hipertrofia muscular*). Esse processo surge durante a aceleração da síntese de proteínas e diante dos precedentes ritmos de decomposição delas (Seluianov, Dias e Andrade, 2008). Pesquisas recentes permitiram evidenciar quatro fatores principais determinantes da aceleração da síntese de proteínas na célula:

- Reserva de aminoácidos na célula (os aminoácidos na célula acumulam-se depois da ingestão de alimentos ricos em proteínas).
- A concentração elevada dos hormônios anabólicos no sangue como resultado da tensão psicológica (os hormônios são produzidos e liberados de acordo com o aumento das cargas e estresse físico imposto pelo treino até a exaustão).
- A concentração elevada de creatina livre nas fibras musculares serve como potência de estímulo endógeno que excita a síntese de proteínas nos músculos (esse fator é decorrente de séries em que o tempo de contração fica entre 20 e 50 segundos ou entre 10 e 20 repetições máximas – RM).
- Supõe-se que o aumento da concentração de íons hidrogênio provoca a labilização da membrana (aumento do tamanho dos poros), facilitando a penetração dos hormônios na célula muscular (para isso, é preciso um treino com alto volume e intervalo de descanso curto entre as séries, em que se terá a sensação de fadiga presente nos músculos ativados).

Percebe-se que o segundo, terceiro e quarto fatores diretamente estão ligados com o conteúdo dos exercícios do treino a seguir.

6.10.1 Exercícios do treino

Agachamento livre: é um exercício de um grau de dificuldade elevado, que o atleta deve realizar com a base das pernas e dos pés alinhada com a largura dos quadris. A barra deve estar colocada na região cervical ou em cima do trapézio. O exercício é realizado de forma que o atleta faz o agachamento até o ângulo predeterminado pelo treinador com um movimento de inclinação do tronco à frente e dos quadris para trás (divisão de sobrecarga sobre o corpo). Lembramos que o agachamento também pode ser realizado em equipamentos como o Hack/Smith ou livre com halteres. Essas variações são decididas pelo treinador de acordo com o objetivo específico e as limitações do atleta ou aluno.

Figura 6.77 – Agachamento livre realizado com barra.

Agachamento unilateral no banco: este exercício segue o mesmo parâmetro do agachamento livre, porém, com a dificuldade de ser unilateral. O atleta necessita, além da coordenação do movimento, encontrar o equilíbrio para a realização do exercício. É feito com o peso corporal, ou até mesmo, com halteres ou *medicine ball*. Observe o exemplo de uma variante na qual aumenta-se a ação dos músculos posteriores da coxa.

Figura 6.78 – Agachamento unilateral no banco para músculos posteriores da coxa.

Cadeira extensora: o atleta senta no equipamento mantendo as costas encaixadas e alinhadas. Inicia o movimento fazendo a extensão das pernas até completá-la (caso haja alguma limitação, o treinador deve controlar o ângulo de realização do exercício). A musculatura trabalhada neste exercício é a do quadríceps (reto femural, vasto lateral, vasto medial e vasto intermédio).

Figura 6.79 – Cadeira extensora para quadríceps.

Levantamento terra ou dead lift: este exercício, como o agachamento, também é considerado um exercício de um nível de dificuldade elevado, em que o atleta necessita controlar muito bem sua postura na realização (estabilização do *core*). Utilizando uma barra olímpica para a execução do movimento, o atleta deve fazer uma extensão lombar com os joelhos levemente flexionados até a extensão total do tronco.

Figura 6.80 – Levantamento terra com extensão lombar.

Variação do dead lift unilateral: é um exercício funcional para fortalecimento da musculatura posterior e também para desenvolver equilíbrio e coordenação motora. Utiliza-se esta variação em conjunto com os exercícios tradicionais de base.

Figura 6.81 – *Dead lift* unilateral.

Mesa flexora: trata-se de um exercício em aparelho para desenvolver os músculos posteriores da coxa (isquiotibiais).

Figura 6.82 – Mesa flexora.

Panturrilha com halteres: é um exercício específico para a panturrilha, no qual são utilizados halteres para sobrecarregar a musculatura. Podem ser feitas variações com a barra livre ou em equipamentos como *leg press*.

Figura 6.83 – Uso de halteres em exercício de panturrilha.

Passada com halteres: o atleta faz uma caminhada segurando halteres e faz o movimento de passada (avançando uma perna à frente e abaixando-se em direção ao solo).

Figura 6.84 – Realização de passada com halteres.

Passada lateral com halteres: seguindo a mesma ideia do exercício anterior, a passada lateral faz que o atleta realize o movimento de forma lateral e paralela.

Figura 6.85 – Realização de passada lateral com halteres.

Flexão nórdica no solo: é um exercício funcional realizado com o peso corporal do atleta, que fica de joelhos ao solo e faz uma inclinação de tronco à frente, com postura ereta, para fortalecimento da região posterior do corpo.

FIGURA 6.86 – Atleta (com auxílio) realiza a flexão nórdica no solo.

Step up com halteres: utilizando banco ou *box*, é realizado o exercício com halteres. O atleta faz um *step up* sobre a base utilizada.

FIGURA 6.87 – Realização de *step up* com halteres sobre banco.

6.10.2 Considerações finais

Para chegar aos objetivos desejados, existem diversos métodos e sistemas de treinamento, o que gera muita polêmica sobre a superioridade de um sobre o outro. Essa questão deve ser vista com muito cuidado, pois existem poucos estudos sobre os vários métodos, e dificilmente alguém poderá afirmar que um é melhor do que o outro. O que ocorre muitas vezes é que uma pessoa pode responder melhor ou pior a um determinado sistema, o que não significa que ele seja "o melhor" ou "o pior", mas que esse indivíduo respondeu a ele de forma mais positiva ou negativa. Afinal, quando se fala do aumento de massa muscular ou força, muitas variáveis devem ser levadas em consideração (por exemplo, nutrição e descanso), e não somente o treinamento. Outros detalhes que devem ser ressaltados são:

- velocidade de execução do exercício (que pode ser de lenta ou moderada);
- intervalo de descanso entre as séries (que pode ficar entre 1 e 3 minutos);
- número de séries (que pode ser de 3 a 5);
- descanso entre os dias de treinamento (que pode variar de 48 horas a 7 dias de intervalo).

Apresentamos, por fim, dois modelos de treino para as pernas nas Tabelas 6.1 e 6.2:

Tabela 6.1 – Modelo de treino para pernas I

Exercícios	**Séries**	**Repetições**
Levantamento terra	4	6 a 10 RM
Passada frontal	3	10 cada perna
Cadeira extensora	3	8 a 12 RM
Mesa flexora	3	8 a 12 RM
Step up com halteres	3	10 cada perna
Agachamento com uma perna no banco	3	10 cada perna

Tabela 6.2 – Modelo de treino para pernas II

Exercícios	**Séries**	**Repetições**
Agachamento	4	8 a 12 RM
Levantamento terra com uma perna	3	10 cada perna
Panturrilha com halteres	4	15 a 30 RM
Flexão nórdica no solo	3	6 a 10 RM
Passada lateral	3	8 a 10 cada perna

Como observação, gostaríamos de lembrar que todos esses exercícios e modelos servem de base para um bom planejamento de força/hipertrofia. Caso os praticantes decidam utilizar os dois modelos de treino na mesma semana, recomendamos um intervalo de, pelo menos, 72 horas entre os treinos para as pernas.

6.11 Treinamento em grupo para lutadores

Nesta seção, vamos demonstrar um treinamento em grupo que serve para manutenção da forma física de atletas e vem sendo realizado na American Top Team há alguns anos. A fórmula tem dado ótimos resultados para a equipe, que tem um time grande de atletas para treinar. "Devemos mantê-los dentro de uma forma quase esportiva de competição, que gira em torno de 70% do máximo da *performance* de determinado atleta" (Dias e Oliveira, 2013g, p. 92).

Este trabalho normalmente é realizado duas vezes por semana em períodos fora de competição. Quando um atleta assina contrato para uma luta, os treinadores o separam do treino em grupo para iniciarem seu *camp* de treinamento específico.

O treino é realizado com 3 ou 5 *rounds* de 5 minutos cada um, nos quais as séries variam ao longo do treino e são compostas por *rounds* de exercícios que trabalham o corpo todo, como *sprawl* e agachamento com o parceiro nas costas. São trabalhados também *rounds* específicos de *ground and pound* nos bonecos de borracha. Acompanhe, a seguir, a sequência de *rounds* que normalmente é utilizada.

6.11.1 Sequência de *rounds*

Figura 6.88 – Atletas da American Top Team em aquecimento.

Primeiro round: inclui aquecimento com corrida moderada em grupo e alongamento de 5 a 15 minutos.

Figura 6.89 – *Sprint* coletivo.

Segundo round: nele faz-se um trabalho intervalado de *sprints* e caminhada (servindo de descanso ativo) durante praticamente 5 minutos.

Terceiro round: é mais específico, com movimentos e técnicas de luta (socos, elevação dos joelhos e *sprawl*). O *round* é iniciado com exercícios de elevação dos joelhos e socos em linha (Figura 6.90a). Em seguida, são realizados exercícios de *sprawl* (movimento característico de defesa de entrada de queda) (Figura 6.90b, c). A sequência termina com entradas de quedas com resistência de tensores/elásticos presos na cintura (Figura 6.90d, e). É importante lembrar que, neste *round*, os exercícios são dinâmicos e com sobrecarga no corpo todo.

a

b

c

d

e

Figura 6.90 – Movimentos e técnicas de luta para terceiro *round* de treino.

Quarto round: nele são desenvolvidos exercícios em duplas, nos quais a equipe é dividida pelas categorias de peso para a realização de agachamentos e um movimento chamado turquesa. O agachamento se inicia com o atleta em pé, pernas alinhadas e o parceiro nas costas, o que necessita de uma estabilização da região abdominal. O objetivo principal é a manutenção de força e resistência da musculatura dos membros inferiores (Figura 6.91a e 6.91b). Já na turquesa (movimento característico do *wrestling*), o atleta segura seu parceiro na altura da cintura e o mantém numa posição perpendicular ao seu próprio corpo. Em seguida, iniciam-se os movimentos de elevação e rotação vertical, com o objetivo de fortalecer a região lombar e membros superiores em movimentos específicos de luta (Figuras 6.91c, 6.91d e 6.91e). As séries são de 30 segundos de execução, totalizando 5 séries de cada movimento, com 2 minutos e 30 segundos de agachamentos e mais 2 minutos e 30 segundos de turquesa.

Figura 6.91 – Demonstração em duplas de agachamento e turquesa.

Quinto round: contará com exercícios de *ground and pound* alternados (Figura 6.92a) e fortalecimento abdominal (6.92b). As séries variam de 1 a 2 minutos de *ground and pound* com 30 segundos de abdominais variados.

a

b

Figura 6.92 – *Ground and pound* seguido de trabalho abdominal.

6.12 Aumente o tamanho do seu bíceps

Nesta seção, convidamos o atleta peso médio do UFC Caio "Monstro" Magalhães para demonstrar como aumentar o volume da parte anterior de seus braços de uma maneira eficaz e livre de lesões.

Buscamos elucidar variações de exercícios para a parte anterior do braço, que é composta pelo bíceps braquial, braquial anterior e coracobraquial, e também mostrar que é possível criar exercícios alternativos para estimular toda essa área muscular.

A musculatura do bíceps braquial é dividida entre cabeça curta e longa do bíceps e tem função de flexionar a articulação do cotovelo e supinar (girar) o antebraço, além de auxiliar na flexão do ombro. O músculo braquial anterior ajuda na flexão do cotovelo ao passo que o coracobraquial atua na flexão e adução do braço. A seguir, há a descrição de alguns exercícios para essa musculatura.

6.12.1 Exercícios

Rosca direta com barra olímpica: é um exercício comumente realizado por atletas e alunos que desejam fortalecer ou aumentar o volume muscular do braço. Considerado um exercício básico, em que a ação é flexionar o cotovelo, deve ser realizado em pé, com as pernas paralelas ou com uma perna à frente. O tronco e a articulação dos ombros (em retração escapular) devem estar alinhados. O exercício com altas cargas pode fazer que o atleta/aluno realize um movimento anteroposterior do tronco, sendo necessário o uso da musculatura abdominal e paravertebral para a estabilização no exercício.

Figura 6.93 – Caio Magalhães executa rosca direta com barra olímpica.

Rosca martelo com halter sentado: este exercício segue o mesmo parâmetro da rosca direta na barra no que diz respeito à base do tronco. Porém, é realizado de forma sentada e alternada com halter. O atleta/aluno necessita, além da coordenação do movimento, encontrar o equilíbrio para realização do exercício. Feito com halteres em pegada martelo, o aluno realiza a flexão de cada cotovelo unilateralmente.

Figura 6.94 – Execução de rosca martelo sentado em banco.

Rosca no banco Scott unilateral com pegada supinada: neste caso, desenvolve–se uma adaptação do tradicional banco Scott para demonstrar a possibilidade que existe de adaptar exercícios nas condições disponíveis na academia. O atleta fica em pé e apoia o braço em cima do banco inclinado com uma pegada supinada, realizando, assim, o exercício de maneira segura no equipamento.

FIGURA 6.95 – Demonstração de rosca no banco Scott com pegada supinada.

Bíceps adaptado no cabo ou no crossover: este exercício é muito importante por poder proporcionar uma linha de sobrecarga em ângulos diferentes por meio de cabos e polias. Neste caso específico, realiza-se o movimento em pé, com as pernas levemente flexionadas e em paralelo. Os braços ficam perpendiculares ao tronco e os cabos na mesma altura dos ombros ou um pouco acima, fazendo que o movimento seja horizontal. Podemos considerar este exercício de um grau de dificuldade elevado, no qual o atleta necessita controlar muito bem sua postura para realizá-lo (estabilização do *core*).

FIGURA 6.96 – Caio Magalhães demonstra exercício de bíceps no cabo.

Rosca inversa com barra W ou com barra reta: a rosca inversa na barra é caracterizada por ser um exercício realizado em pronação (pegada inversa). Considerado um exercício básico, mas com um nível de dificuldade maior pelo fato de ser realizado em uma pegada inversa. Seguindo a mesma base da rosca direta na barra, deve ser realizado em pé, com as pernas paralelas ou com uma perna à frente; o tronco e a articulação dos ombros devem estar alinhados (com os ombros em retração escapular). O exercício com altas cargas pode fazer que o atleta/aluno realize um movimento anteroposterior do tronco, sendo necessário o uso da musculatura abdominal e paravertebral para a estabilização no exercício.

FIGURA 6.97 – Execução de rosca inversa com barra W.

Bíceps com corrente: esta variação de exercício para o bíceps demonstra a capacidade que os treinadores têm de gerar sobrecarga para o atleta de inúmeras formas e utilizando vários acessórios. Neste caso, o atleta realiza a flexão simultânea dos braços em pé e com a sobrecarga de correntes. Vale lembrar que, quando se faz uma análise biomecânica do movimento, a sobrecarga pode vir de várias formas, como pesos livres, máquinas, elásticos etc.

FIGURA 6.98 – Exercício de bíceps com corrente.

Rosca bíceps simultânea com halteres: seguindo a mesma linha de raciocínio da rosca direta na barra, o atleta/aluno deve realizar o movimento com halteres e em uma pegada supinada (com a palma da mão virada para a frente).

Figura 6.99 – Demonstração de rosca bíceps simultânea com halteres.

Rosca Scott martelo unilateral: neste caso, desenvolve-se uma adaptação do tradicional banco Scott para demonstrar a possibilidade que se tem de adaptar exercícios nas condições disponíveis na academia. O atleta fica em pé e apoia o braço em cima do banco inclinado com uma pegada neutra/martelo, realizando, assim, o exercício de maneira segura no equipamento.

Figura 6.100 – Caio Magalhães realiza rosca Scott martelo unilateral.

Rosca direta na barra W: a rosca direta na barra W é um exercício comumente realizado por atletas e alunos que desejam fazer uma variação da rosca direta na barra reta. Considerado um exercício básico, no qual a ação é flexionar o cotovelo, deve-se realizá-lo em pé com as pernas paralelas ou com uma perna à frente. O tronco e a articulação dos ombros (em retração escapular) devem estar alinhados. O exercício com altas cargas pode fazer que o aluno realize um movimento anteroposterior do tronco, sendo necessário o uso da musculatura abdominal e paravertebral para a estabilização no exercício.

Figura 6.101 – Demonstração da rosca direta na barra W.

Rosca unilateral com barra olímpica: é um exercício desenvolvido com o objetivo de gerar força na musculatura do braço, mas com um nível de dificuldade muito alto em relação ao equilíbrio, causando, também, um fortalecimento da musculatura que envolve a região do punho e antebraço. No caso dos atletas de MMA, existe a necessidade de desenvolver uma boa base muscular nessa região para suportar a sobrecarga dos socos utilizados nos treinamentos.

Figura 6.102 – Rosca unilateral com barra olímpica.

Rosca no cabo: nesta opção de rosca no cabo ou no *crossover*, o atleta/aluno realiza o exercício com a base das pernas em paralelo, com o tronco e os ombros alinhados (importante ressaltar que, em exercícios com cabos, deve-se ficar atento aos ângulos impostos pelos próprios cabos e pelas articulações envolvidas no movimento).

Figura 6.103 – Execução de rosca no cabo.

Rosca com elástico deitado: o exercício com elástico é uma boa opção para desenvolver um trabalho alternativo, em que a sobrecarga na coluna vertebral do atleta é reduzida pelo fato de ele estar deitado e sem realizar movimentos de flexão e extensão de tronco. Seu movimento fica concentrado nos braços.

Figura 6.104 – Demonstração de rosca com elástico deitado.

6.12.2 Observações

Com esta seção, é possível demonstrar que os exercícios de musculação podem ser criados e adaptados com relação às sobrecargas desejadas e devemos estar atentos aos ângulos, posturas e analisar sempre quais as opções de sobrecarga que houver. Sabendo a ação da musculatura envolvida, é possível criar qualquer exercício e gerar sobrecarga para ele.

Outros detalhes a ressaltar são:

- velocidade de execução do exercício (que pode ser lenta/moderada e, em alguns casos específicos, alta);

- intervalo de descanso entre as séries (que pode ser de 1 a 3 minutos);
- número de séries (que pode ser de 2 a 5);
- descanso entre os dias de treinamento (pode variar de 2 a 7 dias de intervalo).

Tabela 6.3 – Modelo de treino de bíceps I

Exercícios	Séries	Repetições
Rosca direta com barra olímpica	4	6 a 10 RM
Rosca martelo	3	10 cada braço
Rosca banco Scott unilateral supinada	3	8 a 12 RMáx cada braço
Bíceps adaptado no cabo	5	15 (velocidade rápida)
Rosca inversa com barra W	4	12
Bíceps com corrente	2	30 segundos (velocidade rápida)

Tabela 6.4 – Modelo de treino de bíceps II

Exercícios	Séries	Repetições
Rosca bíceps simultânea com halteres	5	8 a 12 RM
Rosca Scott martelo unilateral	4	6 a 8 cada braço (pesado)
Rosca direta com barra W	3	20 (leve e rápido)
Rosca unilateral com barra olímpica	2	10 (velocidade moderada)
Rosca no cabo	3	8 a 12 RM
Rosca com elástico deitado	3	30 segundos (velocidade rápida)

Por último, vale lembrar que todos esses exercícios e modelos de treino das Tabelas 6.3 e 6.4 servem de base para um bom planejamento de força/hipertrofia, e, caso os praticantes decidam utilizar os dois modelos de treino na mesma semana, recomenda-se um intervalo de, pelo menos, 72 horas entre os treinos.

6.13 Circuito para lutas de cinco *rounds*

O circuito de preparação para luta de cinco *rounds* desenvolvido para o atleta Antonio "Pezão" Silva foi elaborado com base em diversos métodos de treinamento, com exercícios de força, exercícios funcionais de resistência, agilidade e velocidade.

O treinamento de força não se resume ao trabalho em sala de musculação com máquinas e pesos livres, mas também pode ser aplicado com alguns acessórios, como por exemplo, elásticos, além do próprio peso corporal, que, dependendo do exercício, gera mais dificuldade do que pesos livres (Dias e Oliveira, 2013). Nesta seção, vamos mostrar como é possível realizar esse tipo de treinamento, que foi utilizado na preparação de Antonio "Pezão" Silva, para uma luta que ficará para a história, contra o atleta Mark Hunt no UFC em dezembro de 2013 na Austrália.

Inicialmente, o atleta realiza um aquecimento que varia entre 5 e 10 minutos e, em seguida, realiza os exercícios relacionados a seguir.

6.13.1 Exercícios

Supino reto: é um exercício tradicional em academias de musculação, que recruta os músculos do peitoral, deltoide anterior e tríceps braquial. Aqui, é importante ressaltar a postura do atleta e a posição da pegada na barra, de modo que se realiza um movimento de contração excêntrica na sua fase inicial e concêntrica na sua fase final ou de retorno. As séries variam 3 ou 4 vezes, cada uma com 6 a 12 repetições.

Figura 6.105 – "Pezão" realizando o supino reto na barra.

Plataforma Hydra 360: vem sendo utilizada de diversas maneiras por possibilitar um trabalho em vários ângulos, oferecendo resistência por meio de amortecedores. A Hydra 360 pode ser utilizada, por exemplo, para um treinamento agonista e antagonista (peitoral e dorsal). As séries podem variar de 20 a 30 segundos de execução com velocidade máxima, podendo ser repetidas 3 ou 4 vezes.

Figura 6.106 – Série realizada na plataforma Hydra 360.

Levantamento frontal com elásticos: exercício funcional adaptado para a realidade do MMA, em que o atleta pode simular movimento de esgrima, defesa de queda ou ataque em forma de socos. A tensão dos elásticos facilita um trabalho de resistência e de velocidade, que varia de acordo com a extensão dos elásticos. As séries podem variar de 20 a 30 segundos de execução com velocidade máxima, podendo ser repetidas 3 ou 4 vezes.

Figura 6.107 – Trabalho feito com elásticos.

Figura 6.108 – Lançamento de *medicine ball*.

Lançamentos com medicine ball: é um exercício desenvolvido para que o atleta aprimore sua capacidade de explosão e sua potência muscular da região anterior do tronco. A *medicine ball* possibilita essa prática pela facilidade do lançamento único. Com ela próxima ao peito, o atleta faz o lançamento utilizando os braços flexionados com os cotovelos abertos, fazendo a extensão ao lançá-la. Repete-se o lançamento por 4 ou 5 vezes.

Kettlebell swing: o *kettlebell* tem sido um potente auxiliar nos treinamentos nos dias de hoje. Neste caso, é utilizado para desenvolver força e explosão muscular. O atleta realiza um movimento de elevação frontal, iniciando com uma postura de agachamento (joelhos flexionados, quadris para trás e tronco inclinado para a frente), e, em seguida, eleva os braços estendidos acima da cabeça. As séries podem variar de 20 a 30 segundos de execução com velocidade máxima, podendo ser repetidas 3 ou 4 vezes.

Figura 6.109 – Movimento efetuado com *kettlebell swing*.

Arremesso vertical de medicine ball: este exercício foi escolhido por aproximar-se de ataques utilizados por atletas de MMA. A *medicine ball* é um potente auxiliar em movimentos específicos e em posturas similares às da luta. O atleta arremessa a bola em direção ao chão com toda a potência em séries que podem variar de acordo com a metodologia escolhida pelo treinador. Em geral, são utilizadas séries com um número estabelecido de repetições (10 a 20) ou baseadas em tempo, que varia de 20 a 30 segundos por série.

Figura 6.110 – Demonstração de arremesso vertical de *medicine ball*.

Rosca bíceps com halter: é um exercício tradicional nas academias e uma excelente ferramenta para desenvolver força do bíceps braquial como musculatura principal. As séries são repetidas de 3 a 4 vezes, e podem ter cada uma de 6 a 12 repetições.

Figura 6.111 – Demonstração de rosca bíceps com halteres.

Sprint com resistência elástica: nos exercícios de *sprint* (tiro), é utilizado um tensor elástico no tronco gerando uma sobrecarga, fazendo que a musculatura ao redor da região abdominal (*core*) seja recrutada para estabilizar a postura. Neste trabalho, também faz-se uma variação de entradas de queda ao final do *sprint*, aprimorando a técnica com a sobrecarga do tensor. As séries podem variar de 6 a 10 *sprints* com velocidade máxima de execução.

Figura 6.112 – *Sprint* com resistência elástica recruta a musculatura abdominal para estabilizar a postura.

Levantamento terra ou dead lift: este exercício tem uma função muito importante no trabalho de força e explosão. Suas séries variam de 3 a 6 repetições.

Figura 6.113 – Trabalho de força e explosão com levantamento terra.

Exercícios de agilidade (speed and agility ladders): são utilizados com o objetivo de desenvolver velocidade, agilidade e *foot work* do atleta, e vão auxiliar em sua movimentação nos treinamentos de luta.

Figura 6.114 – Trabalho de agilidade em *ladder*.

6.13.2 Considerações finais

No caso específico de Antonio Silva, priorizou-se os trabalhos de velocidade, agilidade e resistência em razão da importância na luta contra Mark Hunt, que é um veterano na parte da trocação. Isso pode ter sido um fator importante no resultado do combate que terminou em um belo empate, com uma excelente atuação de ambos os lutadores.

6.14 A ciência do alongamento

A capacidade de mover as articulações do corpo humano em uma amplitude total de movimento é importante em muitos esportes, e a perda da flexibilidade pode acarretar uma redução da eficiência dos movimentos. Por essa razão, muitos lutadores realizam e treinadores recomendam exercícios regulares de alongamento para aumentar a flexibilidade, com o intuito de otimizar a eficiência do movimento e como uma maneira de prevenir lesões, fato este que ainda não foi totalmente comprovado cientificamente (Dias e Oliveira, 2013a). Nesta seção, convidamos Cristiano "Soldado" Souza, atleta do Bellator, para demonstrar como podemos desenvolver a capacidade física flexibilidade.

Flexibilidade pode ser definida como a disponibilidade de uma articulação em ser movimentada ao longo de toda a amplitude natural do movimento. É uma característica própria de cada articulação, e depende não só desta como também do seu tecido circundante, nomeadamente ligamentos, músculos e tendões. É parcialmente condicionada pelo componente genético do indivíduo.

A amplitude de movimento de uma dada articulação depende de diversos fatores, incluindo propriedades musculares, atividade física e exercício, estrutura anatômica, idade, sexo etc.

De acordo com o American College of Sports Medicine (ACSM, 2009, 2012), existem quatro modos de treinamento para flexibilidade. Três desses modos são considerados "tradicionais": alongamento estático, dinâmico e facilitação neuromuscular proprioceptiva (PNF, na sigla em inglês); entretanto, um novo método, chamado *Treinamento Dinâmico da Flexibilidade*, já vem sendo utilizado pelos atletas da American Top Team e está se tornando cada vez mais popular nos esportes, especialmente nas rotinas de aquecimento. A seguir, conheça as quatro formas de alongamento.

6.14.1 Formas de alongamento

Alongamento estático: é o mais comumente utilizado e consiste de um movimento lento e constante até que uma posição final seja mantida, ou um ponto de leve desconforto, de 15 a 30 segundos. Normalmente, recomenda-se repetir cada movimento por, no máximo, 4 vezes, visto que os ganhos são mínimos com a execução de mais séries. Vários estudos demonstram seus efeitos positivos a curto e longo prazos na flexibilidade em razão de uma redução na rigidez do músculo/tendão etc.

Figura 6.115 – Demonstração de uma opção de alongamento da musculatura abdominal.

Alongamento balístico: forma de alongamento dinâmico que envolve movimentos rápidos (bruscos) utilizados para estender determinada articulação a uma total amplitude de movimento. Este tipo de alongamento não vem sendo muito utilizado com o propósito de aumentar a flexibilidade por causa do alto risco de lesões. Alguns atletas e treinadores ainda utilizam este método para aumentar o fluxo sanguíneo e auxiliar no aquecimento pré-competição, ou antes das sessões de treinamento.

Facilitação neuromuscular proprioceptiva (PNF, na sigla em inglês): é um conjunto de técnicas que combinam alongamentos passivos com ações musculares isométricas e concêntricas. Neste tipo de alongamento, em geral, são necessárias duas pessoas. Um parceiro move o membro-alvo por sua amplitude de movimento e, após atingir o ponto final do movimento, o músculo-alvo é contraído isometricamente (contra o parceiro) por 6 a 10 segundos. Em seguida, o músculo trabalhado relaxa e é novamente alongado pelo parceiro numa amplitude ainda maior de movimento. O fundamento fisiológico da PNF consiste no fato de o relaxamento muscular ser seguido por uma contração isométrica que estimula os órgãos tendinosos de Golgi (OTG), os quais inibem a contração durante o exercício de alongamento subsequente.

Existem três tipos de técnicas de PNF: (a) segura-relaxa, (b) contrai-relaxa, e (c) segura-relaxa com contração agonista.

Figura 6.116 – Exemplos de alongamentos por meio do método facilitação neuromuscular proprioceptiva (PNF) na cadeia muscular posterior (musculatura dorsal, lombar, posterior de coxa e panturrilha).

Treinamento Dinâmico da Flexibilidade: ao contrário das técnicas descritas anteriormente, a flexibilidade dinâmica utiliza movimentos específicos do esporte, de forma lenta e controlada, desenvolvidos para aumentar a temperatura corporal central e melhorar a flexibilidade e equilíbrio relacionados à atividade. Alguns estudos demonstraram que durante um aquecimento composto com alongamentos estáticos e outro com a flexibilidade dinâmica, o segundo foi superior na melhora da *performance* esportiva, comprovando a eficiência da flexibilidade dinâmica antes dos treinos e das competições. No aquecimento dos atletas da American Top Team, por exemplo: são realizados esses movimentos específicos antes das sessões de *sparring* e competições por volta de 5 a 10 minutos.

Figura 6.117 – Alongamentos dos músculos da região interior e posterior da coxa (adutores e isquiotibiais) e lombar, utilizados na flexibilidade dinâmica.

6.14.2 Recomendações

Ao realizar exercícios de alongamento, ainda se recomendam alguns princípios:

- Aquecimento muscular antes do alongamento.
- Evitar movimentos bruscos, pois eles aumentam o tônus de flexibilidade muscular tornando mais difícil o alongamento.
- O alongamento deve ser realizado antes e depois da parte principal da atividade física.

- A ingestão líquida (água) em pequenas quantidades, mas de forma frequente, facilita a elasticidade muscular.
- Deve ser evitada a ativação muscular assimétrica (por exemplo, alongamento excessivo de um braço e pouco do outro).
- Não é permitido trancar a respiração.
- Duração de 10 a 30 segundos de alongamento, podendo ser repetido entre 2 e 4 vezes em cada articulação.

A seguir, alguns exemplos de exercícios de alongamento que são realizados pelos nossos atletas:

Figura 6.118 – Dois movimentos em sequência de alongamentos dos músculos anteriores do tórax (deltoide anterior) (a) e dos braços (bíceps braquial) e antebraços (b), e alongamento específico para a região dorsal (deltoide posterior) (c).

Figura 6.119 – Exemplos avançados de movimentos que é possível alcançar com o desenvolvimento da flexibilidade ao longo dos anos de treinamento.

6.15 Como aumentar o volume da musculatura peitoral

Nesta seção, convidamos o participante da competição The Ultimate Fighter (TUF) Brasil – 2, e hoje atleta do UFC, Thiago "Marreta" Santos para demonstrar como aumentar o volume da musculatura peitoral de uma maneira eficaz e livre de lesões. A musculatura peitoral é dividida em duas partes que são peitoral maior e menor, que têm como ação: adução horizontal, rotação medial, flexão horizontal do ombro, depressão do ombro e rotação inferior da escápula. A seguir, conheça os exercícios para essa musculatura.

6.15.1 Exercícios

Crossover: o atleta se posiciona em pé, no meio do equipamento, fazendo um movimento de adução horizontal dos braços. Neste exercício específico, podem ser criadas variações de ângulos diversos de acordo com as regulagens do equipamento utilizado.

Figura 6.120 – Thiago Santos no *crossover*.

Supino reto com barra: é um exercício básico multiarticular muito utilizado para desenvolver os músculos do peitoral. É muito praticado nas academias do mundo inteiro. O atleta deve realizar o movimento deitado, com as pernas bem alinhadas e a coluna apoiada no banco. A sua pegada deve ser realizada geralmente em um ângulo de 90 graus do braço com o antebraço. Ao iniciar o movimento, o atleta deve executar um movimento vertical em direção à linha média do peitoral. Neste exercício, veem-se as ações principais na musculatura dos peitorais, mas também são trabalhados os músculos auxiliares como o tríceps braquial e o deltoide.

FIGURA 6.121 – Demonstração de supino reto com barra.

Crucifixo reto com halteres: o crucifixo pode ser considerado um exercício monoarticular, em que se tem um movimento caracterizado pelo afastamento lateral dos braços em direção ao solo. A articulação glenoumeral é o principal eixo do movimento e o aluno deve estar atento aos ângulos nesse movimento para potencializar os resultados. O exercício monoarticular, neste caso, pode ser utilizado para gerar pré-exaustão (método de treinamento de força utilizado para poupar a musculatura auxiliar dos peitorais, no caso, o tríceps braquial).

FIGURA 6.122 – Execução de crucifixo com halteres.

Supino inclinado com barra: o atleta senta no equipamento mantendo as costas encaixadas e alinhadas no banco. Inicia o movimento trazendo a barra até a parte superior do peitoral em um ângulo médio de 45 graus. É necessário seguir o mesmo padrão de alinhamento dos braços, com uma execução similar à do supino reto e os mesmos músculos como auxiliares.

Figura 6.123 – Execução de supino inclinado com barra.

Crucifixo inclinado com halteres: este exercício tem as mesmas definições do crucifixo reto, apenas com uma diferença de ângulos.

Figura 6.124 – Demonstração de crucifixo inclinado com halteres.

Flexão de braços: exercício realizado com uma sobrecarga do próprio peso corporal, podendo ser executado em qualquer lugar com superfície plana. O atleta deve posicionar-se com os braços e as mãos afastadas lateralmente, com as pontas dos pés no chão, com os quadris e a coluna alinhados paralelamente ao solo. A realização da flexão deve ser feita até o limite máximo individual. Podem ser executadas algumas variações de ângulos e de amplitude de movimento com o auxílio de *steps*, de *medicine ball* etc.

FIGURA 6.125 – Amostra de flexão de braços.

Peitoral sentado e com cabos: exercício adaptado com um banco de 90 graus e um *crossover*. Para realizá-lo, o atleta fica sentado em um ângulo de 90 graus e com os cabos posicionados na linha dos ombros, realizando, assim, a extensão dos braços, com uma adução horizontal.

FIGURA 6.126 – Amostra do exercício para peitoral sentado e com cabos.

Supino reto com halteres: segue a mesma ideia do exercício de supino reto na barra, mas com a liberdade de execução gerada pelo uso de halteres. Os halteres possibilitam uma amplitude maior de movimento, com um nível de dificuldade maior em termos de execução, equilíbrio e estabilização.

Figura 6.127 – Demonstração de supino reto com halteres.

Supino inclinado com halteres: segue a mesma ideia do exercício de supino inclinado com barra, mas com a liberdade de execução gerada pelo uso dos halteres. Os halteres possibilitam uma amplitude maior de movimento com um nível de dificuldade maior em termos de execução, de equilíbrio e de estabilização.

Figura 6.128 – Execução de supino inclinado com halteres.

Socos com elásticos: este exercício foi desenvolvido e vem sendo utilizado nos treinamentos adaptados para MMA, boxe e *muay thai*. O atleta se posiciona em pé segurando os elásticos numa posição chamada de guarda, realizando o movimento tradicional de soco. Neste exercício, é possível gerar sobrecarga nos músculos peitorais, deltoides, tríceps braquial, além de utilizar vários outros músculos estabilizadores do movimento, como os abdominais.

Figura 6.129 – Realização de socos com elásticos.

6.15.2 Observações

Para chegar aos objetivos desejados, existem diversos métodos e sistemas de treinamento. Ressaltamos:

- velocidade de execução do exercício (pode ser lenta ou moderada);
- intervalo de descanso entre as séries (pode ser de 1 a 3 minutos);
- número de séries (pode ser de 3 a 5);
- descanso entre os dias de treinamento (pode variar de 48 horas a 7 dias de intervalo).

São apresentadas as Tabelas 6.5 e 6.6 com alguns modelos de treino para os peitorais:

Tabela 6.5 – Modelo de treino para os peitorais I

Exercícios	Séries	Repetições
Supino reto na barra	4	6 a 10
Crucifixo reto	3	6 a 10
Supino inclinado com barra	3	6 a 10
Crossover	3	6 a 12
Flexão de braço	2 a 4	20 a 50

Tabela 6.6 – Modelo de treino para os peitorais II

Exercícios	Séries	Repetições
Supino reto com halteres	4	12
Crucifixo inclinado com halteres	3	10
Supino inclinado com halteres	4	15
Peitoral sentado e com cabos	3	6
Socos com elásticos	2 a 4	20

Como observação final, gostaríamos de lembrar que todos esses exercícios e modelos de treino das Tabelas 6.5 e 6.6 servem de base para um bom planejamento de força/hipertrofia, e, caso os praticantes decidam utilizar os dois modelos de treino na mesma semana, recomendamos um intervalo de, pelo menos, 72 horas entre os treinos de peito.

6.16 Como aumentar o volume da musculatura das costas

Nesta seção, visitamos o Institute of Human Performance (IHP), em Boca Raton, na Flórida, EUA, e convidamos o atleta do UFC Santiago Ponzinibbio, também conhecido como "argentino gente boa", para demonstrar como aumentar o volume da musculatura das costas.

Para a ativação das fibras musculares de contração rápida, é indispensável que os exercícios sejam realizados com a intensidade máxima ou submáxima. Neste caso, segundo a "regra do tamanho" proposta por Hanneman, Somjen e Carpenter (1965), vão funcionar as fibras musculares lentas e rápidas. Se a contração muscular for combinada com o relaxamento (breve pausa entre as repetições de uma série), isso indica que essa forma de funcionamento não provocará a parada da circulação sanguínea e que os efeitos do exercício serão direcionados fundamentalmente para as fibras musculares rápidas.

Para o alcance de máximos resultados no treinamento, é necessário observar uma série de condições:

- O exercício é executado com a máxima ou submáxima intensidade.
- Os intervalos de descanso são relativamente longos, variando de 2 a 7 minutos.
- O exercício deve ser realizado até a rejeição, ou melhor, até o sentimento de fadiga e dor muscular, para gerar um estresse no sistema endócrino e intensificar a liberação de hormônios.
- O tempo de contração (duração de cada série) deve ficar entre 20 e 40 segundos, para estimular uma dissociação significativa de fosfocreatina (CP) no músculo.
- O número de séries é de 2 a 6 por exercício.
- O descanso entre os dias de treinamento pode variar de 48 horas a 7 dias de intervalo.

A seguir, sugestões de exercícios para dorsais.

6.16.1 Exercícios

Remada baixa na máquina: também conhecido como *remada sentada*, varia de acordo com a máquina disponível para a realização do movimento. Neste caso, utilizamos uma máquina da Technogym, de polias duplas, o que possibilita ter algumas variações na execução do exercício proposto, podendo ser simultâneo ou unilateral. O atleta se posiciona sentado com o peitoral na altura do encosto da máquina, com os braços alinhados, realizando o movimento de puxada horizontal.

Figura 6.130 – Demonstração de remada baixa na máquina.

Clinch na máquina MV pulley: este exercício específico é utilizado para trabalhar o *clinch* com sobrecarga. O *clinch* é um movimento característico do *muay thai* e muito usado nas lutas de MMA. Os músculos responsáveis pelo movimento são os dos braços, dos antebraços e os dorsais. O atleta se posiciona em pé, com as pernas afastadas e com os braços estendidos, fazendo a pegada similar ao *clinch*, iniciando o movimento de puxada até o peitoral. Lembre-se de que este tipo de exercício pode ser realizado em qualquer máquina de cabos, como *crossover*, *pulley* etc. A única diferença é que, no MV *pulley*, quanto mais rápido e forte o atleta faz a puxada do *clinch*, maior a resistência da máquina.

Figura 6.131 – Demonstração de *clinch* na máquina MV *pulley*.

Barra aberta: exercício básico realizado com a sobrecarga do peso corporal e pode ser realizado em academias, parques e locais que disponibilizam tal equipamento. O movimento pode ser realizado utilizando pegadas abertas ou fechadas de acordo com o programa escolhido, neste caso, prioriza-se a pegada aberta.

Figura 6.132 – Execução de pegada aberta.

Puxada alta com cabos: varia de acordo com o aparelho. A opção que se tem de polias duplas da Technogym possibilita trabalhar em ângulos diversos e de maneira unilateral ou simultânea. Porém, este exercício pode ser realizado no *pulley* regular com pegadas fechadas ou abertas. No movimento, fica-se sentado com os joelhos apoiados na máquina, com o tronco alinhado, e realiza-se a puxada diagonal até a lateral do tronco.

Figura 6.133 – Execução de puxada alta com cabos.

Pullover: é um exercício tradicional nas academias que pode ser realizado com halteres, barras ou no cabo. Este exercício gera uma discussão sobre quais músculos são utilizados na sua execução, no caso peitorais ou dorsais. Opta-se por utilizá-lo neste treinamento dos dorsais e com a sobrecarga de halteres. O atleta se posiciona deitado com a parte superior do dorso em um banco, mantendo o tronco alinhado com os quadris elevados. Segura o halter na linha do peitoral em uma pegada fechada e projeta os braços para trás.

Figura 6.134 – Amostra de *pullover*.

Puxada baixa com cabos: também chamada de *remada*, é realizada em posição de agachamento livre, em vez de sentado com as pernas apoiadas na máquina. Tal variação foi realizada para gerar um nível de dificuldade maior com relação à postura do atleta e da estabilização do movimento com o objetivo de desenvolver a musculatura dorsal.

Figura 6.135 – Demonstração de puxada baixa com cabos.

Puxada alta na máquina: a máquina articulada de pesos livres possibilita realizar movimentos simultâneos ou unilaterais, diferente das máquinas de cabo e baterias de pesos. Neste caso, realiza-se o exercício de maneira simultânea, puxando os braços da máquina até um ângulo em que os cotovelos fiquem abaixo da linha dos ombros.

Figura 6.136 – Execução de puxada alta na máquina.

Remada unilateral ou serrote com halter: fica-se posicionado com uma perna em cima do banco livre e, ao lado deste, deve ser a outra perna posicionada. Um dos braços fica no banco para alinhar a postura do tronco, e, assim, o exercício pode ser realizado com segurança.

Figura 6.137 – Execução de remada unilateral com halter.

Costas na corda: este exercício serve para ilustrar as possibilidades de se criar exercícios com auxílios diversos. Neste caso, usa-se uma corda náutica para desenvolver vários exercícios. A remada ou puxada horizontal na corda faz que o atleta fique com os pés apoiados contra a parede e com o corpo suspenso. Assim, o exercício pode ser realizado com uma sobrecarga do próprio peso corporal e com uma pegada neutra. O atleta realiza o movimento de puxada. Para a realização correta do exercício, é necessário sempre manter uma postura alinhada com os músculos do *core* contraídos para estabilizar o movimento.

Figura 6.138 – Santiago realiza exercício de costas na corda.

Remada sentado na máquina articulada: segue a mesma linha de raciocínio da máquina de cabos, porém, com pesos livres, o que possibilita ter algumas variações na execução do exercício proposto, que pode ser simultâneo ou unilateral. O atleta se posiciona sentado com o peitoral na altura do encosto da máquina e com os braços alinhados, realizando o movimento de puxada horizontal.

Figura 6.139 – Realização de remada na máquina articulada.

6.16.2 Observações

As Tabelas 6.7 e 6.8 apresentam algumas combinações dos exercícios anteriores como sugestões de modelos de treinamento:

Tabela 6.7 – Modelo de treino para dorsais I

Exercício	Séries	Repetições
Remada baixa na máquina	4	8 a 12
Clinch na máquina MV *pulley*	3	30 segundos
Barra aberta	2 a 4	10 a 20
Puxada alta com cabos	3	6 a 12
Pullover	2 a 4	10 a 15

Tabela 6.8 – Modelo de treino para dorsais II

Exercício	Séries	Repetições
Puxada baixa nos cabos	4	12
Puxada alta na máquina	3	10
Remada unilateral com halter	4	8 a 10
Costas na corda	2 a 4	10 a 20
Remada na máquina articulada	3	8 a 10

Vale lembrar que os exercícios, a ordem e a metodologia podem variar de acordo com as máquinas disponíveis e com o programa escolhido pelos treinadores. É importante ressaltar que esses são alguns exemplos de uma grande variedade de metodologias existentes e que a importância da postura na realização dos exercícios e a velocidade deles deve ser orientada por um profissional de Educação Física.

6.17 Circuito pré-competição

A utilização de circuitos de preparação para MMA e *grappling* está cada vez mais desenvolvida e bem organizada, mas ainda existem algumas opções de treinamento que trazem melhor resultado para determinados atletas. Nesta seção, para demonstrar um circuito pré-competição que vem sendo utilizado por alguns de nossos atletas da American Top Team, convidamos Melvin Guillard (veterano do UFC e do WSOF) e Mike Bruno (*wrestler* e lutador de *grappling* e de MMA).

O circuito, a seguir, é um modelo para desenvolver potência e força de resistência dos atletas e tem um tempo de duração aproximado de 5 minutos para simular os *rounds* da luta. O número de repetições varia de acordo com o número de *rounds* que o atleta vai lutar. Por exemplo, para atletas que competem em até 3 *rounds*, fazemos um *round* de aquecimento geral, 1 *round* de aquecimento específico e 3 *rounds* de circuito.

Normalmente, o aquecimento geral engloba exercícios aeróbios como corrida ou bicicleta e alongamentos.

6.17.1 Organização dos *rounds*

Primeiro round (10 minutos de aquecimento): são utilizadas bicicletas ergométricas ou de *spinning*, elíptico e/ou esteira, com o objetivo de gerar um aquecimento geral.

Figura 6.140 – Melvin Guillard e Mike Bruno se aquecem em bicicletas ergométricas.

Segundo round (5 a 6 minutos): aqui se procura imitar os movimentos de esgrima em máquina especializada que regula a potência de rotação. Normalmente, faz-se a rotação (esgrima) para a frente por 30 segundos e, depois, inverte-se o sentido de rotação e o atleta esgrima para trás por 30 segundos.

Figura 6.141 – Mike Bruno faz a esgrima na máquina Technogym. Ao fundo, vê-se Melvin realizar a recuperação ativa no elíptico e eles vão repetindo a série até o final do *round*.

Terceiro round (5 a 6 minutos): é composto por 3 exercícios:

- *Arremesso de medicine ball*: o atleta segura a bola na altura do peitoral com os braços alinhados, jogando a *medicine ball* contra a parede. Neste movimento, busca-se trabalhar a musculatura responsável pelos movimentos de empurrar ou socar (no caso, peitorais, deltoides e tríceps braquiais, além da musculatura do *core* que está estabilizando o movimento). São realizados 10 arremessos.

Figura 6.142 – Arremesso de *medicine ball*.

- *Guilhotina*: é um ataque que busca o estrangulamento e a finalização. Este exercício foi desenvolvido para aprimorar a força de ataque do atleta, que fica em uma posição horizontal, segurando, em isometria, todo o seu corpo. Os músculos que são exigidos neste exercício são os dorsais, o bíceps braquial e, mais uma vez, o *core*, para estabilizar a posição. O tempo de duração do exercício pode variar entre 15 e 30 segundos.

Figura 6.143 – Guilhotina executada com auxílio de grade.

- *Corrida com sprawl*: é utilizado um colchão para simular uma corrida e também um movimento tradicional de defesa de queda, chamado *sprawl*. É exigida uma ação maior da musculatura dos membros inferiores, e devem ser realizados 10 *sprawls* com velocidade máxima.

Figura 6.144 – Corrida com *sprawl* em colchão.

Quarto round (5 a 6 minutos): é composto por 3 exercícios:

- *Ground and pound*: é utilizada a máquina especial com a qual é possível simular os movimentos de socos verticais (*ground and pound*). Neste exercício, o atleta precisa realizar o movimento unilateral, fazendo uma extensão do braço com uma rotação de tronco. Os músculos utilizados para a execução do exercício são: peitorais, deltoides, tríceps braquial, além do *core* (normalmente, 15 socos com cada braço).

Figura 6.145 – *Ground and pound* realizado em máquina.

- *Core com medicine ball*: é um exercício dinâmico em que o atleta realiza uma rotação de tronco jogando a *medicine ball* contra a parede. É específico para desenvolver o *core*. (Recomendamos realizar 15 repetições de cada lado.)

Figura 6.146 – Rotação de tronco com uso de *medicine ball* contra a parede.

- *Leg press unilateral*: é uma variação do tradicional *leg press* 45 graus. Neste caso, optamos por trabalhar unilateralmente com nossos atletas e desenvolver a musculatura dos membros inferiores, em especial a do quadríceps (reto femoral, vasto lateral, vasto medial e vasto intermédio), além de agir em outros músculos da coxa como um todo. (Sugerimos séries de 8 a 12 repetições para cada perna.)

Figura 6.147 – Demonstração de *leg press* unilateral.

Quinto round (5-6 minutos): engloba 3 exercícios:

- *Jump*: em máquina especial, são trabalhados saltos (pliometria) com sobrecarga. Os músculos utilizados neste exercício são, em grande parte, os dos membros inferiores. (Recomendamos de 10 a 15 saltos.)

Figura 6.148 – Demonstração de saltos pliométricos em máquina.

- *Corda*: exercício tradicional em treinamentos e testes específicos da polícia, bombeiros etc. Utilizado para trabalhar a musculatura dos braços, os dorsais e do *core* (subir e descer de duas a três vezes).

Figura 6.149 – Subida em corda.

- *Techno*: neste equipamento, é possível desenvolver um trabalho direcionado para os movimentos unilaterais de socos com sobrecarga. Os músculos envolvidos são os peitorais, o tríceps braquial e os deltoides. (Recomendamos 15 socos com cada braço.)

FIGURA 6.150 – Trabalho de movimentos unilaterais de socos com sobrecarga.

6.17.2 Recomendações importantes

Percebam que a ordem das estações sempre alterna os exercícios entre membros inferiores e superiores para evitar uma acidez muito grande na musculatura e os *rounds* não podem exceder muito o tempo de 6 minutos. É melhor realizar mais *rounds* de 5 a 6 minutos do que *rounds* longos, como de 6 a 8 minutos.

Ao final do circuito, sempre realizamos um *round* de sombra e um alongamento para ajudar na volta à calma.

6.18 Treinamento adaptado para o jiu-jítsu

A "arte suave", como é conhecido o jiu-jítsu, tornou-se mundialmente famosa em virtude de sua eficácia dentro dos tatames, *rings* e *cages*. O sucesso colhido pelo MMA fez que muitos praticantes de outras artes marciais se voltassem para aprender as técnicas do jiu-jítsu e, desse modo, a modalidade passou a ser disseminada pelo mundo todo.

Nesta seção, buscamos nos concentrar em desenvolver exercícios de preparação física específica para atletas e praticantes do jiu-jítsu, e, por esse motivo, convidamos a bicampeã mundial Gezary "Ge" Matuda, o campeão americano Bruno "Brunin" Bastos e o campeão brasileiro Jonatas "Tagarela" Gurgel para demonstrar tal treinamento.

Este trabalho, normalmente, é realizado uma vez por semana em períodos fora de competição e duas vezes por semana dentro do *camp* de treinamento para um torneio. Serve para melhorar a resistência, a velocidade de quedas e passagens de guarda, agilidade de movimentos e força de pegadas com ou sem quimono.

Figura 6.151 – Da esquerda para a direita: Bruno Bastos, Jonatas Gurgel e Gezary Matuda.

Os exercícios demonstrados aqui são um exemplo de uma enormidade de possibilidades dentro do treinamento voltado para a arte marcial, em especial, o jiu-jítsu. Este treino pode ser realizado de diferentes maneiras, no qual as séries podem ser compostas por intervalos de tempo (por exemplo, salto lateral por 30 segundos) ou número de repetições (caso de subir e descer na corda por 3 vezes).

O atleta realiza um aquecimento que varia entre 5 e 10 minutos de exercícios que são escolhidos de acordo com o planejamento do dia.

6.18.1 Exercícios

Exercício de passagem de guarda com joelho na barriga: neste trabalho, busca-se desenvolver técnicas de passagem de guarda com uma sobrecarga oferecida por um tensor elástico amarrado à cintura do atleta. Esse tipo de resistência faz que o atleta seja obrigado a utilizar os músculos do *core* e dos membros inferiores para estabilizar o movimento corretamente. O atleta realiza a técnica dentro de uma metodologia de treinamento aplicada para desenvolver força e resistência dentro do jiu-jítsu.

Figura 6.152 – Passagem de guarda com joelho na barriga com sobrecarga de tensor elástico amarrado à cintura.

Saltos pliométricos verticais e laterais com obstáculos: a pliometria consiste em proporcionar uma rápida desaceleração e aceleração dos músculos, que criam um ciclo de alongamento e contração; pode ser considerada um método potente para desenvolver explosão e velocidade. Os exercícios pliométricos treinam os músculos, os tecidos conectivos e o sistema nervoso para passar efetivamente pelos ciclos de alongamento e de contração, e, assim, melhora-se o desempenho do atleta. Eles podem ser parte fundamental do treinamento em todos os eventos esportivos e ajudam a desenvolver ritmo, velocidade, força e resistência muscular. A pliometria, usada corretamente para um propósito específico, pode ser um atributo valioso para seu atleta, bem como para o condicionamento geral e específico de todo seu programa esportivo.

FIGURA 6.153 – Com obstáculos, Jonatas Gurgel realiza saltos pliométricos verticais, ao passo que Gezary Matuda faz saltos pliométricos laterais.

Lançamentos com medicine ball, agachamento e sprawl: este exercício foi desenvolvido para que o atleta aprimore sua capacidade de explosão e potência muscular da região anterior do tronco. A *medicine ball* possibilita essa prática pela facilidade do lançamento único. Com ela perto do peito e as pernas alinhadas em forma tradicional de agachamento, faz-se o lançamento vertical, utilizando os braços flexionados com os cotovelos próximos ao tronco, realizando-se a extensão deles ao lançar a *medicine ball*, e, logo em seguida, efetua-se o *sprawl* (técnica de defesa de queda).

FIGURA 6.154 – Sequência com agachamento, lançamento de *medicine ball* e *sprawl*.

Exercícios de drills de ippon seoi: dentro de um treinamento de preparação física, podem ser incluídos exercícios técnicos com o claro objetivo de um condicionamento específico, mas sem esquecer do aprimoramento da técnica escolhida no momento. No nosso caso, foram escolhidas algumas técnicas e alguns golpes.

FIGURA 6.155 – Aprimoramento de técnicas.

Double leg com resistência adaptada: criou-se este exercício para desenvolver força e resistência adaptada para uma das técnicas de queda mais utilizadas pelos atletas de jiu-jítsu.

Figura 6.156 – Realização de *double leg* com resistência adaptada.

One-arm clean com halter ou dumbbell: tem sido um potente auxiliar nos treinamentos hoje em dia. Neste caso, utiliza-se o *dumbbell* para desenvolver força e explosão muscular. O atleta realiza um movimento de elevação frontal iniciando com uma postura de agachamento (joelhos flexionados, quadris para trás e tronco inclinado para a frente), elevando o braço estendido acima da cabeça.

Figura 6.157– Demonstração de *one-arm clean* com halter.

Remada curvada com deslocamento posterior: foi criada especificamente para este treinamento, em que é utilizado o peso corporal para gerar a sobrecarga necessária com o objetivo de desenvolver força na musculatura posterior, além de fortalecer a pegada tradicional do jiu-jítsu. O atleta se posiciona com as pernas flexionadas e com o tronco curvado à frente, realizando o movimento de puxada horizontal com extensão lombar.

Figura 6.158 – Em dupla, realização da remada curvada com deslocamento posterior.

Escalada na corda vertical: tem como objetivo desenvolver força e resistência na musculatura dos braços, das costas, do *core* e membros inferiores se estes forem solicitados na execução. Este tipo de trabalho também favorece o fortalecimento da pegada do atleta.

Figura 6.159 – Demonstração de escalada na corda vertical.

6.18.2 Observações

Segue a Tabela 6.9, que apresenta um modelo de treino para jiu-jítsu com os exercícios apresentados anteriormente:

Tabela 6.9 – Modelo de treino para jiu-jítsu

	Séries	**Repetições**
Passagem de guarda	4	10 com cada perna
Saltos pliométricos	4	30 segundos (cada série)
Lançamentos com *medicine ball*	2 a 4	10 a 20
Exercícios de *drills*	3	6 a 12
Double leg	2 a 4	10 a 15
One-arm clean com *dumbbell*	3	12/10/8
Remada curvada com deslocamento	3	8
Escalada na corda vertical	3 a 4	2 escaladas

Com esta seção, tivemos a possibilidade de demonstrar que os exercícios podem ser criados e adaptados com relação às sobrecargas desejadas e que devemos estar atentos aos ângulos e às posturas, além de analisar sempre quais as opções de sobrecarga disponíveis.

6.19 Treinamento para jovens atletas do UFC

O treinamento de jovens atletas difere um pouco daquele que é elaborado para atletas veteranos. Simplesmente pelo fato de serem atletas mais jovens, em geral, apresentam uma resposta hormonal maior, o que possibilita, por exemplo, uma recuperação mais rápida e um volume de treinamento maior do que atletas veteranos, com mais de 35 anos de idade.

Com base nesses princípios básicos, foi elaborado um circuito de potência e de explosão desenvolvido para o jovem atleta do UFC Mirsad Bektic, utilizando diversos métodos de treinamento, com exercícios de força, funcionais de resistência, de agilidade e de velocidade, o que resultou numa bela estreia com vitória no maior evento de MMA do mundo.

Uma das grandes diferenças deste trabalho foi a modificação dos grupos de exercícios que, neste caso, são realizados em grupos de 3 exercícios, de modo que dois deles são de caráter físico e um específico com a ajuda de Luciano "Macarrão" dos Santos, treinador de *muay thai* da American Top Team.

Inicialmente, o atleta realiza um aquecimento que varia entre 5 e 10 minutos. Em seguida, realiza os exercícios a seguir relacionados, demonstrados pelo próprio Mirsad.

6.19.1 Divisão do treino

Parte 1

- *Supino reto com halteres*: é um exercício tradicional em academias de musculação, que recruta os músculos do peitoral, o deltoide anterior e o tríceps braquial. Neste exercício, o atleta realiza um movimento de contração excêntrica na sua fase inicial e concêntrica na sua fase final ou de retorno. É utilizado o supino neste momento do treinamento para manter o desenvolvimento da base de força, porém dando um suporte para o trabalho de potência e de explosão. As séries são repetidas 3 ou 4 vezes, e cada uma terá de 6 a 10 repetições.

Figura 6.160 – Demonstração de supino reto com halteres.

- *Flexão no BOSU com pliometria*: este exercício foi idealizado com o objetivo inicial de desenvolver potência e explosão dos membros superiores, além de promover o uso dos membros inferiores e a musculatura do *core* para que o exercício seja realizado de forma correta e efetiva. Cada uma das séries pode variar de 20 a 30 segundos de execução com velocidade máxima e elas podem ser repetidas 3 ou 4 vezes.

Figura 6.161 – Demonstração de flexão no BOSU com pliometria.

Figura 6.162 – Manopla para socos em linha e cruzados.

- *Manopla para socos em linha e cruzados*: é um exercício específico utilizado na preparação técnica do *muay thai* e do boxe, em que o atleta deve executar a sequência técnica com o objetivo de gerar um contraste dentro do treinamento da preparação, podendo ser utilizado também como intervalo de descanso ativo. O tempo de duração pode variar de 1 a 2 minutos dependendo do objetivo.

Parte 2

- *Dead lift ou levantamento terra*: tem uma função muito importante no trabalho de força e de explosão dentro deste planejamento, recrutando e estabilizando toda a musculatura posterior. Suas séries variam de 2 a 6 repetições de acordo com sua fase de treinamento.

Figura 6.163 – Demonstração de *dead lift* ou levantamento terra.

Figura 6.164 – Salto executado em meio a deslocamento em trajeto com obstáculos.

- *Saltos com deslocamento*: neles, são utilizados obstáculos especiais, para possibilitar os exercícios de pliometria. Tais bancos devem ser organizados de forma que se possa fazer vários saltos, em sequência, com o objetivo específico de força e explosão dos membros inferiores.

- *Chutes e joelhadas com manopla*: é um trabalho específico de desenvolvimento técnico e de agilidade dentro do planejamento adaptado às necessidades especiais do atleta. O tempo de duração pode variar de 1 a 2 minutos dependendo do objetivo.

Figura 6.165 – Trabalho de chutes e de joelhadas com manopla.

Parte 3

- *Elevação frontal com anilha*: vai auxiliar a desenvolver força e resistência dos braços e dos ombros do atleta. Os músculos dos membros superiores são utilizados em todos os momentos da luta, seja em uma luta em pé ou no solo.

Figura 6.166 – Realização de elevação frontal com anilha.

- *Corda marítima*: com ela, podem ser trabalhados movimentos frontais com uma velocidade de execução máxima em ângulos variados. Neste exercício, além de se trabalhar braços e ombros, também há a ação de músculos estabilizadores do movimento (os do *core* e os músculos da perna).

Figura 6.167 – Trabalho realizado com corda marítima.

Figura 6.168 – Uso da manopla com *uppercut*.

- *Exercício técnico de manopla*: após os exercícios de elevação com peso e na corda, realizamos a manopla técnica com a especificidade da luta (*uppercut*). O tempo de duração pode variar de 1 a 2 minutos dependendo do objetivo.

Parte final

- *Medicine ball*: é utilizada para adaptar um trabalho de soco cruzado/*overhand* com a sobrecarga da bola. Pode-se, com este exercício, gerar força, resistência e explosão, além de velocidade de reação.

Figura 6.169 – Uso de *medicine ball* em trabalho para soco cruzado.

- *Pneu*: busca-se, com tal objeto, dar continuidade ao fortalecimento dos membros superiores e inferiores. O arranque, neste caso, faz que o atleta mobilize músculos dos membros inferiores e superiores para realizar o exercício proposto.

Figura 6.170 – Exercício com pneu.

6.19.2 Observações

Com esta seção, tivemos a possibilidade de demonstrar que atletas mais jovens aguentam um volume maior de treinamento e também como implementar exercícios específicos de luta na preparação física de jovens atletas. Segue a Tabela 6.10 com uma sugestão de treino envolvendo os exercícios anteriores.

Tabela 6.10 – Modelo de treino para atletas jovens

Exercícios	Séries	Repetições
Parte 1		
Supino reto com halteres	3 a 4	6 a 10
Flexão no BOSU com pliometria	3 a 4	20 a 30 s (cada série)
Manopla para socos em linha e cruzados	1	1 a 2 min (a série)
Parte 2		
Dead lift	3 a 4	2 a 6
Saltos com deslocamento	3 a 4	10 a 20
Chutes e joelhadas na manopla	1	1 a 2 min
Parte 3		
Elevação frontal com anilha	3 a 4	6 a 10
Corda marítima	3 a 4	20 a 30 s (cada série)
Manopla para *uppercuts*	1	1 min a 2 min
Parte final		
Medicine ball	3 a 4	10 com cada braço
Pneu	3 a 4	20 s a 30 s (cada série)

6.20 Lesão no ombro em lutadores

Dor nos ombros é uma das coisas que mais incomoda os lutadores atualmente. Lesões nessa região são comuns em vários esportes, principalmente em esportes de contato. A lesão pode ser decorrente de um golpe direto no ombro ou de uma batida, como ocorre no caso de uma queda que afeta a articulação acromioclavicular. Nesta seção, visitamos o consultório de um dos melhores especialistas em lesões esportivas dos Estados Unidos, comandado pelo Dr. Howard Gelb e pelo chefe do grupo de fisioterapeutas, Jay Itzkowitz. Eles demonstram um pouco do trabalho que foi realizado com Antonio "Pezão" Silva na operação e na recuperação de seu ombro e aproveitaram para montar um programa preventivo para atletas de combate.

O texto desta seção é fruto da entrevista feita com o Dr. Howard Gelb e com o fisioterapeuta Jay Itzkowitz na ocasião da visita a seu consultório.

Figura 6.171 – Antonio Silva em consulta com o Dr. Howard Gelb.

6.20.1 Tratamentos: exercícios e procedimentos cirúrgicos

As lesões na articulação acromioclavicular são conhecidas como separações de ombro. Esse tipo de lesão normalmente deforma a parte final da clavícula. Entretanto, outros tipos de lesões, como deslocamentos de ombro, são chamadas de *luxações* e, em geral, danificam o soquete articular. Esse tipo de lesão também é muito frequente em ataques de omoplata, americana e de Kimura. As luxações são mais comuns quando o braço do atleta é levantado e sofre uma rotação externa, e, muitas vezes, levam ao rompimento dos ligamentos do ombro, também conhecidos como *lesão de Bankart*, e uma das causas de recorrentes instabilidades ou deslocamentos do ombro.

Como resultado de múltiplas instabilidades nessa região, o ombro pode desenvolver artrite na superfície da articulação. Lesões no manguito rotador são mais associadas aos atletas veteranos e não são comuns em atletas jovens. Entretanto, lesões parciais no manguito rotador podem ocorrer em associação com instabilidade do ombro. Como resultado de alterações artríticas e cartilagem rasgada no ombro, este pode se tornar inflexível e fraco.

Diagnósticos sobre a lesão do ombro são essenciais para planejar o tratamento. Inicialmente, com imagens de raios-X, pode-se ter uma ideia sobre entorses, luxações ou fraturas do ombro. A ressonância magnética é mais utilizada em casos de cartilagem rasgada e para avaliar o estado do manguito rotador.

Uma boa anamnese do paciente, bem como um bom exame médico, normalmente leva a um diagnóstico apropriado da lesão. Uma vez que o diagnóstico esteja feito, o tratamento pode ser elaborado visando ao fortalecimento do ombro e à redução da inflamação e da dor. Luxações de ombro representam emergências médicas e devem ser tratadas o mais rápido possível (colocar o ombro de volta ao seu lugar). Existem várias técnicas para se fazer isso, mas ultrapassam o propósito desta seção.

O tratamento não cirúrgico, em geral, necessita de 4 a 6 semanas de repouso para permitir que os ligamentos se recuperem e, depois, o treinamento deve ser modificado para proteger esses ligamentos com o auxílio de ombreiras especiais, para que não se lesione novamente a mesma área.

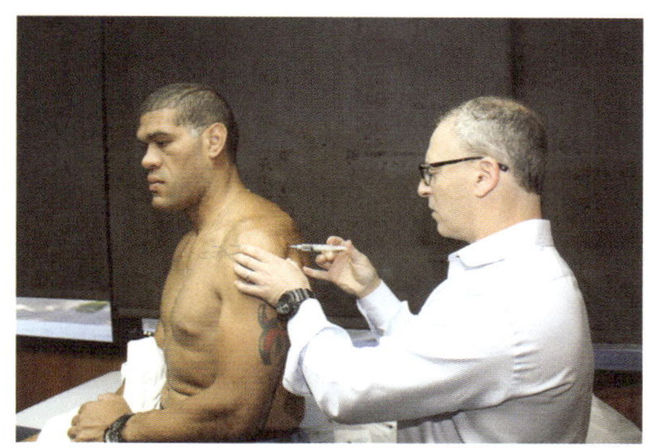
Figura 6.172 – Injeção de lubrificante específico para articulação.

Em casos mais graves de lesão acromioclavicular, os atletas necessitam passar por cirurgia que envolve a reconstrução ou reparo dos ligamentos entre a clavícula e a escápula. O único problema dessas operações é que os atletas acabam por lesioná-las novamente durante a prática de artes marciais ou durante as competições. Ocasionalmente, injeções de cortisona podem ser úteis para tratar dor ou inchaço associados a lesões de baixo grau na articulação acromioclavicular ou artrite secundária dessa região.

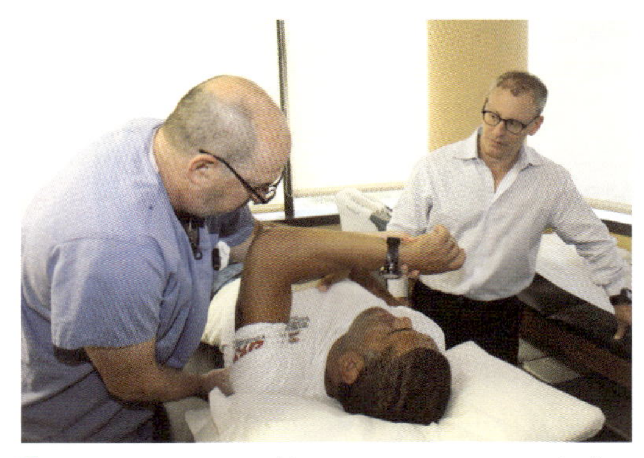
Figura 6.173 – Alongamento com ênfase na cápsula posterior do ombro e músculos estabilizadores.

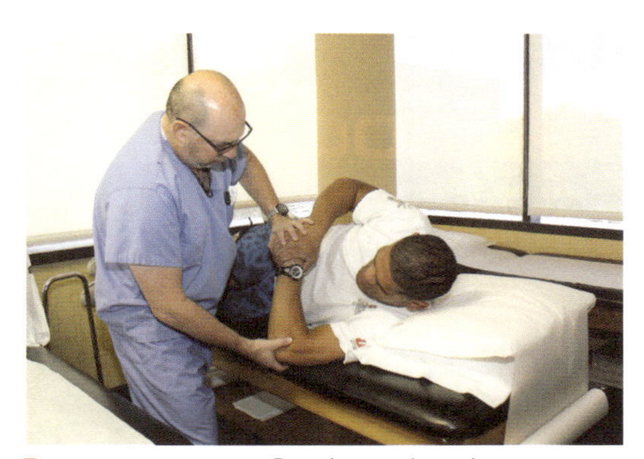
Figura 6.174 – O chamado alongamento "dormindo" trabalha a cápsula posterior e musculatura posterior, sobretudo o infraespinhoso e o redondo menor.

Lesões na cartilagem do ombro e aquelas associadas à instabilidade de ombro podem ser tratadas inicialmente sem operação e com a ajuda de fisioterapia e de fortalecimento do manguito rotador, que é o estabilizador dinâmico do ombro. Também devem ser fortalecidos os músculos ao redor da escápula, incluindo trapézio, dorsais, tríceps e romboides, ajudando atletas com instabilidade de ombro. Nesse sentido, observe as Figuras 6.176 a 6.183 com exemplificações de alguns exercícios.

Caso o nível da lesão seja elevado com grande estiramento dos ligamentos, e o ombro sofra recorrentes deslocamentos, torna-se necessário o procedimento cirúrgico, que normalmente é realizado via artroscopia, realizando pequenos furos no ombro e o subsequente reparo dos ligamentos e cartilagem ao osso. Em cirurgias bem-sucedidas, o atleta já pode retornar ao treinamento depois de 3 a 4 meses e voltar a competir depois de 6 meses.

Lesões no manguito rotador do ombro (composto por músculos que ajudam a manter o controle dos movimentos do ombro) têm seu tratamento inicial feito com a reabilitação dos músculos do manguito rotador que ainda estão funcionando. O tratamento não cirúrgico segue por meio de um processo de reabilitação que, muitas vezes, acaba levando vários meses para ser concluído. Já em lesões mais graves, os tratamentos envolvem a utilização de cirurgia feita por artroscopia e permite que o cirurgião visualize completamente tanto o interior do ombro, bem como a fixação dos músculos do manguito rotador.

A recuperação de uma cirurgia do manguito rotador exige um período mais prolongado de descanso em conjunto com o tratamento fisioterápico quando comparado a lesões ligamentares. Muitas vezes, o retorno às atividades esportivas pode demorar mais de 6 meses. A artrite do ombro, que pode se desenvolver como resultado de uma combinação de danos na cartilagem por meio de lesões diretas e indiretas, as lesões crônicas do manguito rotador e outros fatores genéticos, como histórico familiar de artrite, podem ser tratados cirurgicamente com uma combinação de medicamentos anti-inflamatórios, injeções de cortisona e fisioterapia adequada tanto para ajudar a fortalecer os músculos do ombro como para manter a mobilidade dentro da própria articulação do ombro.

Outros métodos não cirúrgicos para tratar a artrite de ombro incluem a utilização de injeções de lubrificante (ácido hialurônico) e, ocasionalmente, tratamento por plasma rico em plaquetas (PRP). O tratamento por PRP consiste na injeção de componentes do sangue do próprio paciente aplicada diretamente na área lesionada, estimulando regeneração e reparação dos tecidos ou das cartilagens, evitando, assim, a necessidade de intervenção cirúrgica. Aplicações de injeções de lubrificantes, em contrapartida, têm sido utilizadas por várias décadas no Japão para o tratamento de artrite do joelho. Também tem sido aplicado em alguns casos de artrite nos ombros com sucesso. Porém, nos Estados Unidos, essas aplicações de lubrificantes são usadas por muitos cirurgiões como um tratamento alternativo.

O tratamento cirúrgico da artrose do ombro inclui remoção da região lesionada ou limpeza da articulação, e cirurgia de substituição total ou parcial da articulação glenoumeral. Outros tratamentos cirúrgicos incluem a utilização do transplante de cartilagem. Alguns dos novos modelos de substituição se tornam menos invasivos para a remoção do osso a partir do ombro. No entanto, algumas dessas técnicas não têm um longo período de acompanhamento e de estudo para serem recomendadas a pacientes jovens ou atletas. Em última análise, contudo, a substituição total da articulação torna-se a melhor opção de tratamento para aqueles com artrite de ombro avançada ou com limitações em suas atividades da vida diária ou por dor intensa. A substituição total da articulação do ombro envolve o uso de componentes de metal e de plástico, que funcionam como uma articulação artificial, assim como uma substituição de um quadril. A substituição total do ombro tem um excelente histórico para a maioria das pessoas. O alívio da dor por meio da substituição total do ombro é, de modo geral, excelente, desde que não sejam realizadas atividades de competição.

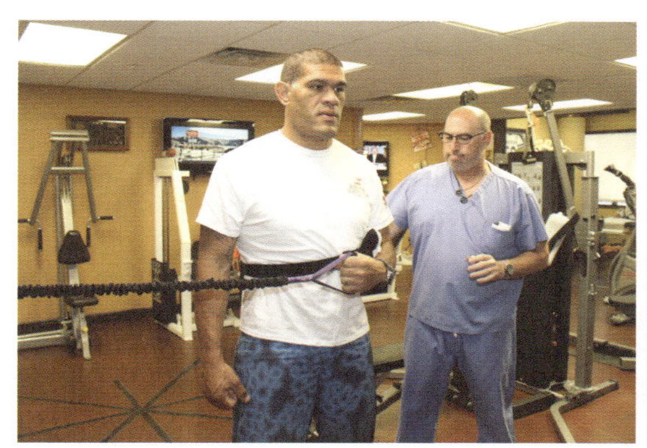
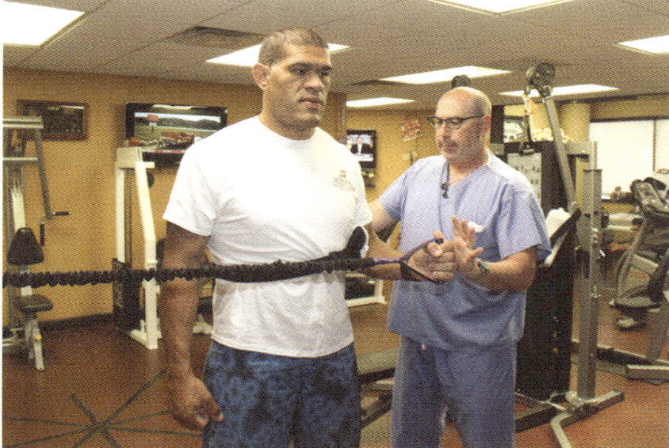

Figura 6.175 – Exercício auxiliar de estabilização de ombro.

Figura 6.176 – Exercício para o manguito rotador com ênfase no músculo subescapular e com rotação interna de ombro.

Figura 6.177 – Parte da estabilização da escápula com foco no romboide e trapézio medial.

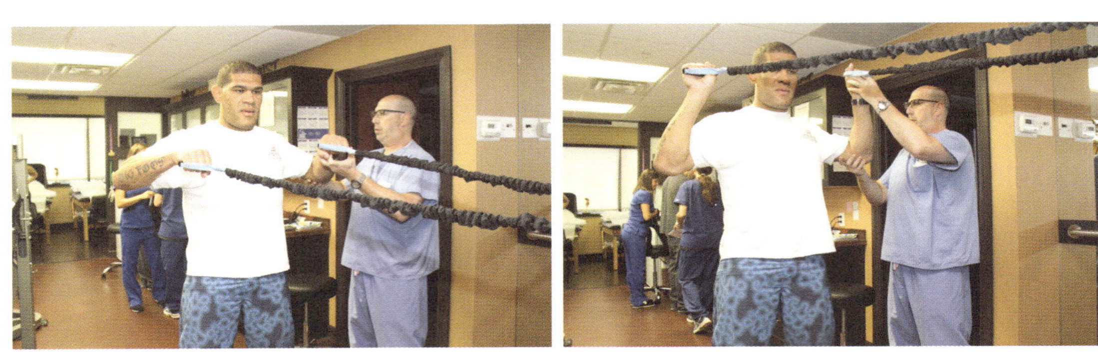

Figura 6.178 – Combinados de retração de escápula e de rotação externa trabalhando os estabilizadores para fazer uma base para o funcionamento do manguito rotador.

Figura 6.179 – Base de movimentos que trabalham a facilitação neuromuscular proprioceptiva (PNF, na sigla em inglês) com o intuito de aplicar padrões de movimentos funcionais para estimular vários grupos de músculos a trabalhar em conjunto.

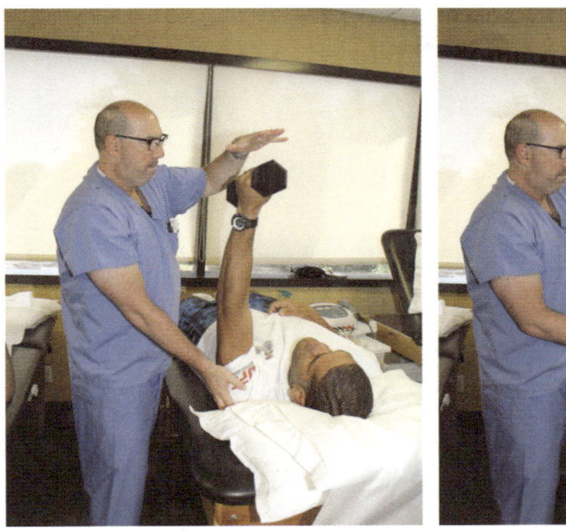
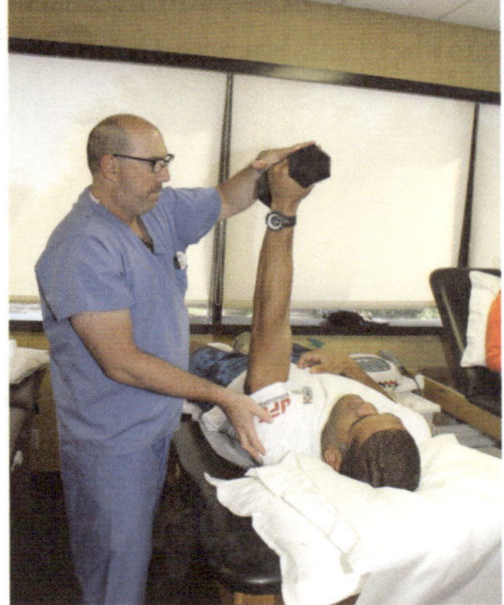

Figura 6.180 – Exercício para o serrátil anterior, que é um músculo estabilizador do ombro.

Figura 6.181 – Exercícios para estabilização de escápula, que melhoram a ação do manguito rotador.

Figura 6.182 – A remada sentada fortalece os romboides e o trapézio medial, que também são importantes estabilizadores da escápula.

6.20.2 Considerações importantes sobre os exercícios

Os alongamentos devem ser estáticos, com duração de 30 segundos até 1 minuto, pelo menos 3 vezes em cada movimento.

Os exercícios com elásticos e em máquinas devem ser realizados em uma progressão na qual o atleta deve ser estimulado de formas variadas com isometria e contrações dinâmicas, e o número de séries muda de acordo com a progressão do atleta sempre de acordo com o planejamento do fisioterapeuta e do preparador físico: como exemplo, são usadas de duas a quatro séries de 30 segundos nos exercícios com elástico e três séries de 15 a 25 repetições nos exercícios com máquinas.

Vale lembrar que as áreas da Medicina, da Fisioterapia e da Educação Física trabalharam juntas para otimizar a recuperação do atleta Antonio "Pezão" Silva.

6.21 Circuito de resistência aeróbia

A resistência pode ser definida como a capacidade de realizar um exercício de maneira eficaz, superando a fadiga produzida. O nível de desenvolvimento dessa capacidade em específico está condicionado: pelo potencial energético do atleta; pelo nível de adaptação às exigências de cada modalidade específica; pela eficiência da técnica e da tática; pelos recursos psicológicos do atleta, os quais, além de garantir um alto nível de atividade muscular durante os treinamentos e as competições, retardam e/ou anulam o processo do desenvolvimento da fadiga etc. (Platonov, 1997).

Para o contexto do MMA atual, o desenvolvimento dessa capacidade se torna imprescindível e cada vez mais visível em combates de alto nível e principalmente com o aumento do número de lutas com 5 *rounds* de duração. Por isso, convidamos John Lineker, atleta do UFC, para demonstrar um circuito de resistência aeróbia que pode ser utilizado durante o *camp* de treinamento de 4 a 6 semanas antes da luta.

O circuito, a seguir, é um modelo para desenvolver a resistência dos atletas, tem um tempo de duração aproximado de 5 a 6 minutos para simular os *rounds* da luta e o número de repetições varia de acordo com o número de *rounds* que o atleta vai lutar. Por exemplo, para atletas que competem em até 3 *rounds*, fazemos 1 *round* de aquecimento geral, 1 *round* de aquecimento específico e 3 *rounds* de circuito; para atletas que lutam por 5 *rounds*, utiliza-se o mesmo sistema de aquecimento, porém, realizam-se 5 *rounds* de circuito na parte principal do treino.

Normalmente, o aquecimento geral engloba exercícios aeróbios como corrida ou bicicleta e alongamentos.

No *round* de aquecimento específico, utiliza-se um pouco de cada uma das estações que serão usadas dentro do circuito, mas com caráter de aquecimento no qual as cargas e velocidades de movimento são reduzidas à metade.

6.21.1 Organização dos *rounds*

Primeiro round (5 a 6 minutos): utiliza-se um ergômetro de braço com movimentos que simulam a esgrima e podem ser realizados para a frente e para trás. Em geral, faz-se trabalhos de 30 segundos para a frente e 30 segundos para trás, e vai-se repetindo esses movimentos até o final do *round*.

Figura 6.183 – Uso de ergômetro de braço para simular movimentos de esgrima.

Segundo round (5 a 6 minutos): utiliza-se um equipamento chamado Hydra 360 (que oferece resistência concêntrica, com o movimento unilateral independente para exercícios corporais). Essa plataforma utiliza resistência OmniKinetics, que permite movimentos em todos os ângulos e em todas as velocidades, em que se tem a possibilidade de trabalhar os braços em ângulos diversos e em movimentos que recrutam músculos agonistas e antagonistas (por exemplo, peitorais e costas), e prepara para uma sequência de exercícios de *ground and pound* após o Hydra. Normalmente, faz-se séries de 15 a 30 segundos por sequência, o que envolve simulações de socos, de cotoveladas etc.

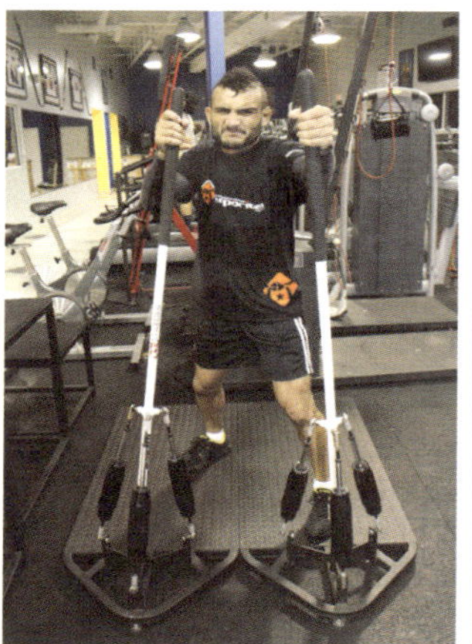

Figura 6.184 – Movimentação na plataforma Hydra 360 seguida de *ground and pound*.

Terceiro round (5 ou 6 minutos): desenvolve-se uma sequência de *sprints* no Air300 Runner, que é um produto projetado para melhorar a força explosiva, a velocidade e/ou a resistência, em um intervalo de 30 segundos, alternando com 10 arremessos de *medicine ball* contra o solo.

Figura 6.185 – *Sprints* no Air300 Runner.

Quarto round: busca-se aqui trabalhar os músculos anteriores e posteriores do tronco com a resistência de elásticos, simulando socos e puxadas de *clinch*. Neste circuito, pode-se ter a liberdade de trabalhar com intervalo de tempo ou repetição. No caso específico de John Lineker, trabalha-se no intervalo de 30 segundos com velocidade máxima de execução e 30 segundos de forma lenta, para acelerar a recuperação ativa no exercício com elástico. Depois, o mesmo trabalho de 30 segundos com velocidade máxima e 30 segundos recuperativos no VersaPulley.

Figura 6.186 – Uso de elásticos em simulação de socos e puxadas de *clinch* seguido de trabalho no VersaPulley.

Quinto round: o VersaClimber é um aparelho que simula uma escalada com uma resistência por meio de correias, em que o atleta trabalha membros superiores e inferiores ao mesmo tempo. O atleta acelera a velocidade de movimento de 15 a 20 segundos e 40 a 45 segundos de intervalo ativo (com baixa velocidade), desenvolvendo a resistência aeróbia intervalada. Isso pode ser feito por até 5 minutos.

Figura 6.187 – Demonstração de escalada no VersaClimber.

Sexto round: aqui, basicamente utiliza-se a máquina que simula o esqui de forma aeróbia contínua, com um ritmo de moderado para lento (com frequência cardíaca de 130 a 150 bpm). A variação entre máquinas de elíptico, esteira, bicicleta, esqui, entre outros, ajuda a prevenir o atleta de entrar em *overuse* (uso excessivo de determinada musculatura e/ou articulação), e também evita que o atleta fique saturado mentalmente por utilizar sempre o mesmo aparelho. Isso pode ser feito de 5 a 10 minutos.

Figura 6.188 – Simulação de esqui no elíptico.

6.21.2 Considerações finais

Lembramos que existem diversas maneiras de desenvolver a resistência aeróbia e, nesta seção, mostramos somente algumas de suas variações.

6.22 Treinamento com elásticos para trocação

Nesta seção, procuramos demonstrar um treinamento com elásticos o qual foi desenvolvido em conjunto com os treinadores Katel Kubis e Luciano "Macarrão" dos Santos. Foi muito importante nas vitórias de Antonio "Pezão" Silva e de Gleison Tibau em algumas de suas lutas no UFC.

Este trabalho normalmente é realizado uma vez por semana em períodos fora de competição e duas vezes por semana dentro do *camp* de treinamento, e serve para melhorar a potência e a velocidade de socos, de chutes e de joelhadas dos atletas (Dias e Oliveira, 2012b).

Comumente, realiza-se um treino com 5 a 7 *rounds* de 5 minutos cada um, em que as séries são compostas por 30 segundos de exercícios com resistência dos elásticos e velocidade moderada, seguidos por 1 minuto sem resistência e com velocidade máxima utilizando manoplas de auxílio. Depois, vai-se repetindo essa sequência de 30 segundos com elástico e 1 minuto sem resistência, até acabar o *round* de 5 minutos de duração.

Em geral, utiliza-se a seguinte sequência de *rounds*.

6.22.1 Organização dos *rounds*

De maneira bastante sucinta, as figuras a seguir mostram como os *rounds* estão organizados:

Figura 6.189 – *Primeiro round*: aquecimento pulando corda por 5 minutos.

Figura 6.190 – *Segundo round*: socos, *jabs* e diretos.

Figura 6.191 – *Terceiro round*: específico para melhorar joelhadas.

Figura 6.192 – *Quarto round*: para aumentar a potência dos chutes.

Figura 6.193 – *Quinto round*: é realizado com todos os elásticos trabalhando diversos grupos musculares.

No último *round*, retiram-se os elásticos e utiliza-se somente a manopla, buscando máxima potência e velocidade dos movimentos.

6.22.2 Observações importantes

Os exercícios são realizados em séries e, ao final de cada uma, repetem-se os movimentos sem os elásticos para efeito "contraste", aumento da velocidade, coordenação de movimento, equilíbrio de movimento etc.

O treinamento com elásticos busca o fortalecimento específico dos grupos musculares utilizados em cada movimento de soco, de chute e de joelhada, além da estabilização do movimento ao longo do *core*. Em atletas iniciantes, após uma pré-avaliação, os trabalhos começam com variação entre 2 e 5 *rounds* em um período de até quatro semanas, com frequência semanal de uma a duas vezes.

6.23 Circuito de MMA *outdoor*

A utilização de circuitos de preparação para MMA está cada vez mais desenvolvida e bem organizada, mas ainda existem algumas nuances do treinamento que devem ser aprimoradas, como a estruturação dos treinos ao ar livre (*outdoor*) (Dias e Oliveira, 2012a).

Nesta seção, demonstraremos um circuito *outdoor* que vem sendo utilizado por alguns de nossos atletas como Attila Végh (campeão atual do GP de 93 kg do Bellator), Mariusz Pudzianowski, Brett Rogers, Thiago "Big Monster" Santos, entre outros.

O circuito a seguir é um modelo para desenvolver potência e força de resistência dos atletas, tem duração aproximada de 5 minutos para simular os *rounds* da luta e o número de repetições varia de acordo com o número de *rounds* que o atleta vai lutar. Por exemplo, para atletas que competem em até 3 *rounds*, faz-se um *round* de aquecimento geral, 1 *round* de aquecimento específico e 3 *rounds* de circuito.

Normalmente, o aquecimento geral engloba exercícios aeróbios como corrida ou bicicleta e alongamentos.

No *round* de aquecimento específico, faz-se, pelo menos, uma repetição de cada estação do circuito para melhorar transição e memorização dos atletas utilizando metade de um *round*, e, na outra metade, utiliza-se o trabalho com manoplas, como o realizado com nosso treinador de trocação Luciano "Macarrão" dos Santos.

6.23.1 Exercícios do circuito

Alternar de cordas: é realizada por 30 segundos, fazendo ondas, como trabalho de membros superiores.

Figura 6.194 – Thiago Santos demonstra movimento de alternância de cordas.

Empurrar a camionete: é executado por 50 metros, como exercício intenso de membros inferiores e isométrico de tronco e braços.

Figura 6.195 – Brett Rogers empurra camionete.

Bater em pneu com martelo: é efetuado 20 vezes, 10 vezes com cada braço e, para dificultar o exercício, há a resistência à tração do elástico especial preso ao tronco do atleta. O martelo pode pesar de 8 a 15 kg.

Figura 6.196 – Demonstração de batida de pneu com martelo. Observe o elástico preso ao tronco do atleta.

Capotar pneu de trator: é realizado 10 vezes, saltando para dentro e para fora do pneu, a fim de inverter o lado. O pneu pode pesar 300 kg.

Figura 6.197 – Brett Rogers se exercita com pneu de trator.

Puxar camionete com corda: trata-se de um trabalho intenso de costas e isométrico de lombar. É realizado ao longo de 15 metros.

Figura 6.198 – Com corda, Thiago Santos puxa camionete.

Bater em manopla: como exercício da última estação de treino, consiste em usar alta velocidade até o final do *round* (aproximadamente por 1 minuto).

Figura 6.199 – Brett Rogers bate nas manoplas do parceiro.

6.23.2 Recomendações importantes

Percebam que a ordem das estações de treino sempre alterna os exercícios entre membros inferiores e superiores, para evitar uma acidez muito grande na musculatura, e os *rounds* não podem exceder muito o tempo de 6 minutos. É melhor realizar mais *rounds* de 5 a 6 minutos cada um do que *rounds* longos com 6 a 8 minutos cada um.

Ao final do circuito, sempre realizamos um *round* de manopla para corrigir algum detalhe técnico e fazer a volta à calma.

Para atletas de categorias de peso mais leve, recomendamos a utilização de carro em vez de camionete, martelo mais leve e pneu com escala menor que a dos pesos pesados.

6.24 Treinamento excêntrico de força

A contração muscular envolve diversas proteínas celulares e diversos sistemas de produção de energia em um processo complexo. Como resultado, tem-se o deslizamento dos miofilamentos de actina sobre a miosina, desenvolvendo tensão e fazendo que o músculo se contraia. As contrações musculares podem ser dividas em:

- *Contração reflexa*: ato involuntário de movimento muscular, mas de músculos somáticos voluntários.
- *Contração tônica*: contração mantida mesmo quando o músculo está relaxado. Esse tipo de contração ajuda na manutenção da postura, por exemplo, do pescoço, e no tônus dos dedos.
- *Contração isotônica*, que é dividida em:
  - *Contração concêntrica*: é o tipo de contração muscular no qual os músculos encurtam durante a geração de força.
  - *Contração isométrica*: aqui, o músculo gera força sem alterar o comprimento muscular, mas com uma tensão maior do que o tônus muscular.
- *Contração excêntrica* (que será discutida nesta seção): ocorre quando o músculo se alonga enquanto está sob tensão em virtude de uma força externa maior que a força gerada pelo músculo. Em vez de mover a articulação na direção da contração, o músculo age desacelerando o movimento de forma controlada (esse trabalho também é conhecido como a parte negativa do movimento). As cargas utilizadas nesse trabalho giram em torno de 110% a 120% da carga máxima tolerada pelo atleta.

Para demonstrar esse método de treinamento excêntrico de força, convidamos Marcos Rogério de Lima, o "Pezão", atleta do UFC, e alguns parceiros de treino para ajudar a levantar a carga na parte concêntrica ou positiva do movimento, visto que a carga excede a força máxima do atleta. Deve-se ressaltar que esse é um tipo avançado de treinamento e necessita do acompanhamento de um profissional de educação física para sua correta prescrição.

De acordo com o American College of Sports Medicine (ACSM, 2009, 2012), devem ser seguidos alguns princípios:

- O aquecimento deve ter de 5 a 10 minutos de duração.
- Durante o treino excêntrico submáximo, a carga deve ser levantada em 2 segundos e lentamente abaixada de 4 a 6 segundos.
- Nos treinos com carga máxima ou acima do máximo, deve ser levantada com o auxílio de parceiros e abaixada de forma controlada.
- A dor muscular tardia pode durar de 24 até 72 horas.
- Cargas máximas só devem ser usadas uma vez por semana.
- Recomenda-se começar com poucas repetições e séries, e ir aumentando gradualmente ao longo das semanas.

6.24.1 Exercícios

Desenvolvimento com halteres: é considerado um movimento multiarticular, em que o atleta mobiliza as articulações dos ombros e dos cotovelos, fazendo que o exercício exija a ação de vários músculos, como dos deltoides e do tríceps braquial. Neste caso, o treinador entrega o peso nas mãos do atleta, monitora o movimento da descida (fase excêntrica) e auxilia no retorno (fase concêntrica) à posição inicial do movimento. As séries são realizadas em velocidade lenta, até a falha muscular.

Figura 6.200 – Desenvolvimento com halteres monitorado pelo do treinador.

Agachamento livre: é um potente exercício de membros inferiores e de um nível de dificuldade elevado. O atleta deve realizá-lo com a base das pernas e dos pés alinhados com a largura dos quadris, a barra deve estar colocada na região cervical ou em cima do trapézio. O exercício é realizado de forma que o atleta faça o agachamento até o ângulo predeterminado pelo treinador, com movimento de inclinação do tronco à frente e dos quadris para trás (divisão de sobrecarga sobre o corpo). Lembra-se que o agachamento também pode ser realizado em equipamentos como o Hack Machine/Smith ou livre com halteres. Nesse último caso, os ajudantes ficam posicionados ao lado da barra, para acompanhar o movimento durante a fase excêntrica (duas a quatro séries de duas a seis repetições, até a falha muscular).

Figura 6.201 – Agachamento livre acompanhado por ajudantes.

Supino reto com barra: é um exercício básico multiarticular muito utilizado para desenvolver os músculos do peitoral. Este exercício é muito praticado nas academias do mundo inteiro, em que o atleta deve realizar o movimento deitado, com as pernas bem alinhadas e a coluna apoiada no banco. A sua pegada deve ser realizada geralmente em um ângulo de 90 graus do braço com o antebraço, e, ao iniciar o exercício, o atleta deve executar um movimento vertical em direção à linha média do peitoral. Neste exercício, tem-se as ações principais na musculatura dos peitorais, mas também se sabe que outros músculos agem de maneira intensa na realização do movimento, como os tríceps braquiais e os deltoides.

Figura 6.202 – Execução de supino reto com barra com auxílio de ajudantes.

Remada curvada: esta puxada ou remada é realizada com o tronco inclinado à frente, as pernas alinhadas e os quadris para trás, fazendo que o corpo fique em equilíbrio para a realização do movimento. O atleta é obrigado a estabilizar seu tronco para realizar a remada com a barra ou máquina em direção à parte inferior do peitoral. Esta variação foi realizada para gerar um nível de dificuldade maior com relação à postura do atleta e da estabilização do movimento, com o objetivo de desenvolver a musculatura dorsal, não esquecendo da ação direta do bíceps braquial.

Figura 6.203 – O parceiro Rafael Dias ajuda a levantar a carga durante as fases concêntricas do movimento de remada curvada.

Supino com halteres: segue a mesma ideia do exercício de supino reto com barra, porém, com a liberdade de execução gerada pelo uso dos halteres. Os halteres possibilitam uma amplitude maior de movimento com um nível de dificuldade maior em termos de execução, de equilíbrio e de estabilização. Neste exercício, são necessários dois parceiros de maneira que cada um segura um halter para minimizar o risco de lesões.

Figura 6.204 – Supino com halteres: apoio dos parceiros minimiza o risco de lesões.

Costas na barra: exercício básico realizado com a sobrecarga do peso corporal. Pode ser realizado em academias, parques e locais que disponibilizam esse equipamento. O movimento pode ser realizado com o atleta utilizando pegadas abertas ou fechadas de acordo com o programa escolhido. Neste exemplo, priorizamos a pegada aberta, na qual o treinador ajuda o atleta durante a fase concêntrica do movimento, ao passo que este último retorna lentamente até a posição inicial.

Figura 6.205 – Auxílio na fase concêntrica de exercício para dorsais.

Rosca direta com barra W: é um exercício comumente realizado por atletas e alunos que desejam fortalecer ou aumentar o volume muscular do bíceps braquial. Considerado básico, de modo que a ação é flexionar o cotovelo, este exercício deve ser realizado em pé com as pernas paralelas ou com uma perna à frente. O tronco e a articulação dos ombros devem estar alinhados (com os ombros em retração escapular). O exercício com altas cargas pode fazer que o atleta/aluno realize um movimento anteroposterior do tronco e é necessário o uso da musculatura abdominal e paravertebral para estabilização no exercício.

Figura 6.206 – Demonstração de rosca direta com barra W: atenção à musculatura abdominal e paravertebral.

Tríceps testa com barra W: o atleta realiza o exercício deitado em decúbito dorsal, segurando a barra com os braços estendidos e inicia o movimento descendo a barra até passar a linha da cabeça (fase excêntrica), retornando à fase inicial e estendendo os braços totalmente. Trata-se de um exercício de grande importância para a musculatura do tríceps braquial, gerando, também, uma ação da musculatura abdominal para estabilização da postura do atleta.

Figura 6.207 – Execução de tríceps testa com barra W.

Abdominal no solo: caracterizado pela elevação das pernas do atleta enquanto ele segura as do seu parceiro ou treinador. A ação dos músculos abdominais e dos flexores da coxa são essenciais para a realização do movimento.

Figura 6.208 – Abdominal no solo com elevação das pernas.

6.24.2 Considerações finais

Vale lembrar que este treino, em razão de ser muito intenso, não deve ser realizado mais que duas vezes por semana. e os exercícios podem ser divididos pela metade, por exemplo:

- em um treino, utilizam-se os exercícios de agachamento, supino reto, barra, rosca direta e abdominal;
- no outro treino, são usados remada curvada, supino com halteres, ombro, tríceps testa e abdominal;
- as séries devem utilizar cargas elevadas (90% a 120% do máximo), com poucas repetições e longos intervalos de descanso.

Referências

AHTIAINEN, J. P. et al. Acute hormonal and neuromuscular responses and recovery to forced vs maximum repetitions multiple resistance exercises. *International Journal of Sports Medicine*, v. 24, n. 6, p. 410-8, 2003.

ALEKSEEV, G. A. *Vliyaniye nazhruskirasz napravlennosti v sprinterskisredini distancie*. Moskva: RGFK, 1981. p. 22.

ALM, P.; YU, J. Physiological characters in mixed martial arts. *American Journal of Sports Science*, v. 1, n. 2, p. 12-17, 2013.

AMERICAN COLLEGE OF SPORTS MEDICINE (ACSM). ACSM's resources for the group exercise instructor. Philadelphia, PA: Lippincott Williams and Wilkins, 2012.

______. ACSM's resources manual for guidelines for exercise testing and prescription. 6th ed. Philadelphia, PA: Lippincott Williams and Wilkins, 2009.

ARAÚJO, C. G. S. Flexiteste: uma nova versão dos mapas de avaliação. *Kinesis*, v. 2, p. 251-67, 1986.

ARRUGA, S. et al. Measurement of barbell lifting capacity and making strength standards in Judo Team. *Tokai Journal of Sports Medical Science Research Institute of Sports Medical Science*, Tokai, v. 15, n. 1, p. 7-17, 2003.

AULIK, I. V. *Opredileierabotasposobnosti v clinike i sporte*. Mosvka: Medicina, 1990. p. 234.

BANDLER, R.; GRINDER, J. *Estrutura da magia*. 2. ed. Rio de Janeiro: LTC, 1982.

BILLAT, L. V. Interval training for performance: a scientific and empirical practice. Special recommendations for middle- and long-distance running. Part 1: aerobic interval training. *Sports Medicine*, v. 31, n. 1, p. 13-31, 2001.

BILLAT, L. V.; KORALSZTEIN, J. P. Significance of the velocity at VO_2max and time to exhaustion at this velocity. *Sports Medicine*, v. 22, n. 2, p. 90-108, 1996.

BJORNTORP, P. Importance of fat as a support nutrient for energy: metabolism of athletes. *Journal of Sport Sciences*, v. 9, n. special, p. 71-6, 1991.

BOOTH, F.W. Effects of endurance exercise on cytochrome C turnover in skeletal muscle. *Annals of the New York Academy of Sciences*, v. 301, p. 431-9, 1977.

BRZYCKI, M. Strength testing: predicting a one-rep max from repetitions to fatigue. *Journal of Physical Education, Recreation and Dance*, v. 64, p. 88-90, 1993.

CARPENTER, S.; KARPATI, G. *Pathology of skeletal muscle*. New York: Churchill-Livingstone, 1984. p. 149-309.

CHEETHAM, M. E. et al. Human muscle metabolism during sprint running. *Journal of Applied Physiology (1985)*, v. 61, n. 1, p. 54-60, 1986.

CHRISTIENSSEN, E. Zubervollarbeit und zubervolltraining. *International Zeitschrift fur Angewandte Physiology Einschliesslich Arbeitsphysiologie*, v. 18, p. 345-96, 1960.

CLARKSON, P. M. Minerals: exercise perfomance and supplementation in athletes. *Journal of Sports Sciences*, v. 9, p. 91-116, 1991.

COX, M.; BENNETT III, J. B.; DUDLEY, G. Exercise training-induced alterations of cardiac morphology. *Journal of Applied Physiology*, v. 61, n. 3, p. 926-31, 1986.

DANTAS, E. H. M. *Flexibilidade*: alongamento e flexionamento. 5. ed. Rio de Janeiro: Shape, 2005.

DE VRIES, H. A.; HOUSH, T. J. *Physiology of exercise*. 5th ed. Madison, WI: WCB Brown and Benchmark, 1994.

DIAS, S. B. C. D.; OLIVEIRA, E. B. A ciência do alongamento. *Tatame: a revista do lutador*, v. 214, p. 80-3, 2013a.

______. Circuito de força e velocidade. *Tatame: a revista do lutador*, v. 205, p. 88-91, 2013b.

______. Circuito de MMA outdoor. *Tatame: a revista do lutador*, v. 200, p. 122-4, 2012a.

______. Circuito exclusivo para mulheres. *Tatame: a revista do lutador*, v. 208, p. 74-7, 2013c.

______. Circuito para força de resistência. *Tatame: a revista do lutador*, v. 203, p. 90-3, 2013d.

______. Força e resistência. *Tatame: a revista do lutador*, v. 213, p. 92-8, 2013e.

______. Treinamento de MMA adaptado. *Tatame: a revista do lutador*, v. 209, p. 68-72, 2013f.

______. Treinamento de trocação com elásticos. *Tatame: a revista do lutador*, v. 202, p. 94-5, 2012b.

______. Treinamento em grupo para lutadores. *Tatame: a revista do lutador*, v. 211, p. 92-5, 2013g.

______. Treino físico na praia. *Tatame: a revista do lutador*, v. 207, p. 74-7, 2013h.

______. Tratamento preventivo. *Tatame: a revista do lutador*, v. 206, p. 77-7, 2013i.

DIN, P. *Processi raspada v kletke*. PEREVOD S ANGL. MOSKVA: MIR, 1981.

DUDLEY, G. A.; ABRAHAM, W. M.; TERJUNG, R. L. Influence of exercise intensity and duration on biochemical adaptations in skeletal muscle. *Journal of Applied Physiology: Respiratory, Environmental and Exercise Physiology*, v. 53, n. 4, p. 844-50, 1982.

FARZAD, B. et al. Physiological and performance changes from the addition of a sprint interval program to wrestling training. *Journal of Strength and Conditioning Research*, v. 25, n. 9, p. 2392-9, 2011.

FRANCHINI, E. et al. Physiological profiles of elite judo athletes. *Sports Medicine*, v. 41, n. 2, p. 147-66, 2011.

______. Physical fitness and anthropometrical profile of the Brazilian male judo team. *Journal of Physiological Anthropology*, v. 26, n. 2, p. 59-67, 2007.

FRIDÉN, J. Muscle soreness after exercise: implication of morphological changes. *International Journal of Sports Medicine*, v. 5, p. 57-66, 1984.

FRIDÉN, J.; SEGER, J.; EKBLOM, B. Sublethal muscle fibre injuries after high-tension anaerobic exercise. *European Journal of Applied Physiology and Occupational Physiology*, v. 57, n. 3, p. 360-8, 1988.

FISIOLOGIA I PATOFISIOLOGIA SERDTSA. Moskva: Meditsina, 1990.

FUJISE, T. et al. The comparison of strength performance and aerobic capacity between two styles of karatedo athletes. *Bulletin of Niigata University of International and Information Culture*, Niigata, v. 1, n. 2, p. 203-15, 1998.

GAYESKI, T.; HONIG, C. R. O_2 gradients from sarcolemma to cell interior in red muscle at maximal VO_2. *American Journal of Physiology*, v. 251, n. 4, part 2, p. H789-99, 1986.

GIANNICHI, R. S.; MARINS, J. B. *Avaliação e prescrição de atividade física*: guia prático. 2. ed. Rio de Janeiro: Shape, 1998. p. 96.

GOLLNICK, P. D. Metabolic regulation in skeletal muscle: influence of endurance training as exerted by mitochondrial protein concentration. *Acta Physiologica Scandinavica*, v. 128, n. 556, p. 53-66, 1986. Supplement.

GOLLNICK, P. D.; PIEHL, K.; SALTIN, B. Selective glycogen depletion pattern in human muscle fibers after exercise of varying intensity and at various pedalling rates. *Journal of Physiology*, v. 241, n. 1, p. 45-57, 1974.

GREENHAFF, P. L. Creatine: its role in physical perfomance and fatigue and its application as a sports food supplement. *Insider*, v. 3, n. 1, p. 1-4, 1995.

GUYTON, A. C.; HALL, J. E. *Tratado de fisiologia médica*. 9. ed. Rio de Janeiro: Guanabara Koogan, 1997.

HARTMANN, J.; TÜNNEMANN, H. *Modernes krafttraining*. Berlin: Sportverlag, 1989. p. 335.

HENNEMAN, E.; SOMJEN, G.; CARPENTER, D. O. Functional significance of cell size in spinal motoneurons. *Journal of Neurophysiology*, v. 28, p. 560-80, 1965.

HERMANSEN, L. Effect of metabolic changes on force generation in skeletal muscle during maximal exercise. *Ciba Foundation Symposium*, v. 82, p. 75-88, 1981.

HOEGER, W. K.; HOEGER, S. A. *Principles and labs for fitness and wellness*. 13th ed. Boise, ID: Boise State University, 2014.

HOLMYARD, D. et al. Effect of recovery duration on performance during multiple treadmill sprints. In: REILLY, T. et al. (Ed.). *Science and football*. London, New York: E. & F. N. Spon, 1987. p. 134-42.

HOLLOSZY, J. O. Biochemical adaptations in muscle: effects of exercise on mitochondrial oxygen uptake and respiratory enzyme activity in skeletal muscle. *Journal of Biology Chemistry*, v. 242, n. 9, p. 2278-82, 1967.

______. Muscle metabolism during exercise. *Archives of Physical Medicine and Rehabilitation*, v. 63, n. 5, p. 231, 1982.

HOPPELER, G. Effektivnyy nutriskelt nimishitsi pod vliyanie fiziceskie nagruski. *TSOONTI*, v. 6, p. 3-48, 1987.

IVY, J. et al. Muscle glycogen synthesis after exercise: effect of time of carbohydrate ingestion. *Journal of Applied Physiology (1985)*, v. 64, n. 4, p. 1480-5, 1988.

JACOBS, I. et al. Lactate in human skeletal muscle after 10 and 30 s of supramaximal exercises. *Journal of Applied Physiology: Respiratory, Environmental and Exercise Physiology*, v. 55, n. 2, p. 365-7, 1983.

KARLSSON, J.; PIEHL, K.; KNUTTGEN, H. Perfomance and muscle metabolite changes in exercise with repeated maximal dynamic contractions. *International Journal of Sports Medicine*, v. 2, n. 2, p. 110-3, 1981.

KARPMAN, V. L.; BELOSORKOVCK, Z. B.; GUDKOV, I. A. *Investigatsi i rabotosposobnosti sportmenov*. Moskva: Fizkultura i Sport, 1974. 96 p.

KARPMAN, V. L.; KRUCHOV, S. V.; BORICOVA, I. A. *Tserdsa i rabotosposobnosti sportmenov*. Moskva: Fizkultura i Sport, 1978. 120 p.

KATCH, V. L.; MCARDLE, W. D.; KATCH, F. I. *Essentials of exercise physiology*. 4th ed. Philadelphia, PA: Lippincott, Williams and Wilkins, 2011.

KELLER, K.; SCHWARZKOPF, R. Preexercise snacks may decrease exercise performance. *Physician and Sportsmed*, v. 12, n. 4, p. 89-91, 1984.

KOTSA, A. M. *Fiziologiya myshechnyye deyatelnost*. Moskva: Fizkultura i Sport, 1982. p. 444.

______. *Sportivnie fiziologii*. Moskva: Fizkultura i Sport, 1986. p. 240.

LÉGER, L. A. et al. The multistage 20 meter shuttle run test for aerobic fitness. *Journal of Sports Sciences*, v. 6, n. 2, p. 93-101, 1988.

LEMON, P. W.; MULLIN, J. P. Effect of initial muscle glycogen levels on protein catabolism during exercise. *Journal of Applied Physiology: Respiratory, Environment and Exercise Physiology*, v. 48, n. 4, p. 624-9, 1980.

LUSIKOV, V. N. *Regulirovaniye formirovaniya mitokhondrii*: molekulyarnyy aspekt. Moskva: Nauka, 1980.

MARINHO, B. F.; DEL VECCHIO, F. B.; FRANCHINI, E. Physical fitness and anthropometric profile of mixed martial arts athletes. *Revista de Artes Marciales Asiáticas*, v. 6, n. 2, p. 7-18, 2011.

MATSUDO, V. K. R. *Testes em ciências do esporte*. 4. ed. São Caetano do Sul: Centro de Estudos do Laboratório de Aptidão Física de São Caetano, 1987.

MAUGHAN, R.; GLEESON, M.; GREENHAFF, P. L. *Biochemistry of exercise and training*. Oxford: Oxford University, 1997.

MCMURRAY, W. C. *Essentials of human metabolism*. 2th ed. Philadelphia, PA: Lippincott Williams and Wilkins, 1983.

MEERSON, F. Z. *Adaptatsii stress i profiliatsii*. Moskva: Nauka, 1981. 278 p.

MEERSON, F. Z. *Adaptatsii serdtsa c nagruskoi*. Moskva: Nauka, 1975. 263 p.

_______. *Miokard pri giperfunktsii, gipertrofii i nedostatochnosti serdtsa*. Moskva: Meditsina, 1965. 119 p.

MIAKINCHENKO, E. B.; CHESTOKOV, M. P. *Aerobica*: teorii i metodologiizaniatii. Moscou: Division, 2006.

NIELSEN, B. Diet, vitamins and fluids: intake before and after prolonged exercise. In: SHEPHARD, R.; ÅSTRAND, P. O. *Endurance in sport*. Oxford: Blackwell, 1992.

NIKITYUK, B. A.; TALKO, V. I. Adaptatsii sistem serdechno sosudistoy c dolgonitelnoy uprazhneniye. *Teoriya i Praktika Fizicheskoy Kultury*, v. 1, 1991. p. 23-5.

PAIVA, L. *Pronto pra guerra*: preparação física para luta e superação. Manaus: OMP, 2009.

PANIN, L. E. *Biochemical mechanism of stress*. Novosibirsk: Nauka, 1983.

PLATONOV, V. N. *Adaptatsia v sporte*. Kiev: Sdorovia, 1988.

_______. *Obshaia teoriya podgotovki sportmenov v olimpiskom sporte*. Kiev: Olimpiskaia Literatura, 1997.

_______. Podgotovka kvalitsitsirovannyj sportmenov. Moskva: Fizkultura i Sport, 1986.

_______. *Teoria geral do treinamento desportivo olímpico*. Porto Alegre: Artmed, 2004.

POPOV, D. B. *Factori ogranichivaioshie aerobniu rabostposobnosti na urovnie otdelnoi muichtsie u liodei s raslijnim urovnem trenirobanosti*. Moskva: Nauka, 2007.

POWERS, S. K.; HOWLEY, E. T. *Fisiologia do exercício*: teoria e aplicação ao condicionamento e ao desempenho. 3. ed. Barueri: Manole, 2000.

POWERS, S. K.; DODD, S.; GARNER, R. Precision of ventilatory and gas exchange alterations as a predictor of the anaerobic threshold. *European Journal of Applied Physiology and Occupational Physiology*, v. 52, p. 173-7, 1984.

PRILUTSKI, B. I. Michejnie boli, biszvanie hepriviejnie uprajnenie. *Teoriya i Praktika Fizicheskoy Kultury*, v. 2, p. C16-22, 1989.

SALMINEN, A.; HONGISTO, K.; VIHKO, V. Lysosomal changes related to exercise injuries and training-induced protection in mouse skeletal muscle. *Acta Physiologica Scandinavica*, v. 120, n. 1, p. 15-9, 1984.

SANTANA, J. C. *The essence of program design*: the ultimate guide for trainers and coaches. Florida: [s.n.], 2007.

SAPEGA A. A. et al. Phosphorus nuclear magnetic resonance: a non-invasive technique for the study of muscle bioenergetics during exercise. *Medicine and Science in Sports and Exercise*, v. 19, n. 4, p. 410-20, 1987.

SARSANIA, S. K.; SELUIANOV, V. N. *Fizicheskaya podgotovka v sportivnykh igrakh*. Moskva: GTsOLIFK,1990. p. 97.

SARSANIA, S. K. et al. *Analiza dinamike trenirovoch noy gruskev sokokvalifikatsi i sportsmenov v godichinie-sicle podgotovki*: metodicheskaia recomendatsii. Moskva: RGUFK, 1982. p. 32.

SCHANTZ, P. G. Plasticity of human skeletal muscle with special reference to effects of physical training on enzyme levels of the NADH shuttles and phenotypic expression of slow and fast myofibrillar proteins. *Acta Physiologica Scandinavica*, v. 558 (suppl.), p. 1-62, 1986.

SCHICK, M. et al. Physiological profile of mixed martial artists. *Medicina Sportiva*, v. 14, n. 4, p. 182-7, 2010.

SCHMELING, M. D. *Structuramichtsii i gipoksii na visate*. Moskva: Nauka, 1985. p. 95.

SELUIANOV, V. N. *Isoton*: texnologi izdorovitelnom fizijesko i culturii. *Teoriya i Praktika Fizicheskoy Kultury*, v. 8, p. C49-54, 2001.

SELUIANOV, V. N. *Teoriya i praktika didaktike rasvivaioshevo obujenia v podgotovke spesialistov po fisicheskomu vospitanio*: trudi sotrudnikov problemnoi laboratorii RGUFK. Moskva: Fizkultura Obrozavnie i Nauka, 1996.

SELUIANOV, V. N.; DIAS, B. C. D.; ANDRADE, S. L. F. *Musculação*: nova concepção russa de treinamento. Curitiba: Juruá, 2008.

SELUIANOV, V. N. et al. *Fiziologicheskiemcanism i metodiopredleniaaerobinie i anaerobnieparogi*. *Teoriya i Praktika Fizicheskoy Kultury*, v. 10, p. 10-18, 1991.

SHIR HAMAWIE. *The beef test audio full*. 2013. 23min19s, color. Disponível em: <https://www.youtube.com/watch?v=e0U_yQITBks&sns=em>. Acesso em: 13 mar. 2017.

SIQUEIDO, A. *Physiological characteristics of competitive mixed martial arts fighters*. 2010. 87 f. Dissertação (Mestrado em Fisiologia do Movimento) – Universidade do Estado da Califórnia, Califórnia, 2010. Disponível em: <http://gradworks.umi.com/14/86/1486711.html>. Acesso em: 23 out. 2014.

STROEVE, P. Mioglobinfacilitated oxygen transport in heterogeneous red muscle tissue. *Annals of Biomedical Engineering*, v. 10, n. 2, p. 49-70, 1982.

SUSLOV, F. P. *Teoriya i metodica sporta*: uchebnoe pocobie dlia utchilich olimpiskovo reserva. Moskva: GKRFFKT, 1997.

TARNOPOLSKY, M. et al. Evaluation of protein requirements for trained strength athletes. *Journal of Applied Physiology*, v. 73, n. 5, p. 1986-95, 1992.

TERJUNG, R. L. The turnover of cytochrome c in different skeletal-muscle fibre types of the rat. *Biochemistry Journal*, v. 178, n. 3, p. 569-74, 1979.

THOMPSON J.; MANORE, M. *Nutrition for life*. 3th ed. Londres: Pearson, 2013.

THORSTENSSON, A.; SJÖDIN, B.; KARLSSON, J. Enzyme activities and muscle strength after "sprint training" in man. *Acta Physiologica Scandinavica*, v. 94, n. 3, p. 313-8, 1975.

TRITSCHLER, K. *Medida e avaliação em educação física e esportes de Barrow e McGee*. Barueri: Manole, 2003.

VAN ERP-BAART, A. M. et al. Nationwide survey on nutritional habits in elite athletes. Part I. Energy, carbohydrate, protein, and fat intake. *International Journal of Sports Medicine*, Supl. 1, p. S3-10, 1989.

VILLANI, R.; TOMASSO, A.; ANGIARI, P. Elaboration of a specific test to evaluate the execution time of the circular kick in full contact. *In*: ANNUAL CONGRESS OF THE EUROPEAN COLLEGE OF SPORT SCIENCE, 9., 2004, CLERMONT-FERRAND. *ANNALS*... CLERMONT-FERRAND; ECSS, 2004.

VOLKOV, V. I. *Bioenergetica napriajonei muichnoi deatelnosti cheloveka i sposobi povichenia rabotasposobnosti sportsmenov*. Moskva: Nauka, 1990.

______. *Biojimiia*. Moskva: Fizkultura i Sport, 1986. 462 p.

VOROBIOV, A. H. *Tiajoeliatleticheskii sport*: osherki po sportivnoi trenirovki. Moskva: Fizkultura i Sport, 1977.

WALKER, J. B. Creatine: biosynthesis, regulation, and function. *Advances in Enzymology and Related Areas of Molecular Biology*, v. 50, p. 177-242, 1979.

WEIDER, J. *Joe Weider's Mr. Olympia training encyclopedia*. New York: McGraw-Hill, 1991.

WILLIAMS, M. H. *Nutrition for fitness and sport*. 3th ed. Dubuque, IA: William C. Brown, 1992.

ZATSIORSKY, V. M. *Fisicheskie kachestva sportsmena*. Moskva: Fizkultura i Sport, 1970a.

______. *Fisicheskiekachestva sportsmena*. Moskva: Fizkultura i Sport, 1970b. p. 200.

Sobre os autores

Stéfane Beloni Correa Dielle Dias

Doutor em Treinamento Desportivo formado na Rússia, começou no mundo das lutas em 1992, quando começou a treinar *muay thai* com o mestre Fabio Noguchi, chegando à faixa azul-clara ponta azul-escura. Em 1997, começou a treinar *Brazilian* Jiu-jítsu com Alexandre Penão, que foi seu mestre por 8 anos e, mais tarde, foi graduado faixa preta pelos mestres Evanri Gurgel, Marcelo Brito e Fernandinho Vieira, em 2007. É licenciado em Educação Física pela Universidade Federal do Paraná (UFPR). Em 2004, especializou-se em Exercício Físico e Saúde pela Universidade Estatal de Cultura Física, Desporto e Turismo da Rússia (RGUFK). Entre 2002 e 2005, fez mestrado em Esporte e Sistema de Preparação de Atletas pela RGUFK, e, ainda em 2005, recebeu o prêmio de honra pela melhor pesquisa científica daquele ano na Conferência dos Jovens Cientistas (prêmio conquistado pela primeira vez por um estrangeiro e disputado entre todos os mestrandos, doutorandos e alguns professores russos).

Desde 2008, trabalha como preparador físico de uma das maiores equipes de MMA do mundo, a American Top Team, na qual já treinou grandes atletas profissionais como: Hector Lombard, Thiago "Pitbull" Alves, Gleison Tibau, Antonio "Pezão" Silva, Melvin Guillard, Alessio Sakara, Mariusz Pudzianowski, Jeff Monson, Mike Brown, Thiago Silva, entre outros.

Já foi Primeiro Secretário e Conselheiro do Conselho Regional de Educação Física do Paraná (CREF-PR) e trabalhou também como professor convidado nos programas de pós-graduação da Pontifícia Universidade Católica do Paraná (PUC-PR); da Faculdade de Educação Física e Fisioterapia de Jacarezinho (Faefija); do Instituto Aleixo-MG, tendo, ainda, ministrado cursos e seminários no Brasil, nos EUA, no Canadá, na Rússia e em Portugal.

No ano de 2011, recebeu o *Green Card* do serviço de imigração dos EUA, em virtude de seu trabalho de destaque na área de treinamento desportivo com atletas do UFC, entre outros. Em 2015, além de seguir a carreira de treinador, começou a ministrar aulas na Keiser University nos programas de *Sports Medicine and Fitness Technology* e *Exercise Science*. Desde 2012, tem uma coluna mensal na revista *Tatame Magazine*, na qual escreve sobre modelos de treino e de preparação física.

Everton Bittar Oliveira

Graduado em Educação Física pela Universidade Positivo (UP), do estado do Paraná, completou sua formação com cursos de pós-graduação e de extensão em Treinamento Desportivo pela Pontifícia Universidade Católica do Paraná (PUC-PR), em RTS (*Resistance Training Specialist*) e em *Practitioner* em Programação Neurolinguística (PNL).

Em 1996, começou a treinar *Brazilian* Jiu-jítsu com Alexandre Penão, que foi seu mestre até a sua graduação de faixa preta, no ano de 2006.

Com mais de 15 anos de experiência na área de treinamento e atendimento personalizado, atuou como professor de musculação e ginástica em diversas academias e como palestrante de cursos de extensão em treinamento desportivo, musculação e treinamento personalizado. Foi sócio-proprietário da empresa Saver, com duas academias.

Em 2012, mudou-se para os Estados Unidos, onde passou a atuar como preparador físico em uma das maiores equipes de MMA do mundo, a American Top Team. Nesse período, o treinador vem trabalhando diretamente com atletas como: Amanda Nunes (campeã do UFC – 2016), Antônio "Pezão" Silva, Junior "Cigano" dos Santos, Thiago "Marreta" Santos, Antônio Carlos "Cara de Sapato" Júnior, Rodolfo Vieira, Glover Teixeira, Santiago "Argentino gente boa" Ponzinibbio, Luis Santos "Sapo", Thiago "Pitbull" Alves, Roan "Jucão" Carneiro, entre outros; além dos pilotos de corrida Oswaldo Negri Jr. (International Motor Sports Association – IMSA), Enzo Potolicchio (LeMans Series), Edward Jones (Fórmula Indy), Zachary Claman DeMelo (Indy Lights), Ricardo Maurício (StockCar), Átila Abreu (StockCar), Lucas Kohl (USF2000), Gianluca Petecof (Kart), James Egozi (Kart), Darren Keane (Kart), André Duek (Kart) e Dan Roeper (Kart).

André Geraldo Brauer Júnior

Tem licenciatura plena em Educação Física pela PUC-PR (2000), tendo complementado sua formação com os seguintes cursos: pós-graduação *lato sensu* – Especialização em Fisiologia do Exercício pelo Instituto Brasileiro de Pesquisa e Extensão (IBPEX) (2001); pós-graduação *stricto sensu* – Mestrado em Educação Física pela RGUFK (2005). Desde 2006, atua como docente de graduação e de pós-graduação *lato sensu*, ministrando a disciplina de Metodologia do Treinamento Esportivo. Atualmente, realiza Pós-graduação *stricto sensu* – Doutorado em Educação Física com área de concentração em desempenho esportivo pela UFPR. Atua como professor pesquisador e ministra cursos na área de Preparação Física em diferentes modalidades esportivas. Além disso, presta consultoria esportiva para atletas em diferentes modalidades e academias.

Revisor técnico

Diego de Castro e Silva Lacerda

Bacharel em Educação Física pela Universidade de Fortaleza (Unifor). Mestre em Sistemas de Treinamento Desportivo para Atletas de Alto Rendimento na Universidade Estatal de Cultura Física, Esporte, Turismo e Juventude da Rússia. Certificado em *kettlebell training*, em avaliação funcional do movimento e em treinamento funcional e científico do *core*. Palestrante no 1º Congresso Internacional de Ciências do Esporte (Conicide), em 2016.

Preparador físico dos atletas de MMA Michael William, Thiago Maia, Carlos "Cyborg" Heide e Carlos Eduardo "Cachorrão", e dos atletas de jiu-jítsu João Victor Machado e Bruno Azevedo. Treinador da equipe de competição da Haka CrossFit.

SOBRE O LIVRO
Formato: 21 × 28 cm
Mancha: 14,5 × 21,5 cm
Papel: Offset 90g
nº páginas: 264
1ª edição: 2017

EQUIPE DE REALIZAÇÃO
Assistência editorial
Liris Tribuzzi

Assessoria editorial
Maria Apparecida F. M. Bussolotti

Edição de texto
Gerson Silva (Supervisão de revisão)
Jonas Pinheiro (Preparação do original e copidesque)
Roberta Heringer de Souza Villar e Sophia de Oliveira (Revisão)

Editoração eletrônica
Évelin Kovaliauskas Custódia (Projeto gráfico e diagramação)
Douglas Docelino (Capa e ilustrações de miolo)

Impressão
Edelbra Gráfica